康熙传

胡泽 编著

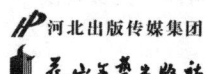

图书在版编目（CIP）数据

康熙传/胡泽编著. —石家庄：花山文艺出版社，2015.11（2021.4重印）
ISBN 978-7-5511-2525-3
Ⅰ.①康… Ⅱ.①胡… Ⅲ.①康熙帝（1654～1722）—传记 Ⅳ.①K827=49
中国版本图书馆CIP数据核字（2015）第231385号

书　名：	康熙传
编　著：	胡　泽
责任编辑：	刘燕军
责任校对：	李　伟
美术编辑：	胡彤亮
出版发行：	花山文艺出版社（邮政编码：050061）
	（河北省石家庄市友谊北大街330号）
销售热线：	0311-88643221/29/31/32/26
传　真：	0311-88643225
印　刷：	三河市华东印刷有限公司
经　销：	新华书店
开　本：	710×1000　1/16
印　张：	17
字　数：	240千字
版　次：	2016年5月第1版
	2021年4月第2次印刷
书　号：	ISBN 978-7-5511-2525-3
定　价：	34.00元

（版权所有　翻印必究·印装有误　负责调换）

前言

康熙是我国历史上在位时间最长的皇帝，也是我国历史上受到好评最多的皇帝之一。从八岁登基到六十九岁驾崩，在这六十一年的峥嵘岁月里，康熙创造了举世瞩目的丰功伟绩，奠定了持续一百多年的康乾盛世的基础。

康熙一出生似乎就注定命运坎坷，百忙之中的父亲没有时间关爱他，母亲又不能在身边照顾他。年岁不大的他后来又患上了天花这种难以治愈且极其危险的疾病，但康熙还是凭借其顽强的生命力存活下来了。在皇父面前，年幼的康熙表现得落落大方，还显示出不凡的气度和远大的志向，为自己日后继位登基加分不少。后来在孝庄太皇太后等人的辅佐下，八岁的他就登基称帝。

康熙登基之初的大清，国基不稳，狼烟四起，民生凋敝，可谓百废待兴，再加上朝中辅臣鳌拜飞扬跋扈，所以在康熙十四岁亲政的时候，仍然不能展开拳脚，大有作为。自幼苦读圣贤书又想大展宏图的康熙并不甘于受权臣摆布，年仅十六岁的他就策划将鳌拜擒除，这足以显示出少年康熙的足智多谋及沉稳镇定。此后，康熙便一手亲政，将大清一步步带入一个崭新的全盛的历史起点。

在康熙二十岁的时候，国境之南爆发了三藩之乱。三藩仗着兵多将广，不惜揭竿而起与清廷分庭抗礼。彪悍汹涌的三藩叛军很快就将战火燃烧到整个中国南部，甚至陕西一带都有叛军响应。面对气焰日益嚣张的叛军，年轻的康熙有条不紊地部署全盘作战方略，同时还非常注意用政治手段对叛军进

行分化瓦解。康熙花了整整8年时间，凭借着自己惊人的耐力和澄清宇内的坚定决心，带领群臣运筹帷幄，终于将一场惊心动魄的三藩之乱平定。

一波未平一波又起，东南沿海又一而再再而三地遭到台湾郑氏集团的骚扰，对于孤悬海外的台湾，康熙也表现出极大的包容度，他一边备师以攻取台湾，又一边派人去和谈。郑氏屡屡提出无理要求以阻止清廷收复台湾，康熙对此一再容忍，最后在忍无可忍的情势下，才下令发兵进攻郑氏集团。在取得重大胜利后，康熙仍是宽容地接纳郑氏集团的投降。康熙在台湾地区采取的正确合理的措施，使得整个东南沿岸近百年没有发生大的动乱，这不得不说康熙是一位高瞻远瞩的皇帝。

在康熙为抚平国内动乱而大费周章时，远在东北的邻国沙俄却对大清边疆地带屡屡侵犯。康熙对于沙俄的侵略一再提出警告，但没有得到他们的合理回应。于是康熙积极备战，在边地屯田开垦，以储备军需物资。在两次雅克萨战争中，清军都将俄军打得落花流水，不过一向慈悲为怀的康熙却下令优待俄国俘虏，甚至还让雅克萨城内受伤的俄军士兵在清军处接受医治，对他们的俘虏也给予粮食和盘缠。康熙的仁义与武功最后让侵略成性的沙俄降服，一百多年都没有侵扰清朝边界。

后来康熙又先后成功平定蒙古噶尔丹部和西藏的内乱，稳定了中国的西北边疆和西南地区。

到康熙平定西藏的时候，他已经步入暮年。在他一生之中，各种风起云涌的大风大浪都被他抚平。从此大清就进入到了一个前所未有而又让后人留恋向往的盛世中。人们在评价这位中国历史上在位时间最长的皇帝时，总是免不了有很多溢美之词，说他仁厚、勤政、文韬武略，就连一些外国人都称赞他为"上国圣人""第一等的英主"。

其实很多人只是看到了康熙文治武功的伟大成就，但似乎很少有人在意他的勤奋好学、细心严谨以及持之以恒的勤俭作风。他自幼就勤奋苦读，一直到花甲之年都手不释卷，而且还让学识渊博的大臣给他进讲；他御门亲政几乎每日不殆，一直到暮年都坚持出朝，坚持自己御批奏折，甚至右手患病

前 言

不能用而用左手代替；他非常重视民生经济，几次南巡，亲自视察黄河两岸的水势以及当地民情，一路上还再三交代不要糟蹋庄稼，更不许臣下趁着他出巡而受贿。

可以说，康熙创造的光辉业绩与他的美好品德密不可分，但这些品德又是每个平凡人都能拥有的，仁厚、勤奋、严谨、细心，但为什么偏偏是康熙能够铸就辉煌呢？为什么偏偏就是康熙能够被称为千古一帝呢？一系列精彩纷呈的故事和答案就在这部《康熙传》中。

目录

第一章　少年登基　天纵英才

　　第一节　少年就有大志向 …………… 002
　　第二节　八岁登基称帝 ……………… 008
　　第三节　智擒权臣鳌拜 ……………… 014

第二章　运筹帷幄　剿灭三藩

　　第一节　三藩势力日益膨胀 ………… 026
　　第二节　力排众议要削藩 …………… 031
　　第三节　吴三桂率先作乱 …………… 036
　　第四节　周密部署　指挥若定 …… 041
　　第五节　南国烽烟四起 ……………… 046
　　第六节　旷日持久的拉锯战 ………… 054
　　第七节　收拾河山　平定藩乱 …… 060

第三章　刚柔并济　收复台湾

　　第一节　试图和谈收复台湾 ……… 066

　　第二节　郑经趁乱攻闽粤 ………… 071

　　第三节　康熙点将征台湾 ………… 077

　　第四节　激战澎湖　清军告捷 …… 082

　　第五节　台湾和平回归 …………… 088

第四章　义武奋扬　抗拒沙俄

　　第一节　沙俄频频侵扰东北 ……… 094

　　第二节　一手谋和　一手备战 …… 099

　　第三节　两次雅克萨之战 ………… 105

　　第四节　勘定中俄边界 …………… 112

第五章　御驾亲征　平定漠北

　　第一节　噶尔丹四处作乱 ………… 120

　　第二节　决战乌兰布通 …………… 126

　　第三节　御驾亲征　穷追猛打 …… 131

　　第四节　四处堵截　统一漠北 …… 136

第六章　改革政务　抚平西藏

- 第一节　西藏的棘手难题 …………… 144
- 第二节　真假达赖之争 ……………… 150
- 第三节　进军西藏　初战失利 ……… 153
- 第四节　稳定西藏局势 ……………… 159

第七章　勤政爱民　整顿吏治

- 第一节　康熙的亲政岁月 …………… 168
- 第二节　整顿吏治　惩恶扬善 ……… 174
- 第三节　重视民生经济 ……………… 181
- 第四节　移风易俗的努力 …………… 188
- 第五节　任重道远的治河工程 ……… 193

第八章　博采众长　学以致用

- 第一节　推崇儒家之学 ……………… 202
- 第二节　汇集文才以资治辅政 ……… 207
- 第三节　编修群书　以史为鉴 ……… 212
- 第四节　倾心西方科技 ……………… 217

第九章 储君之争 立嗣风波

- 第一节 康熙的教子之方 ………… 224
- 第二节 皇太子废立风波 ………… 230
- 第三节 下遗诏立储 ………… 238
- 第四节 雍正得以继位 ………… 241

第十章 评说康熙

- 第一节 康熙的自我评价 ………… 246
- 第二节 后世的评说 ………… 249

康熙大事年表………………………… 253

第一章
少年登基　天纵英才

第一节 少年就有大志向

恰好在八旗铁骑入关后的第十个年头，也就是顺治十一年（1654年），在一个阳光明媚的春日里，北京紫禁城的景仁宫里传来一阵清脆的哭叫声，第一个入主北京城的大清皇帝——顺治帝的第三个儿子诞生了。然而就在此时，这个孩子的父亲，年仅十七岁的顺治，正忙于指挥千里之外平定南明政权的战争，根本无暇顾及儿子诞生一事，整个宫中也没有一点喜庆的气息，可谁也不曾料到，这个婴儿会在七年之后继承皇位，并成为中国历史上在位时间最长并有着丰功伟绩的一代明君。

那个初生的婴儿就是后来鼎鼎大名的康熙帝，姓名爱新觉罗·玄烨，生辰为顺治十一年（1654年）三月十八日。在顺治的三个儿子当中，玄烨为佟妃所生，长子牛钮两岁时就夭折，次子福全也是妃子所生。说起玄烨的母亲佟妃，她本是汉族人佟图赖的女儿。由于佟图赖是汉军八旗中的骨干，在随清太宗、清世祖南征北战中立过不朽战功，后来又被编入汉军正蓝旗中，官至礼部侍郎，受赐世袭三等子爵。按照清廷旧制，后妃只能在满蒙旗人中选出，顺治的母亲孝庄太后还曾谕令"有以缠足女子入宫者斩"，而且还将此谕旨悬挂在紫禁城北门之内。但汉人八旗不是一般的汉人，他们成为旗人后都要遵照满洲旗人的习俗，所以汉族旗人女子根本就没有缠足。顺治朝中，为了缓和满汉矛盾，也为了提高汉军八旗的地位，宫中便开始在汉人八旗中选妃，康熙的母亲佟氏也就正因为这样才被选为妃子。

佟氏被选入宫中后，虽被封为妃子，但并不受顺治的宠爱，反倒受到婆

第一章

少年登基 天纵英才

婆孝庄太后的青睐,这也是孝庄太后也同样喜欢佟氏所生之子玄烨的原因之一。佟氏十五岁就生了康熙,等到康熙亲政时,为了感念生母的恩情,还特意把佟氏的亲兄弟佟国纲一脉抬入满洲镶黄旗,并赐姓佟佳氏。但不管怎样,这位千古一帝康熙的身上始终流着满汉两族人的血液。

玄烨儿时的命运特别不好,甚至可用凄凉来形容,清宫内有母子不能同居一宫的规定,出生没多久他又患上了令人谈及色变而又传染性特强的疾病:天花。所以玄烨自幼就被抱到宫外去养育,而养育他的就是内务府正白旗汉军包衣曹玺(曾孙就是鼎鼎有名的《红楼梦》作者曹雪芹)的妻子孙氏。由于孙氏的悉心照料,玄烨的天花竟然奇迹般地痊愈,这也是称帝后的玄烨对曹家几代都非常感激的原因。不过患了天花又痊愈的玄烨,脸上总是留着几颗稀疏的麻点,这可能是玄烨长大后永远也抹不平的创伤,他在回忆幼年与父母关系时,总是感慨万千地说:"朕幼年时,未经出痘,令保姆护视于紫禁城外,父母膝下,未得一日承欢,此朕六十年来抱歉之处。"

玄烨的母亲没能照顾他、疼爱他可能是宫中规定所碍,他的父亲顺治居然一天都没有过问这个在宫外抚养的皇三子,这是什么原因呢?原来顺治那时一直在跟董鄂妃热恋,二人如胶似漆的亲密关系

青年爱新觉罗·玄烨

在整个历史上都很难见到。玄烨四岁的时候，董鄂妃为顺治生了皇四子，顺治欣喜万分，喜色溢于言表，还将皇四子称之为"朕第一子"，并为之举行隆重的庆典，以此向世人昭示，这位新生的婴儿就是未来大清帝国的皇位继承人，而且把心思全部放在董鄂妃母子身上。相比之下，玄烨就只能在乳母、保姆和其他用人的照料之下成长，自幼没有得到父母的疼爱，这不能不说是一种亲情上的缺失。

按照清宫的规定，皇家子女的乳母是由大太监指令，由内务府包衣旗人的监督人负责，从包衣旗人的妻子中筛选出来。包衣旗人的妻子一旦被选为皇家子女的乳母，对这些皇子公主既要尽心护持，又要悉心教导，也就是说不光要照料温饱，言语行动方面还得按照皇家的礼仪、规矩来教导他们，要做到面面俱到，无不周详。当然了，付出如此多的艰辛与呵护，皇家乳母备受尊敬。与玄烨相处最久的乳母就是曹玺之妻孙氏，玄烨非常铭记乳母的恩情，即位后还特别授予曹玺江宁织造这一肥差，而且孙氏也受封为一品诰命夫人，又让曹玺之子曹寅十六岁就入宫充当玄烨的御前侍卫，此后又接替曹玺之职。玄烨六下江南，其中就有四次住在曹寅府中，可见玄烨对曹家人的信任、尊敬与厚爱。有一次，玄烨同乳母孙氏相见，便十分亲切地指着孙氏说"这是我家的老人"，然后又当面嘘寒问暖并给予丰厚的赏赐。这时，恰好庭院中萱花开得正盛，玄烨性情大好地挥笔御书"萱瑞堂"三字赐给曹家，以作纪念。

玄烨离开乳母孙氏之后，又有若干内监服侍他，而且内监也教他饮食、言谈和行走之类的皇家礼节。但玄烨的成长与成才，都离不开祖母孝庄太后殷切的期盼与教导。说起孝庄太后，那可是一位端庄贤良而且又有远见卓识的奇女子，玄烨能够登基以及创建文治武功，在很大程度上都归功于祖母孝庄。孝庄太后为博尔济吉特氏，是科尔沁蒙古贝勒寨桑之女，她本是清太宗皇太极孝端文皇后的侄女，十四岁就嫁给皇太极，后来被封为永福宫庄妃。皇太极去世时，孝庄才三十二岁，其子顺治帝福临才六岁，当

第一章
少年登基　天纵英才

时皇太极的九弟多尔衮和皇长子豪格都要争夺皇位，而且他们的军事力量和政治势力都很大。按理说，福临登基的可能性非常小，但孝庄太后以其过人的谋略和胆识，先是争取了礼亲王代善，使他拥护福临；然后又极力笼络多尔衮，使他放弃对皇位的争夺并拥戴福临，最后多尔衮还是心甘情愿地拥护福临称帝。就这样，政治天平全部倒向福临一方，福临就顺利登基，改元顺治。顺治和康熙父子二人都得到孝庄太后的极力辅佐，才得以登基称帝，大展宏图。

蒙古科尔沁部的博尔济吉特氏非常显赫，有"戚畹贵族"之称，努尔哈赤的一位皇后，皇太极的一后四妃，顺治的二位皇后都是出自博尔济吉特氏。孝庄太后处心积虑，为了巩固自己家族在皇宫中的势力，就将自己的亲侄女立为皇后，但是年纪轻轻的顺治根本就不太在意母亲为他所做的这个婚事安排，在顺治十年（1653年），就将这位皇后废掉。孝庄太后竟然不顾辈分，又将自己的侄孙女嫁给顺治为皇后，除此之外，恭靖妃、淑慧妃、端顺妃、赠悼妃无一不是出自博尔济吉特氏，显然这都是孝庄太后希望博尔济吉特氏能够为顺治生下儿子，然后继承大统。但令她失望的是，任性的顺治偏偏一个也不喜欢，更别说为他生儿子了。

其实不管顺治与哪位妃子生子，都是孝庄太后的亲孙子，后来的孝庄看上了玄烨的母亲

孝庄太后

佟氏也是有些机缘巧合，佟氏怀孕时，与孝庄怀顺治时都有相同的吉祥征兆，所以孝庄这才异常喜悦地对近侍说："生子必有大福。"等到玄烨出生后，孝庄就一直关注这个孙儿的成长。再加上玄烨天生就惹人喜爱，史书描述他的时候说他："天表奇体，神采焕发，双瞳日悬，隆准岳立，耳大声洪，徇齐天纵。稍长，举止端肃，志量恢宏，语出至诚，切中事理。"这是《清圣祖实录》里的记载，虽然不乏溢美之词，但幼年的玄烨五官端正，双目有神，口齿清晰，举止端庄的确是毋庸置疑的。

孝庄之所以非常喜欢玄烨这个孙儿，还有一层原因便是她看重玄烨自幼就有的许多非凡品质，而且具有不少君主的特质。所以在玄烨刚开始能够走路说话时，孝庄就按照帝王的标准严格训练他，只要是玄烨在饮食、行走、言语等方面稍微表现得有不到位的地方，孝庄就加以督促让他更正。所以在日后玄烨登基后，不论是与诸臣商议大事，还是与讲官谈论历史，抑或是与亲属闲话家常，都是站有站相，坐有坐相，非常端正稳重。玄烨不到五岁，孝庄就派自己多年的侍女苏麻喇姑去专门教他满语。苏麻喇姑敏慧灵巧，凡是宫中后妃的衣冠式样都是由她一手制作，而且她知书达理，非常有学识，很受宫中人的推崇，玄烨也蒙受了她的启迪，由她手把手地尽心教导。

在五岁的时候，玄烨正式到上书房读书，按照清廷严格的规矩，皇子都要刻苦读书、练习武事。宫中给皇子们聘请的师傅无一不是德高望重、学识渊博的饱学之士，由于这些师傅们受皇家重托，所以大多都本着"严有益，而宽多误"的要旨，殚精竭虑、孜孜不倦地教育皇子们。皇子们除了每日按照规定的课程读书、写字、熟背诗文外，还要在下午练习骑射等武事，直到天黑了才离开校场。玄烨小时候就是在这样的学习环境中成长起来的，而且不论是在读书还是骑射方面，他都一丝不苟。玄烨每天所读的书，都要一字一句地背下来，而且从不自欺欺人，如果实在有不明白的地方就询问师傅，并反复思考，直到自己领悟透彻为止。玄烨读书的范围也很广泛，按照史书的说法就是"凡帝王政治、圣王心学、六经要旨，无不融会贯通，洞彻原委"。也就是说有关帝王政治、圣贤哲学和传诵的经典等书籍，都在他涉猎的

第一章
少年登基 天纵英才

范围之内。

在骑射方面,玄烨也没有偏废,他跟一位叫默尔根的侍卫学习过骑马射箭。默尔根在骑射方面的要求非常严格,凡是姿势、方法上稍微有一点差错,他就直言不讳地去更正,从不马虎,也不将就,这一点使得玄烨受益匪浅,并且给玄烨留下了不可磨灭的印象,玄烨后来回忆说:"朕于诸事谙练者,皆默尔根之功,迄今犹念其诚实忠诚,未尝忘也。"由此可见,玄烨幼时就具备了不错的骑射本领,这也为后来他御驾亲征,乃至远赴漠北平定叛乱打下了良好的基础。

玄烨在八岁登基后,又是孝庄以太皇太后的身份呕心沥血地辅佐并培育他。由于孝庄对玄烨倾注了非常多的心血和期盼,以至于幼小的玄烨竟有些吃不消而一度体弱多病,还需经常靠针灸治疗。后来玄烨长大成人,还是很怕针灸,甚至闻到针灸用的艾叶味道就感到头痛。玄烨十一岁时,生母去世,孝庄就把他收养在慈宁宫中,朝夕教诲。用玄烨后来的话说:"念朕甫(刚刚)八岁,世祖章皇帝即宾天,十一岁慈和皇太后又崩逝,仰赖圣祖母太皇太后鞠养教诲以至成立……"他还说,"设(假设)无祖母太皇太后,断不能致有今日成就"。

皇宫中各方面人物对于玄烨的教育相当严,虽然也有吃不消而体弱多病的时候,但玄烨还是以其独特的毅力,坚强地成长起来,成了一位德学兼具的皇帝,没有辜负亲人尤其是皇祖母孝庄对他殷切的期盼。法国传教士白晋给玄烨以很高的评价,认为玄烨有极高的天赋、过人的才能以及诸多美好的品德,其中还特别指出:"他的嗜好和兴趣高雅不俗,都很适合帝王的身份。"玄烨成年之后,也深有体会地说:"教子必自幼严饬之始善。"

第二节 八岁登基称帝

尽管孝庄太后对玄烨的培养教育耗费诸多心血,但玄烨年轻的父亲顺治对这位皇三子并不重视,有时甚至显得冷酷无情。当然,顺治不喜欢玄烨的原因不在于玄烨本身,而是在于顺治与玄烨之母佟妃的关系并不太亲密。顺治在婚姻上非常反感孝庄给他先后迎娶两位博尔济吉特氏的皇后,他全不顾政治因素,只是追求纯真的爱意。只要是顺治不喜欢的后妃,都是备受冷遇,像那两位皇后,根本就没能给顺治生下一儿半女,相比之下,玄烨的母亲佟氏能够生下玄烨,算是不幸中的万幸了。

顺治十五年(1658年),董鄂妃所生的四皇子仅仅三个多月就夭折,顺治非常痛心,还特意追封这一尚未命名的四皇子为和硕荣亲王,并按照亲王的礼仪建造陵寝,还举行了隆重的祭奠仪式。根据当时的情形和顺治的性格,皇四子如果一直健在,皇位就轮不到玄烨,所以说玄烨登基称帝并成为一代明君,冥冥之中似有天定。

董鄂妃的儿子夭亡后,玄烨才开始真正步入顺治的视野。顺治的长子牛钮两岁就去世,当时就只有二子福全和三子玄烨年龄比较大,他们以下的四个弟弟都非常年幼,虽然他俩都是庶妃所生,其生母都没有受到过顺治的宠爱,在玄烨六岁时,他们才在乳母的带领下得以见到顺治。看着玄烨天庭饱满、眉清目秀而且又端庄沉稳,顺治顿时起了爱怜之意,听到玄烨谈吐不俗而且举止大方得体,顺治非常高兴,便逗着问他们将来长大了要做什么。福全当时年纪较大,面对父皇的提问显得非常谨慎,思索片刻才缓缓答道:"愿

第一章
少年登基 天纵英才

在父皇之下做一个安分守己的亲王。"玄烨倒是快言快语道:"我长大了也要像父皇一样,把天下治理好。"一个乳臭未干的小子就有如此远大的抱负和如此坚定的口吻,顺治听了暗自称奇,心中已经有了将玄烨选为储君的准备。

顺治亲政后,由于全国统一的战争仍在继续,而且时值开国之初,百废俱兴,各种事务都得让他去忙碌,再加上婚姻和家庭生活中的挫折也严重影响了他的身体和心理。顺治十七年(1660年),刚刚二十三

顺治帝

岁的年轻皇帝已被折磨得精疲力竭、心力交瘁。顺治十八年(1661年)正月,在前往悯忠寺参加亲信关良辅的削发出家仪式之后,顺治在返宫途中就一病不起,后来才发现自己患上天花,时日不多。于是顺治忧心忡忡,开始思虑皇位继承人的事宜。在病重卧床之际,顺治派人去征询平日里很受自己尊敬和信赖的钦天监监正、德国传教士汤若望的意见。汤若望则认为玄烨只比福全略小,但已经出过天花,有了免疫力,而福全未曾出过天花,很有可能重演顺治这样的悲剧。所以,汤若望最后的意见是选择玄烨为皇位继承人。

顺治觉得汤若望说得很有道理,毕竟皇位继承人关系到清朝政权在全国统治的稳定性,现在统一全国的军事作战仍在继续,顺治曾经想在他的兄弟辈中挑选一个合适的人选来继承皇位,因为当时清朝并没有父死子继的明确规定,顺治的想法并不存在违背祖制的问题。在这种举棋不定的关键时刻,

孝庄冒出来了,她带着几位亲王让他们拥护玄烨继位,就像当年拥护幼子福临即位一样。顺治听从了母亲孝庄的建议,下定遗诏确立八岁的皇三子玄烨为太子。

能够继承大统的储君是选定了,但自古以来,新君年幼即位,一般都会有母后临朝听政,外戚辅政,亲王摄政,先君主指定重臣辅佐幼主。皇太极病逝时,顺治皇帝才六岁,满族贵族会议决定实行宗室亲王摄政,即由顺治的两个叔叔睿亲王多尔衮和郑亲王济尔哈朗共同辅政。随后,势力强大的多尔衮将济尔哈朗剔除辅政行列,自称摄政王,并擅自加封为皇叔父摄政王、皇父摄政王等称号,简直就是一副一手遮天的姿态,完全将自己凌驾于皇权之上。幸好在顺治七年,多尔衮在一次射猎中死去,顺治这才收回全部大权,不然久而久之,随着顺治的成熟和多尔衮的专权跋扈,二人必定会发生严重的冲突。鉴于历史教训,顺治、孝庄和上三旗大臣都不主张亲王摄政,对于类似的母后临朝、委政外戚的辅政方式都被排除,最后他们一致决定遴选辅助大臣,不过辅政者必须出自于上三旗,而且还必须接受宗室大臣的监督。

经过反复的斟酌和考虑,顺治和孝庄最后选出索尼、苏克萨哈、遏必隆、鳌拜四个人共同担任辅政大臣。顺治十八年(1661年)正月初六日夜半,顺治预感自己将不久于人世,便急命太监传唤原学士麻勒吉与学士王熙两人来养心殿听旨。等他们二人遵命前行,来到顺治的病榻前,顺治就对王熙说:"朕出痘,势将不起,尔可详听朕言,速撰诏书。"当下,顺治就口授遗诏。完毕后,顺治又叫麻勒吉把遗诏放在怀里,然后同侍臣贾卜嘉一起去告知皇太后孝庄。次日半夜,顺治就驾崩于养心殿。初八日朝廷就颁布遗诏,指定玄烨为皇位继承人,其中还特命大臣索尼、苏克萨哈、遏必隆、鳌拜为辅臣,除此之外,顺治还在将近一千字的遗诏中列举自己十四条罪状,使得遗诏更像一道罪己诏。

正史是说顺治于当夜驾崩,但野史硬说他没死,而是因为一生挚爱的红颜知己董鄂妃去世后,多情的顺治哀伤过度,后来又看破红尘,在观摩亲信削发出家后深有感慨,便想出"装死"之计,并从此隐姓埋名,后来到五台

第一章
少年登基 天纵英才

山当了和尚。

不管怎样，八岁的玄烨还是按照顺治遗诏，在祖母孝庄的亲自主持下，于正月初九登基称帝。当天，玄烨分别派遣官员祭告昊天、地祇、太庙、社稷，他又亲自到已故父皇顺治灵前行礼受命，之后又穿着礼服到祖母所居慈宁宫行礼，然后才到太和殿升宝座，文武百官前去向新任小皇帝行礼，礼毕后又颁诏大赦天下，改次年为康熙元年，定顺治帝谥号为章皇帝，庙号世祖。康熙一词在满语中的原意是安定太平，按照汉语字面意思则为安康熙宁。玄烨年号康熙，也表明清朝当政者在长期的战乱之后，渴望出现长治久安的太平局面。

八岁就当上皇帝，朝政当然需要靠能人来协理，其中最操心的当然要数玄烨的祖母太皇太后孝庄。在康熙即位后的第五天，孝庄就召见王公大臣，说："尔等思报朕子皇帝（顺治）之恩，偕四大臣同心协力以辅幼主，则名垂万世矣。"不过，孝庄这样明确地召见诸王大臣的例子并不多，而是她非常注重指导康熙如何才能做个好皇帝。在康熙即位不久，她就告诫说："从来都说当皇帝难，众多百姓对高居其上的皇帝给予殷切的期望。所以皇帝必须深切领会'得众则得国'的道理，使民众都能安乐富庶，国家的统治才能永远巩固。你要宽裕仁慈，温良恭敬，一言一行，时刻谨慎，以便承担起你祖父和父亲留下的基业，这样才好让我放心。"

八岁的小皇帝康熙即位后，形成了以孝庄为中心，四位异姓大臣为辅弼，在诸王贝勒监督下的中央政权格局。康熙也在孝庄的全力辅佐与教导下，开始学习政治经验，培养治国才能，以便自己早日亲政。

由顺治钦定的四大辅臣，都在开创大清朝的基业中立下了汗马功劳。其中索尼、遏必隆、鳌拜为黄旗人，在皇太极逝世时，他们三个人极力拥立皇子福临继位，曾因此受到多尔衮的打压，遭受过免死解职的惩罚。苏克萨哈属于正白旗人，在多尔衮死后，从拥护多尔衮立马转向支持顺治的立场来，因此他们都备受顺治信任。四大辅臣在康熙即位初的几年里，对清朝的局势

产生过重大影响,让我们来看看四个人的基本履历:

索尼,赫舍里氏,满洲正黄旗人,原先就是皇太极的嫡系大将,早年就为清朝的兴盛立下过赫赫战功。皇太极死后,他与两黄旗大臣盟誓于盛京(今辽宁省沈阳市,没入关时,是清朝的首都)大清门,宣示他们拥立皇子福临。顺治初年,多尔衮对索尼几番拉拢不成,便屡屡打击索尼,最后将其革职,让他去守昭陵。顺治亲政后,感念索尼的恩德,便授予内大臣兼议政大臣、总管内务府等要职,参议军政大事。索尼忠心耿直,敢于直言进谏,在顺治十八年,他都已经是六十多岁的四朝元老,两朝顾命大臣,便位列四大辅臣之首。

苏克萨哈,那拉氏,满洲正白旗人。其父苏纳早年追随努尔哈赤创业,深得努尔哈赤的喜爱,还被招为第六驸马,苏克萨哈就是以驸马之子的身份和自己的才干青云直上,还得到摄政王多尔衮的赏识而被授予二品大臣和一等公爵,但在多尔衮去世后,苏克萨哈率先告发多尔衮的篡立阴谋,因而得到顺治的提拔重用,再加上平定农民起义有功,更是被授予镶白旗护军统领和领侍卫内大臣之职。他与顺治是姑表兄弟,位列于索尼之后为第二辅臣。

遏必隆,钮祜禄氏,满洲镶黄旗人,他是开国功臣额亦都的儿子。多尔衮曾经削去他的官爵,还抄没其家产,并逼其回镶白旗,遏必隆因为此事差点送命。多尔衮死后,遏必隆才重新受到重用,不仅重返镶黄旗,还先后受封一等公、议政大臣、领侍卫内大臣。孝庄生病期间,他亲侍左右,废寝忘食,深得孝庄赏识,康熙即位后,他被晋升为少傅兼太子太傅。他一直是两黄旗重臣,被列为辅政大臣,排名第三位。

鳌拜,瓜儿佳氏,满洲镶黄旗人。其父卫齐,为开国功臣费英东之弟。清朝初年,鳌拜随同父兄屡立战功,征战朝鲜,驱逐李自成、剿灭张献忠,无不身先士卒,冲锋陷阵。由于在皇太极去世后,他与两黄旗大臣宣誓拥立皇子,还为此在多尔衮面前以死相要挟,口气非常强硬,多尔衮也曾三次将其论死,但就是没能处死这位桀骜不驯的悍将。多尔衮死后,鳌拜被任命为议政大臣,由一等侯晋升为二等公,领侍卫内大臣,深受顺治器重。顺治病

第一章

少年登基　天纵英才

危时，他就同以上三位被命为辅政大臣。

由此可知，四大臣被委以重任，主要是因为他们都是皇帝亲领的上三旗（正黄旗、镶黄旗、正白旗）大臣，而且家世显赫，战功卓著，也因为他们在支持皇统继承和反对多尔衮专权跋扈的过程中表现得非常坚定，更值得注意的是他们当中有三个人是领侍卫内大臣，全权掌握全部宫廷侍卫的指挥权，还有一个人是内务府大臣，总领宫廷全部事务。这样的安排着实是煞费苦心，当然这样万般无奈地把辅政重任委

鳌拜

以异姓大臣，也是孝庄半生历经风风雨雨的政治经验和充满智慧而做的安排。

不过四大辅臣还是心怀不安，因为他们担心下五旗和诸王贝勒对此安排不服，于是他们四个人就提问诸王贝勒，说："我们四个人奉先帝遗诏，辅佐幼主，国家政务向来都是宗室协理，我等都是异姓臣子，怎能综理？如今只希望与诸王贝勒共同辅政。"诸王贝勒虽然心中有些不服这样的安排，但鉴于先前的流血事件，便只好客气地表示："大行皇帝深知你们四个人忠心耿耿，所以才委以重任。遗诏中说得很明确了，还有谁敢干预。"尽管如此，四大辅臣仍然心怀顾忌，只好奏请孝庄，孝庄给了他们肯定的答复，就是要让他们辅政。得到德高望重的太皇太后的认可，四个人压制住激动兴奋的心情正式接受辅政之职，还当即在顺治的灵前宣誓：

誓协忠诚，共生死，辅佐政务，不私亲戚，不计怨仇，不听旁

人及兄弟侄教唆之言，不求无义之富贵，不私往来诸王贝勒等府受其馈遗，不结党羽，不受贿赂，唯以忠心仰报先帝大恩，若复各为身谋，有违斯誓，上天殛罚，夺算凶诛。

四大辅臣都在顺治灵前向天宣誓，其他的王公大臣也当有所表示，就在玄烨登基后的第五天，诸王贝勒及文武百官齐集御前，设誓于皇天上帝及顺治帝灵前：

冲主践祚，臣等若不竭忠效力，萌起逆心，妄作非为，互相结党，及敌政之人知而不举，私自藏匿，挟仇诬陷，徇庇亲族者，皇天明鉴，夺算加诛。

以上算是四大辅臣、诸王贝勒以及文武大臣信誓旦旦地表示对康熙的效忠了。但当时除了四大辅臣之外，还有议政王大臣会议，这可是清初特设的权力机构，军国大事都要交付给议政王大臣会议加以讨论决定，它的权力很大，就连孝庄和四大辅臣的权力都要受到议政王大臣会议的限制，这样复杂的多极政治体制格局，注定了康熙朝政治从一开始就将荆棘密布，但不管怎样，康熙都顺利登基，一个伟大的时代也将从此开启！

第三节　智擒权臣鳌拜

八岁的小康熙离开了温馨的庭园，被祖母孝庄接到慈宁宫去，此时此刻的康熙在祖母众多的孙子中，无疑是最受宠爱、寄予希望最多的皇孙。现在

第一章
少年登基 天纵英才

他们祖孙俩谈论的话题已不仅仅是读书写字、礼节规范了，而且还有了如何问政用人、如何治国平天下之类的内容。从登基大典举行后，每次临朝，小康熙都高高在上地坐在御座上，在"万岁"不绝于耳的呼声中君临天下。不过，他只是礼仪性的最高君主，一般政务仍是由四大辅臣处理，重大事务由四大辅臣奏报请示太皇太后裁决。如果这样的日子能够平平静静地过去，直到康熙真正亲政为止也好，但朝廷中尤其是四大辅臣之间开始了云谲波诡的争斗。

四大辅臣并不像誓词所说的那样和衷共济、共商国是，他们虽然号称辅佐政务，实际上却是代行着皇帝的权力。但凡是由四大辅臣暂定或未定的国家大事，都要加以"辅臣称旨"的名义，不管是谕令诸王贝勒、文武百官抑或是地方督抚大员都是如此，"辅臣称旨"如同诏令一般不得违抗。不过在康熙即位后的最初几年，军国大事都由四大辅臣集体讨论后再作决定，最后共同上奏康熙，单个人是不能上疏或朝见皇帝的，四个人能够共同辅政，相互协调以保持权力平衡。但随着四大辅臣各自权势、地位的变动，以及彼此之间利害关系的不同，他们逐渐形成了相互结合或对立的局面，朝政上明争暗斗一直在进行，得胜者没有了制衡，不免形成擅权的局面。

四大辅臣之间的矛盾集中表现在旗帜之争上，满洲黄、白旗之间的积怨由来已久，这种积怨大约要追溯到四十年前皇太极举行的一次大型改旗活动。本来努尔哈赤自己亲领两黄旗，皇太极亲领正白旗，豪格亲领镶白旗。可是在皇太极继位后，为了巩固自己的地位，也为了扩大自己的势力，皇太极将原来的两白旗改为两黄旗，并置于自己的控制之下，将原来的两黄旗改为两白旗，由阿济格、多尔衮和多铎分领，而且还随之变更了八旗的样式和排位次序。

从皇太极时代起，昔日两白旗与两黄旗因为势力的此起彼伏而产生怨隙，在崇德八年（1643年），皇太极去世的时候，黄、白四旗之间进行较量，发生了两黄旗大臣盟于大清门誓立皇子的事件。多尔衮摄政期间，两白旗的地位再度上升。随着多尔衮的去世，为了壮大皇帝自身的实力，也为了消除长期

以来黄白旗之间的矛盾，顺治直接将正白旗归入上三旗，使得白旗在八旗中的优势地位再度得到确认。随着顺治皇帝的去世以及黄、白旗两个政治集团的大臣共同辅政，黄、白旗之间的矛盾再度发酵，其中以鳌拜为首的两黄旗势力向以苏克萨哈为首的正白旗发出挑战，要求重新分配土地和权力。

鳌拜虽然位居四大辅臣之末，但仗恃自己的赫赫战功而居功自傲，在另外三大辅臣中，他不敢也没有必要同四朝元老但又垂垂暮年的索尼相争，没有什么权力欲又喜欢打太极的遏必隆同他都属于两黄旗，令鳌拜最不满的就是苏克萨哈，这人不仅是正白旗，而且爵位虽低却位列辅臣第二，随时有可能取代来日不多的索尼而总揽启奏和批红大权，因此鳌拜时时刻刻都想借机排挤打击苏克萨哈。

康熙五年初，鳌拜为了拉拢两黄旗的权贵，树立自己的威信，同时达到打击正白旗大臣苏克萨哈的目的，蓄谋已久地制造了一场正白旗与镶黄旗互换圈地的事端。鳌拜声称多尔衮摄政时，在土地分配中故意偏袒正白旗打击镶黄旗，现在得让正白旗与镶黄旗更换旗地。索尼、遏必隆为了维护两黄旗利益也随声附和表示赞同，鳌拜为了事情进展得顺利一些，还以八旗土地不堪，呈请更换土地，并上奏户部，试图造成八旗纷纷要求重新更换旗地的形势，以此来对太皇太后和康熙施加压力。正白旗大臣、户部尚书苏纳海首先就上疏反对重新更换旗地，上奏称："土地分拨已久，且康熙三年奉有民间土地不许再圈之旨，不便更换，请将八旗移文驳回。"

鳌拜见苏纳海公然与他唱反调，心中愤愤不平，当即就宣旨称："苏纳海若有意见，即应陈奏，即奉差拨地，种种奸巧不愿迁移，迟延藐旨。朱昌祚、王登联身为总督、巡抚，各有专任职掌，拨地事，不照所委料理，妄行具奏，又将奏疏与苏纳海看，且疏内不止言民间困苦，将旗下不愿迁移之处，一并具题。情罪俱属重大。苏纳海、朱昌祚、王登联具著即处以绞刑。其家产籍没。"鳌拜为了在黄白旗间争权夺利，一出手竟然连斩三位大臣，一时间震惊朝野。

第一章

少年登基　天纵英才

在后来的日子里，鳌拜继续打着顺治遗诏上"纪纲法度、用人行政"，"应仰太祖太宗谟烈"的旗号，利用"辅臣称旨"这柄"尚方宝剑"专权横行，硬是不顾孝庄和康熙的旨意，肆无忌惮地为所欲为。索尼和遏必隆刚开始只知鳌拜让两黄旗人获利，便听之任之，但见鳌拜过于强势甚至还表现出欺主、欺上的行为，年老多病的索尼便策动辅臣苏克萨哈、遏必隆与他一起于康熙六年三月，共同奏请皇帝亲政。康熙顾虑到四大辅臣辅政已成尾大不掉之势，尤其是鳌拜在朝中炙手可热，于是就再三推辞，请辅臣们继续辅政。就在当年六月，索尼病逝，次月，康熙才把索尼等人多次呈请皇上亲政的奏疏向臣下宣布，并且还上奏太皇太后。

孝庄觉得康熙已有十四岁，是时候亲政了，便建议"择吉日亲政"。康熙得到祖母的支持后，当月就在太和殿接受文武百官的庆贺礼。从此，康熙就定期亲临乾清门听政，不过仍然令鳌拜等人以辅政大臣身份处理军国大事。

康熙虽然表面亲政，但实际上仍然是鳌拜独揽朝政，为此，康熙虽然多次告诫、驳斥鳌拜，以打压其权威。可是鳌拜依旧我行我素，一点也不畏惧这个刚刚亲政的少年皇帝，靠着自己的党羽和黄旗亲族的支持，他仍然紧握辅政大臣的权力，没有丝毫归政的意思。鳌拜不仅想要学多尔衮将皇帝当作任凭自己摆布的傀儡，而且还想借皇帝之手，来除掉苏克萨哈这个心腹大患，以便自己更好地独揽朝政。然而，机会终归要来了。

在四大辅臣中，索尼还是比较尊重康熙，苏克萨哈当初也对这个小皇帝没有敬畏之意，但由于自己单身一人是正白旗，受到鳌拜等人的不断打击、排挤后，便逐步依附康熙以求自保。索尼去世后，鳌拜更加肆无忌惮，这令苏克萨哈忧心忡忡，完全没了作为第二辅臣的气魄与威严，自知在朝廷上势单力薄、难以立足，便上疏请求前往守护先帝陵寝，还声称自己如果得到批准，必定能够"如线全息，得以生全"。这就成了苏克萨哈一生中说得最让自己后悔不迭的话，如果称病请辞说不定会更好些。这种透露着过分幽怨和不满的话正好给鳌拜机会，鳌拜看见苏克萨哈的奏章，当即咄咄逼人地质问道："这苏克萨哈奏请守陵，竟然还说'如线全息，得以生全'，真不知是何

人在逼迫你？在这里为什么就不能全生？守陵为什么就可以全生？"

鳌拜的责问让苏克萨哈难以下台，当场语塞，怏怏退朝。但鳌拜并没有就此罢休，还一手操纵议政王大臣会议，奏请将苏克萨哈及本旗所属兄弟子侄全部逮捕入狱。为此，鳌拜的心腹党羽满洲大学士班布尔善等人罗织苏克萨哈的二十四条罪状，可谓招招毙命，真是欲加之罪何患无辞。罪状里反复说苏克萨哈实际上是不愿归政，而以守陵来以退为进要挟皇上。为了将苏克萨哈一族斩草除根，鳌拜还在奏折中称："苏克萨哈罪情重大，本朝绝无此等犯罪，请将苏克萨哈及其长子查克旦凌迟处死，其余诸子、孙儿、侄子无论成年或未成年，全部斩立决。家产籍没，妻孥一并交给内务府，如有侄孙一同籍没为奴。"除此之外，鳌拜还把苏克萨哈同族的几位大员指定为其心腹，也要求当斩立决。

如此用心歹毒、令人发指的罪责都能罗列出来，康熙都为之战栗，当然他对鳌拜的痛恨已经达到了极点，恨不得尽早将其除之而后快，不过时机未到，康熙只能苦作隐忍。不过，康熙也要为自己这位战功赫赫的表哥作辩护。可是鳌拜这人向来说到就做到，雷厉风行，毫不打折，他急不可耐地向康熙施压，甚至还在朝廷上肆无忌惮地挥拳叫喊，康熙这位政治经验尚不足的少年皇帝还真有些被鳌拜所震慑，竟然唯唯诺诺地同意了鳌拜等人的请求。很快，苏克萨哈被赐绞刑，他的四个儿子、十二个孙子全部被杀戮，家中的妇女、幼儿发配为奴，一个屡建战功的皇亲贵戚竟然以一纸辞呈便招来杀身灭族之祸。

苏克萨哈身死族灭，这在康熙初年不亚于是一场八九级的政坛大地震。从此以后，鳌

遏必隆

第一章
少年登基 天纵英才

拜更加嚣张跋扈，在硕果仅存的两位辅政大臣中，遏必隆对他都礼让三分，在列朝时主动让鳌拜站在右边，还低头哈腰地说："我怎么好在右呢。"鳌拜的党羽在列名启奏时，总是将鳌拜之名放在遏必隆前面，其他趋炎附势的人也越来越多，更有人恬不知耻地吹捧鳌拜为圣人。鳌拜的爵位也一加再加，康熙六年授一等公，康熙七年又加封为太师。

就在鳌拜如日中天之际，他的很多亲人、心腹大臣也跟着鸡犬升天。鳌拜的弟弟穆里玛、侄塞本得领侍卫内大臣，秘书院大学士班布尔善、吏部尚书阿思哈、兵部尚书噶褚哈、兵部侍郎泰必图等结成死党，把持议政王大臣会议和各部实权，专横跋扈。朝廷中像这样的文武大员很多都出自于鳌拜门下，而鳌拜府中都快成了第二朝堂，当时一切政事都是先在鳌拜府中商议，然后再到朝廷上决定施行。如果有职位空缺，都是鳌拜安插自己的人进去，有时候康熙不同意，鳌拜也僵持下去，以至于一个职位长期空着，无人接替。

鳌拜将自己的心腹安插在内三院和中央各部，一时之间竟有"文武各部，尽出其门下"的说法，朝廷中逐渐形成了以鳌拜为中心的权力集团。对于其他朝臣，鳌拜向来都是秉承"相好的就提拔，不相好的就陷害"的宗旨，肆意妄为地党同伐异。大臣费扬古一直与鳌拜不合，他的儿子倭赫及西往、折克图、赛尔弼四人一同在御前充当侍卫，由于是康熙的亲近之臣，对鳌拜没有表现出敬畏之意，所以鳌拜怀恨在心，将其杀害，而后又罗织罪名，诬陷费扬古，将他连同他的另外两个儿子处死，仅有幼子一人因"不知情"免死，但仍被流放到遥远的宁古塔。费扬古的家产也全部被鳌拜弟弟穆里玛吞并。有一次，鳌拜的马被窃，他不仅捕杀了窃马贼，连御马群牧长也一并杀掉。

用"磨牙吮血，杀人如麻"来形容鳌拜的血腥残暴与罪大恶极都毫不为过。不过对于这一切，其他的贵族大臣都有目共睹，只是敢怒而不敢言。鳌拜一手遮天，依附他的人越来越多，实际上对他恨之入骨的人数也悄然猛增。康熙亲政，鳌拜竟迟迟不愿归政，而且还恣意妄为、滥杀无辜。下至侍卫，

上至辅臣,凡有不合意者,鳌拜便设法诬陷谋害,乃至灭族籍家,子孙连坐,在这段时期,朝廷内有风声鹤唳、人人自危之感。

汉族大臣、内秘书院侍读熊赐履对朝政直言不讳地进行了批评,要求康熙崇尚汉族礼仪,并对鳌拜等人提出公开的指责,使得康熙开始对自己即位以来的朝廷政治进行冷静的考察与反思。现年十六岁的康熙血气方刚,对于鳌拜欺君罔上、诛灭异己的行为非常厌恶,他开始考虑要彻底摆脱辅臣的羁绊与控制,他要真正君临天下,当然摆在他面前的最大绊脚石无疑是鳌拜和他的党羽。

康熙开始在朝廷上一有机会就抵制鳌拜的不轨言行,不过表面上仍然很尊重他,对他恭恭敬敬,其实是想用欲擒故纵的手法来先稳住他。有一次,鳌拜借口有病,一连好多天不去上朝,有人说他在家密谋不轨,康熙就借机带着侍卫到鳌拜家看望。门卫说是要进去报告,却被康熙拦住,他和侍卫直入府内,来到鳌拜的卧房。鳌拜见康熙突然来访,神色非常不安。侍卫当即走到鳌拜床前,掀开帘子时,侍卫的钢刀寒光闪闪地让鳌拜十分紧张。鳌拜正要向侍卫发作时,康熙却笑着说:"刀不离身,是咱们满人一直以来的习俗,何足为怪。"康熙灵机一动的话语,缓和了紧张的气氛,也避免了打草惊蛇,这样就更有利于后来智擒鳌拜。

回到宫中后,康熙以下棋为名召见已故首席辅政大臣索尼之子、一等侍卫索额图,实际上是让他过来共商铲除鳌拜的具体方案。毕竟这么多年来,鳌拜都致力于网罗亲信、结党营私,宫廷内外到处都有他安排的耳目,如果公开缉拿鳌拜,搞不好会激起不必要的事端,所以康熙最后决定寻找有利时机和选择适当方式来除掉鳌拜。

为了将欲擒故纵的政治游戏进行到底,康熙韬光养晦,并竭力装出酷爱戏耍、无意于政事的样子,还精心挑选出一批年轻力壮的侍卫,天天腻在一起练习一种摔跤格斗类的布库戏。即使鳌拜上堂启奏,康熙仍是摆出一副玩心很大的态势,照常同小侍卫们戏耍,也从不回避鳌拜。久而久之,鳌拜还真以为康熙还没长大,好耍武艺,过于幼稚,还没有把心思放

第一章
少年登基 天纵英才

到政务上来,所以鳌拜更是一心坦然,在宫中进进出出也是趾高气扬,毫无戒备之心。

康熙天天同侍卫们在一起摔跤,一方面提高了小伙子们的擒拿技能,一方面又麻痹了鳌拜,眼看时机一天天成熟,康熙心中充满喜悦,非常期盼清除鳌拜那一天的到来。有一次摔跤前,康熙就问:"你们都是我天天相处的旧臣了,可你们到底是畏惧朕,还是畏惧鳌拜?"众侍卫一齐回答说:"独独害怕皇上。"康熙得到这样的回复,心中大喜,思虑到擒拿鳌拜的日子不远了。于是康熙就对他们吩咐道:"鳌拜逾权违法、滥杀无辜、罪大恶极,根本就不把朕放在眼里,你们都等着我的命令,见机行事,擒拿鳌拜。"众侍卫一并回答:"臣等愿意效命,赴汤蹈火、在所不辞。"

时机成熟,康熙说动就动,在鳌拜仍旧旁若无人地在朝堂上大摇大摆时,康熙便迅速用眼神示意,那伙小侍卫心领神会,蓦地一拥而上,将鳌拜团团围住,然后将其牢牢捆绑,任凭鳌拜怎样神武有力也挣脱不开。就在这短短的几分钟时间里,一代权奸鳌拜就这样束手就擒,年仅十六岁的康熙在这场充满危险的政治博弈中胜出了。

为了擒除鳌拜,康熙可谓处心积虑。为了保证擒拿鳌拜顺利,也为了擒拿鳌拜后,不引起巨大的政治波澜,康熙在行动之前,便不露声色地将鳌拜党羽以各种名义调出京城,以削弱鳌拜势力。在这一年五月十六日,康熙亲自列数鳌拜集团的种种罪恶,还诏令刑部迅速缉捕鳌拜的党羽。除了这些以外,康熙还亲自向议政诸王揭露鳌拜的罪状,归纳起来大致有以下七种:

一、徇情补用官员,通同结党,以欺朕躬;

二、于朕前办事不求当理,稍有拂意之处,就对部臣叱喝;

三、鳌拜在朕前理宜声气和平,乃施威振众,高声喝问;

四、科道官员条奏,鳌拜屡请禁止,恐深干物议,闭塞言路;

五、文武各官尽出伊门下,内外用伊奸党,大失天下所望;

六、凡事在家定议,然后施行,且将部院衙门各官于启奏后常带往家中商议;

七、依仗凶恶，弃毁国典，与伊等相好者推荐提拔，不相好的诬陷谋害。

连同这七条罪状，概括起来就是"贪聚贿赂，奸党日甚，上违君父重托，下则残害生民，种种恶迹，难以枚举"。

正所谓墙倒众人推，康亲王杰书等议政诸王不仅支持康熙擒拿鳌拜，还痛打落水狗地列举出鳌拜欺君擅权、结党乱政等三十大罪状，并商议将鳌拜革职立斩，其亲子、兄弟亦斩，妻、孙发配为奴，家产籍没。鳌拜的族人凡有当官的全部革除并各鞭笞一百，披甲当差。遏必隆也被列举出藐视皇上、附和鳌拜等二十一大罪状，议将其革职立绞，未分家的儿子及妻子为奴，族人有当官的全部革除，披甲当差。辅国公大学士班布尔善也因附和鳌拜、抗旨妄行等被列出二十一大罪状，议革职立斩，因系宗亲，改立绞，并将其未分家的子孙革去宗室，妻子为奴。鳌拜的侄子塞本得以其"凡事首恶，罪情重大"，议将其革职，即行凌迟处死。吏部尚书阿思哈、户部尚书马迩赛、兵部尚书噶褚哈、礼部侍郎、鳌拜弟弟穆里玛等人助恶结党，背负国恩，罪情重大，均应革职立斩。鳌拜的党羽希福、阿林、刘之源、济世、迈音达、刘光、阿南达、布达礼、吴格塞、额尔德黑、郭尔浑等人均应立斩，鳌拜的哥哥赵布太、女婿赖虎等立绞，以上各犯有亲生及未分家之子并妻为奴，家产籍没。

议政诸王将以上所议上奏康熙，康熙召见被囚禁的鳌拜，当面喝问他是否知罪。鳌拜自知罪孽深重，但仍然希望免死，还当朝恳请皇上看看自己当年为解救清太宗皇太极时所留下的刀疤。康熙凝视伤疤良久，念其为三朝元老，而且为国家建立不少功勋，便赦免鳌拜死罪，判为永久监禁，对于其他情节严重的罪犯也只是免死拘禁，其中被处死的只有班布尔善、济世和吴格塞等九人，其余人等革职、鞭笞，但都没有被判为籍没家产、妻儿为奴。此外，受到鳌拜无辜谋害、打压的一律平反昭雪。已故如苏克萨哈等人，其爵位、世职也都由其后人承袭。

鳌拜一案涉及面非常广，而康熙仅用十天时间就宣布出处理结果来，康熙既能法外施恩，又能为受害者平反并恢复名誉、追封爵位，还让朝中无论

第一章
少年登基　天纵英才

是鳌拜集团还是被鳌拜所害之人都心服口服。康熙还趁机废除辅政大臣制，收回批红大权，此后的奏折都是康熙御笔亲批，无人代替，即使是年老了仍然坚持这一习惯，哪怕是右手患病不能书写都用左手来批红。从这次的鳌拜事件中，康熙还吸取经验教训，下令朝内所有官员决不允许潜为援引、结党营私，如有犯禁者，绝不轻饶。

以上这些都显示出康熙成熟的政治手腕和贤明帝王应有的气魄和胆略，当然，年纪轻轻的康熙也显示出其机智沉着、勇敢正直和宽厚仁慈的品质来。毫无疑问，一个真正属于康熙的时代已经拉开了序幕！

第二章

运筹帷幄　剿灭三藩

第一节 三藩势力日益膨胀

十六岁的少年天子在亲政两年后,就铲除权臣鳌拜和他的党羽,收回最高执政权,这时的康熙可谓真正的君临天下,可他接管的大清朝毕竟还是一个烂摊子,明末清初数十年的战乱使得饿殍遍野、田园荒芜、民生凋敝,正所谓百废待兴,很多事情都要等着年轻的康熙去摆平,其中最为迫切也最为棘手的便是三藩问题。

所谓"三藩",就是汉族军事集团投靠清朝后,在剿灭风起云涌的农民起义和苟延残喘的南明政权中建立巨大功勋,后来得到清朝裂土封王的三方藩镇割据势力,其中封吴三桂为平西王,驻守云南;封耿仲明为靖南王,驻守福建(耿仲明父子相继死亡后,孙子耿精忠承袭王位);封尚可喜为平南王,驻守广东(后来其子尚之信承袭王位)。这三王拥兵自重,势力日益膨胀,还几度威胁清廷中央的统治。

按照清朝一般的制度,不论同姓封王还是异姓封王,都是一种名誉性质的爵位以及高等级的俸禄,他们既没有封地,也没有军政管理权,只是在诸王奉命率军出征时,清廷才暂时赋予一定的军事指挥权。但清政府作为一个少数民族政权,其经济、军事能力还是相当有限,为了统一全国,不得不借助汉族官僚军事集团的帮助,作为报答,便特意给予他们在封地军事、政治、财政等方面的特权。

"三藩"在军事上都拥有庞大的实力,耿精忠、尚之信两藩所属各十五佐领,按照当时一佐领两百人,他们各自拥有兵甲三千,其藩下丁口(没有武

第二章
运筹帷幄　剿灭三藩

装起来的男丁）各有一万五千名。吴三桂的军事实力更为强大，他一共拥有五十三佐领，共计兵甲一万零六百，其藩下丁口有五万三千名。当然，这些还只是按照编制规定计算的，实际上三藩在各自的领地上拼命地扩充自己的实力，按照许旭在《闽中纪略》的记载："时王府（靖南王府）兵额有万余，而旗下蓄养甚众。府中男子年十四岁，悉给弓矢，督骑射，鸣剑之心，已非一日。"也就是说耿精忠王府除了兵员一万多人外，十四岁以上的男子都武装起来，让他们练习骑射，随时都准备再起烽烟。

仅吴三桂的部将吴国贵二十岁到四十五岁之间的男丁都得服兵役，至于说吴三桂只有一万多将士肯定是相当保守的估算。这些佐领编制下的将士，是由藩王直接掌控，可以说是构成藩王军队的核心力量，他们同藩王有着严格的隶属关系。早在明崇祯帝时代，吴三桂的父亲吴襄就与崇祯帝有一段精彩的对话：

崇祯帝："你们父子有多少兵力？"

吴襄："臣按照册子有八万，实际上只有三万。"

崇祯帝："这三万人都是骁勇善战之辈吗？"

吴襄："如果这三万都是英勇敢战之士，早就能为国成就一番事业，何必会等到今天，其实臣可用之兵不过三千人而已。"

崇祯帝："三千之众何以能够抵挡百万贼寇？"

吴襄："这三千人不是兵，其实都是臣之子，都是臣之兄弟。臣受国恩以来，臣吃的都是粗粮，他们吃的都是清酒肥羊；臣穿的都是粗布，他们穿的都是罗绮，所以他们这三千人都能死力随臣于沙场杀敌。"

以上对话就表明，在吴襄、吴三桂父子的军队内，血缘宗族关系盘根错节，而且将领还给予士兵非常优厚的待遇，从而能够形成有着严格依附关系的骨干子弟兵。在吴三桂投靠清朝后，这批弟子按佐领组成编制，成为吴三桂藩属部队的核心力量。随着清朝统一全国战争的继续进行，吴三桂等人的藩属部队不断发展壮大。

三藩兵力除了佐领编制的子弟兵外，还有庞大的绿旗兵和投诚兵。耿精

忠、尚之信两部各有绿旗兵六七千,而实力最为雄厚的吴三桂则有绿旗兵数万,随着战争的不断发展,兵员都在逐步地扩充中。这类绿旗兵和投诚兵虽然统属于清廷,同直接隶属于藩镇的子弟兵也有区别,但他们一概听凭藩王调遣,不仅编制与部署出自藩王意图,就连重要将领都由藩王指派。三藩对军队的编制、驻防地区的部署以及军官的选择调任,形式上必须由清廷兵部批准,实际上还是藩王们说了算,其中尤以吴三桂最为突出。

康熙四年(1665年),吴三桂征服水西、乌蒙(今云南昭通)等少数民族聚居地区后,未经清廷中央批准,直接在那里开府设官。吴三桂调遣云南广罗总兵赵良栋为贵州比喇总兵,云南忠勇后营总兵刘之复为贵州大方总兵,云南忠勇前营总兵李如碧为贵州水西总兵,云南忠勇后营总兵塔新策为贵州定广总兵,贵州思南总兵王平为安隆总兵。当然除了在贵州设总兵外,四川和湖广都有吴三桂设置的总兵,计有四镇,每镇三千,总计一万两千人。可见吴三桂的势力不仅在云南一省,而且还分布在贵州、四川和湖广一带。如果兵部要在吴三桂的势力范围内安排人员,吴三桂总是会对朝廷说已经安排好了,所以藩属的将领大多是吴三桂的心腹,如都统吴应麒是他的侄儿,都统夏国相、胡国柱以及后来的云南留守郭图壮、右将军卫模分别都是他的女婿,还有一些将领是在辽西的时候一直追随他南征北战,如都统吴国贵、副都统杨坤等等都是他的亲信嫡系。

吴三桂等三位藩王不仅有军事指挥权、军事调动权和军队人员任免权,而且在地方也有行政权。当时广东布政使胡章就密奏朝廷,说靖南王耿继茂、平南王尚可喜所部将士掠夺士绅妇女,还占据布政使衙门,私自设置官员。吴三桂管辖的地区及其权力都非常大,比如康熙三年(1664年),朝廷谕令吏部、兵部:"贵州接壤云南,皆系严疆要地,且苗蛮杂居,与云南无二,其一切文武官员兵民各项事务,俱照云南例,著平西王管理。"吴三桂还亲自向清廷提出将云贵总督、巡抚的敕书撰入"听王节制"四字,后获得兵部批准。除此之外,吴三桂还能任意调遣别省官员来云贵任职。顺治十七年(1660年)十二月,经吴三桂提名,后获朝廷批准,从湖南、四川、陕西、直隶、山东、

第二章

运筹帷幄 剿灭三藩

安徽、江苏等地调来胡允等九名官员来云南充当行政、监察、交通、水利等职务，先别说吴三桂同这些人有什么关系，但仅就此就能发现吴三桂在用人方面已经拥有超越吏部、兵部的权力。当时四川道御史杨素蕴上奏章批驳，说国家用人的大权在于朝廷而不是藩王，还希望清廷防微杜渐，收回人事任免大权。

吴三桂知道杨素蕴弹劾他，便立即上疏驳正，强词夺理地让杨素蕴对"防微杜渐"等词做出解释。杨素蕴遵旨回奏，指出吴三桂提补方面大员有碍国体，还说自己只是据理力争，没有别的意思。清廷中央明知杨素蕴是为了维护中央大权而与吴三桂打这场官司的，但在那个时候生怕开罪于吴三桂，只好以杨素蕴"含糊巧饰之名"将其另调贬谪。杨素蕴一气之下，辞官归乡，等到吴三桂反叛后才被起用。通过这件事，就可看得出吴三桂权势熏天，清廷中央都不能将他怎样。

吴三桂在朝廷上顾盼自雄，可以直接干涉中央人事大权，但他对部下非常好，经常散财以笼络人心，广植私人党羽。吴三桂仗着自己财政独立，所以能在他的独立王国内大捞一笔，因此便可以重金馈赠给同僚、部属、师友，而且还用重金收买官员，使他们成为自己忠实的仆从。当时，云南知县及以上的新任官员都必须到王府拜谒，吴三桂亲自接见，还亲切地询问家世履历。如果新任官员有才干而且容貌气质很不错的，吴三桂都要百般罗致，让来者投入他的藩下，并且还要立卖身契，其中楚雄府知府冯某的卖身契上写到冯某同其母亲卖到平西王藩下，当日受身价一万七千两。这些投身到吴三桂藩下的官员就与其结成主仆关系，同时他们还要拜吴三桂的亲信胡国柱为师，当时就有"滇（云南）中有三好，吴三桂好为人主，士大夫好为人奴，胡国柱好为人师"这样的说法。

吴三桂利用清廷给予的独特军事财政大权来散财结士，培养隶属于自己的文武官员，从而把持云贵一带的地方大权。耿、尚二藩同样操纵着藩属地区的军事、财政大权。三藩竭尽搜刮之能事，霸占关口税收，私设商税，垄断工商贸易，放高利贷，总之是想方设法强征暴敛，以巩固扩大自身统治基

础。耿氏在福建以及尚氏在广东，无不对煮盐、船泊、外贸、渔业乃至当铺、布店、开矿等等都强征税收，无不穷极其利。吴三桂在云南不顾清廷禁令，直接圈地对土地收以重税，而且还按康熙钱的式样私自铸钱，清廷敕令吴三桂停止铸钱，吴三桂说云南这边钱太少，没有钱一天都不方便，从而对清廷敕令置若罔闻，继续铸钱。此外，吴三桂与西藏和蒙古开展茶马互市，通过交易茶叶来换取藏蒙民众的马匹以扩充自己的军事实力。吴三桂还利用自己先前在辽东的关系，将四川所产的黄连、附子等名贵药材贩往东北，而且还将东北的人参、鹿茸、貂皮贩回云贵川一带，从而垄断这些贸易，牟取暴利。

三藩虽然都富甲天下，然而他们向清廷索取的兵饷和俸禄却开支庞大。顺治末、康熙初，统一全国的战争主要集中在云贵和闽浙一带，军费开支猛增，尤以云南最为突出，当时这一带是明桂王政权和农民军余部抗清根据地，是清军重点进剿的地方。云南这边除了吴三桂的藩兵外，还有满洲八旗兵、汉族绿旗兵等等数万人，云南地方偏僻，从外地运来军需物资非常困难，以至于这里米价暴涨，军饷也水涨船高。顺治十七年（1660年），户部在奏疏中就谈到"合计天下正赋止八百七十五万余两，而云南一省需银九百余万两，竭天下之正赋，不足供一省之用"。而广东、福建两省需要饷银两千余万两，正赋不足用，清廷只能在东南乃至华北一带加派赋税。

尽管清廷对三藩一再姑息优容，但三藩仍是人心不足蛇吞象，他们竟然巧立名目，增收百姓各种税收，就连最底层的戏子、妓女、和尚、工匠都要缴纳一定的人头税，除此之外他们还纵容当地官吏敲诈勒索，让官兵杀人越货，或者是抓丁拉夫，甚至还盘剥当地少数民族部落的土司酋长，以至于云贵村落凋零、民苗困惫。

三藩不仅在藩属内无恶不作、倒行逆施，而且在军事、政治、经济实力方面迅速膨胀，乃至于威胁到中央政权。随着农民军余部和南明政权的覆灭，三藩同中央的对抗性矛盾开始凸显出来，一场中央与地方的较量正在迫近。

第二章
运筹帷幄　剿灭三藩

第二节　力排众议要削藩

三藩俨然成了三个独立王国，不仅在藩属内拥有独特的军事、财政大权，而且在政治上直接干预清廷中央。亲政后的康熙一直把三藩问题当作头等大事。鉴于历代因藩镇势力强大而引起的大战乱，甚至危及国家存亡，他对此不得不怀着高度的警惕心，为此事还几番绞尽脑汁，用康熙自己的话来说"朕自少时，以三藩势焰日炽，不可不撤"，而且他还把三藩及河务、漕运三大事夙夜牢记，并将这些事写下来悬在宫中的柱子上。

早在顺治年间，一些有识之士就纷纷上奏朝廷，要求收回三藩的特权，并对其势力加以抑制，但在当时，三藩对于西南、东南边疆具有屏藩作用，中央未有足够重视。康熙初年，朝廷开始对三藩釜底抽薪，逐渐削弱他们的实力，先后把云贵总督赵廷臣调任浙江总督，把张勇调任甘肃提督，将王辅臣调任为陕西提督，马宁调为山东提督，李本深调为贵州提督，吴得功调为湖广提督，严自明调为广东提督，刘进忠调潮州总兵，王建功调为福建提督。清廷就通过这样的人事调任，对云贵、两广、福建地区的军政大员来个大换血，免得三藩地方势力盘根错节，到时候不好对付。同时还解除藩王总管云贵两省的事务职位，刚一开始，吴三桂同部下张国柱、李本深等人以"目前边疆叵测可虑"来威胁清廷收回成命。清廷态度非常坚决，回复说"当今地方已平，若令（平西）王复理事务，恐其过劳，以致精力大损。如边疆遇有军纪，王自应料理"。也就是说将其政治权力收回，只在军事上还有一定的权力。而且还规定，藩王下属成员不得任督抚。

除了釜底抽薪外，清廷还收缴吴三桂大将军印，裁减兵员饷额，严禁欺行霸市、借势扰民。当然，为了不过早打草惊蛇，康熙还要竭力装出一副信赖三藩的姿态，来笼络他们。顺治年间，吴三桂、尚可喜和耿继茂南下时，分别将各自的长子吴应熊、三子尚之隆（后来又将长子尚之信送到京师入侍）、二子耿昭忠、耿聚忠送入京师给皇帝当侍卫，实际上是当作人质来换取清廷的信任以便自己大权在握。康熙当时对这些藩王子嗣也给予优厚的待遇，招他们为驸马，提升他们的爵位，如吴应熊被提拔为少傅兼太子太傅，耿聚忠、耿昭忠、尚之隆也都为太子太傅。当然对于这些"人质"，康熙也非常宽待，他们要回去省亲就让他们回去，他们要回去承袭王位、代理军务也让他们回去。

在中国的历史上，随着朝代更替，不断上演着"飞鸟尽，良弓藏，狡兔死，走狗烹"的一幕幕历史悲剧，所以削藩这事也在三藩藩王心中投下阴影。为了保存自己的权位和实力，三藩都有所戒备，在一定范围内，还时不时做出交权的种种姿态。平南王尚可喜最先想要隐退，早在顺治十年，他就以南部底定、喉疾发作为由，请求解甲归田，当然他希望清廷能够赏赐一些良田美宅，好让自己安度晚年，顺治帝以广东不大太平为由，拒绝了这一请求，说是以后再议。吴三桂在平定云贵后，也担心自己功高震主，也怕重蹈兔死狗烹的覆辙，还特意请教洪承畴怎样才能使自己的权位永固。洪承畴只说不要让边疆一直平安无事，吴三桂心领神会，经常让部下制造边疆挑衅事件，以引起朝廷对边防的重视。

康熙十二年，尚可喜听从幕僚的建议，愿归老辽东，不过提出让他的长子尚之信承袭藩王爵位。康熙接到尚可喜的奏疏，喜出望外，当下就批准尚可喜的要求，但对于是否由尚之信承袭王位，得由议政王大臣会议和户部、兵部、吏部商议，之后得出的结论是大清有"藩王见存，子无承袭"的律例，否定了由尚之信承袭王位的要求。随后，兵部在康熙的指示下，等尚可喜父子迁移后，绿旗兵仍然驻扎广州府，归广东提督管辖，官员的升迁调任则由吏部处理。

第二章
运筹帷幄 剿灭三藩

尚可喜归老辽东和康熙撤藩的决定迅速传遍朝野,吴三桂和耿精忠得到这个消息后,惶惶不可终日,他们两个可从来没有尚可喜那种功成身退的想法。那么要不要自请撤藩呢?如果不这样做,清廷迟早会将两藩也撤掉,到时自己就陷入被动;如果自请撤藩,清廷肯定会立刻同意,权力尽丧,也不是本意。耿精忠权衡再三,于是上疏请求清廷撤藩。

吴三桂的儿子吴应熊得知平南王尚可喜上疏请求解甲归田之后,早就派人送信给他远在西南边陲的父亲,现在耿精忠也自请撤藩,便赶忙加送加急快信催促吴三桂说:"朝廷现在对父王久存疑虑,现在尚可喜、耿精忠二藩都上了辞职疏,而父王还没有,这就使得朝廷对您猜疑更深,请父王急速派人来京,或许可以消除朝廷对您的疑虑。"吴三桂斟酌再三,自视为西南长城,实力强盛、威望卓著,估计清廷不会动他,如果自请撤藩或许会像吴应熊所言,可以消除朝廷对他的疑虑,但他心中又盘算着自己能够"世守藩封",就像明朝的沐氏一样,子子孙孙都能受封为黔国公,镇守云南。思前想后,吴三桂抱着试探和侥幸的心理,给朝廷上了一道自请撤藩的奏疏,向耿精忠那样表达了自己一心为国、护卫边疆的耿耿忠心,既委婉曲折地表达了自己疏请撤藩并非所愿的心情,又解释了自己为何没有及早请求引退的缘由,可谓用心良苦。

事已至此,吴三桂、耿精忠也请撤藩的奏疏,让一心想要解决三藩问题的康熙激动了好一阵子,他急忙调动最大的人力物力,来迅速妥善地安插三藩,架空三藩手中的政权、军权和财权,以彻底达到裁掉三藩的目的。但是,当康熙将吴三桂自请撤藩的奏疏交给大臣讨论时,在朝廷内部立即引起一场轩然

耿精忠

大波。当时竟然只有兵部尚书明珠、户部尚书米思翰、刑部尚书莫洛等极少数大臣认为既然苗蛮平息,吴三桂不宜继续镇守云南,应该立即撤藩,但朝廷中其他大臣都认为滇、黔苗蛮反复无常,如果撤藩又必须派遣劲旅驻守,而且又要大举劳民伤财,还不如不撤藩。康熙又让诸王贝勒商议撤藩事宜,仍然是主张不撤藩的占大多数。

康熙早就有撤藩的打算了,他认为三藩手握兵权,势力日涨,恐怕有难以驯服的时候,而且吴三桂的长子、耿精忠的弟弟都在京师,谅他们也不敢乱来,于是康熙力排众议,对议政王大臣会议作了批复:"吴三桂请撤安插,所奏情辞恳切,著王率领所属官兵家口,俱行搬移前来,其满洲官兵不必遣发。俟官兵到后,王来亦不至迟误。余依议。"紧接着,康熙就作了一番准备撤藩的工作,谕令兵部各派一员大臣前往云南、广东、福建,会同三藩藩王及总督、巡抚、提督,准备撤藩事宜。不过几日,康熙又差礼部左侍郎折尔肯、翰林院学士兼礼部侍郎傅达礼往云南,户部尚书梁清标往广东,吏部右侍郎陈一炳往福建,经理各藩撤兵等事。而且还派一等侍卫吴丹传康熙谕给福建总督范承谟说:"尔向有贤声,与他人不同,且福建边疆重地,海氛未靖(台湾郑氏仍在与清廷对抗),尔益加勉励,副朕简任。"除常例赏赐外,还御赐衣帽、马匹,以表示康熙对范承谟的信任和重视。此外,康熙还手诏谕令,让侍卫专门送给平西王吴三桂,令其迁移家口:

> 自古帝王平定天下,式赖师武臣力。及海宇宁谧,必振旅班师,休息士卒,俾封疆重臣优游颐养,赏延奕世,宠固河山,甚盛典也。王凤笃忠贞,克摅猷略,宣劳戮力,镇守岩疆,释朕南顾之忧,厥功懋焉。但念王年齿已高,师徒暴露,久驻遐荒,眷怀良切。近以地方底定,故允王所请搬移安插。特遣礼部侍郎折尔肯、翰林学士傅达礼,前往宣谕朕意。王其率所属官兵趣装北来,慰朕眷注,庶几旦夕觐止,君臣偕乐,永保无疆之休。至一切安插事宜,以敕所司饬庀周详。王到日,即有宁宇,无以为念。

第二章

运筹帷幄 剿灭三藩

在这份谕令上，康熙先是大赞吴三桂功勋盖世，然后再说自己眷念他年事已高，为身体着想您还是告老还乡为好，这样我们"君臣偕乐，永保无疆之体"，何乐不为。为了让折尔肯和傅达礼把事情办得圆满漂亮，康熙特遣一等侍卫吴丹携带御用佩刀和良马赏赐给他们二人，以示对此事的重视和对他们的信赖，万望他们尽心竭力。

九月，撤藩的诏旨送到吴三桂手上。吴三桂当时还真没想到康熙会顺水推舟，而且还会做得这么绝，早知就不会上疏请求撤藩了，没想到弄假成真，而且想如明朝的沐氏一样世世代代镇守云南也不可能了，这真叫吴三桂后悔不迭。不久撤藩就要成为事实，他就要从一方国王的权力宝座上跌落下来，然后只有一顶"平西王"的帽子，自己苦心经营了十几年的云南也只能为他人作嫁衣裳。

正所谓树倒猢狲散，现在吴三桂这棵参天大树就要倒下了，荫庇在这棵大树下的党羽纷纷前来，愤愤然地劝吴三桂直接举事抗清，王爷劳苦功高，居然得不到厚重的酬劳，到现在那个清朝蛮子竟然要过河拆桥，是可忍孰不可忍，平西王麾下的部将官僚全都跳出来说要请战。这些人与吴三桂的关系大多非常密切，不仅有利害关系，而且还有血缘关系，一荣俱荣，一损俱损，就算吴三桂委屈同意，恐怕手下的将领都不会答应。

如吴三桂的从弟吴三枚，侄儿吴应麒，女婿则为胡国柱、夏国相、郭壮图、卫朴，大将吴国贵、马宝，重要谋士方光琛、刘茂遐等等都是吴三桂集团的中坚，或骁勇善战，或足智多谋，他们都年轻有为、雄心勃勃，都希望在吴三桂这棵大树底下好乘凉，让自己和子孙都能飞黄腾达。吴三桂对他们也非常厚待，荣华富贵不用多说，还有各种各样的特权，如果跟着吴三桂撤到关外，不过最多经营一些田庄，当个土地主罢了。

失去政治上的大靠山和特权，子孙的前途都要受到限制和阻碍，而且很重要的一点是，吴三桂集团内部还有人抱有反清复明的志向。当时的胡国柱就以恢复宗国（明朝）为宗旨，阴结马宝、张国柱、夏国相、方光琛等互为羽翼，向吴三桂渗透反清复明的思想，以备有朝一日起兵抗清，现在终于有机会了，他们迫不及待想要与清廷分庭抗礼。

第三节　吴三桂率先作乱

在接到撤藩的诏旨时,全藩震动,吴三桂本人也是气急败坏,甚至还一度瘫痪在地,在片刻时间内呆若木鸡。但在极度悲愤和慌乱中慢慢缓过气来,吴三桂深感自己已经到了一个生死攸关的时刻,严峻的现实就摆在他面前,必须得做出决定:或者顺从康熙意旨,撤藩安插,当一个仅仅富有的平西王;或者抗旨谋反,破釜沉舟、背水一战。

现在的地位、权势和荣誉、富贵可都是自己戎马大半生才换来的,刀光剑影、浴血疆场,从东北一直打到西南,好不容易才打出今天的局面,此时此刻藏弓烹狗的历史悲剧就要在他身上重演了,而且苦心经营十几年的云贵之地就要拱手相让,不,他万万不能忍受,牙齿恨得快咬碎但还是忍不住羞辱和愤恨之情,当年为了保女人不惜"冲冠一怒为红颜",现在为了大好江山,当然得拼一把,不然怎么称得上男儿。

吴三桂与陈圆圆

吴三桂自负才武不世出,而且滇中形势是南扼黔粤,西控秦陇,财用富饶,兵革坚利,所属亲军大多都是身经百战的雄狮

第二章
运筹帷幄　剿灭三藩

劲旅，他们一心追随自己，都能死力效命，况且自己治军严整，屯守攻战无所不能；还值得一说的是吴三桂党羽遍布各省，云南十镇大帅不用说了，还有贵州提督李本深、四川总兵吴之茂、陕西提督王辅臣，全都是他的心腹，一旦竖起反清大旗，这些部下无不从命。反观清廷，开国老将大都先后死去，康熙年纪轻轻，一个乳臭未干的小子根本就不足一虑。稍微值得忧虑的是自己的儿子吴应熊还在北京，得顾全世子安危，但吴三桂的手下很快就给他一剂定心丸，说世子刚娶公主，朝廷必然不会下杀手，只要设法把世子吴应熊和世孙吴世霖从北京弄回来，便可与清廷分庭抗礼。如果听清廷的归老辽东，说不定哪天就被清廷治罪，到时候只能引颈受戮，还不如现在就举兵。

经过再三考虑后，加上手下部将劝说，吴三桂越来越觉得自己稳操胜券，能够举兵与清朝抗衡。吴三桂反清主意已定，但突然之间想起自己的世交老友兼谋士方光琛。方光琛善弈能诗，胸中怀有韬略，又常常自比于管仲、诸葛亮，现在吴三桂请教于他，他几乎幻觉到是刘备来请孔明了，心中欢喜万分，不过作为足智多谋的军师，他也要学诸葛亮吊吊胃口。吴三桂第一次询问反清大计，方光琛笑而不答；第二次，吴三桂直接向他表明反清意向，方光琛仍然无语；第三次，天还蒙蒙亮，吴三桂就去登门造访，方光琛还没起床，吴三桂便坐在方军师的床前候着，再次焦虑地征询反清事宜，方军师觉得吴三桂主意已决，便起身纵论天下大势，还大夸吴三桂，说："王威望兵势举世第一，戎衣一举，天下震动，而闽、粤、楚、豫、秦、蜀传谕可定状，余战胜攻取，如臂使指。"听到方光琛如此豪情万丈又信心满满的论调，吴三桂跃然而起，拍手叫好，便让方光琛为第一军师，专门负责运筹帷幄。随后，吴三桂又派亲信扼守云南各个关口，而且还佯装听命，派人去接待钦差大臣折尔肯等人，还说自己正准备启程回辽东，暗地里又唆使部下甚至是由士兵化装的百姓到钦差大臣面前去挽留吴三桂，以拖延时间。

为了顺利策动谋反，也为了试探人心向背，吴三桂多方挑动部下将士，还特意宴请诸位大将，在酒席上，吴三桂酒过三巡后，就悲怆地说："老夫与诸君共事近三十年，今天下太平，我辈已无用武之地，不久就要前往辽东，

真是鸟尽弓藏啊！今日与诸君畅饮，还能叙叙旧情，不知来日还能相见吗？"说罢，吴三桂老泪纵横，失声痛哭。撤藩令下之后，诸将都惶惶不安，不知所措，见到平西王都如此黯然神伤，大伙全都寂静了。但很快，将领们满腔激愤，霍然站起来，举杯宣誓："愿听平西王指令，共举义旗！"

但究竟以什么样的名义来共举义旗呢？吴三桂的部下为此又议论纷纷，有的人认为应该以反清复明为旗帜，现在明亡没多久，人心思故国，如果拥立明皇室后裔，肯定能够引得前朝遗老的拥戴，持这种想法的大多是内心还想复兴明朝的部将；不过第一军师方光琛则认为吴三桂先前没能解救崇祯帝，后来又一路赶到缅甸追杀南明永历帝，明朝遗老早就对他失去信赖，即使以反清复明的旗号获得成功，难道要再一次弑杀明帝不成，所以应当自立帝号。

吴三桂虽然同意自立帝号，但还是不忍心让心怀明朝的部下大失所望，而且他也认为反清复明这面旗子肯定会引起很多热的响应，这也当好好利用，于是他又慷慨激昂地说："如果我们撤回辽东，能够保全今日之富贵安乐吗，诸位岂不知汉初韩信、彭越的下场，他们随时可以找个机会将我们灭掉。以前我受先朝皇恩，防守辽东，时值李闯谋乱，为了保卫京城，不得已才向清朝乞师，以报君父之仇，后来平定滇黔，才得以栖身云南，今日老夫同诸君之富贵都是先朝的余恩。现在永历帝的陵墓尚在，我们当先谒陵祭拜再举事！"

等到选定好日子去谒陵时，吴三桂又极力表现出一副对明朝死忠的样子，指着自己的头问："我先朝有这样的帽子吗？"然后又指着衣服问："我先朝有这样的朝服吗？"随后他又宣布，我们作为老臣必将穿戴先朝的衣帽，来祭拜永历帝陵墓，不然有何面目见故君于九泉之下。看诸将齐声表示赞同，吴三桂又下令十一月十八日易装换帽，再度祭拜永历帝陵。当天，吴三桂里面穿着赶制出来的明朝朝服，外面则是披麻戴孝，又是声泪俱下地悼念明朝和永历帝，发誓要为崇祯帝报仇，恢复汉人江山。当时三军气势颇盛，山呼"消灭满清蛮子，恢复汉人江山！"

第二章

运筹帷幄　剿灭三藩

前戏做足之后，吴三桂又沙场阅兵，当时还不忘一展身手，披甲上马，舞枪弄剑，以示自己老当益壮，并鼓舞士气。整个云南一时之间杀气腾腾，吴三桂手下大将吴国柱迅速包围巡抚衙门，捉拿巡抚朱国治，而且还将钦差大臣折尔肯、傅达礼一行软禁。吴三桂将朱国治的人头祭旗，然后命官兵披发换装，还自称"天下都讨兵马大元帅"，改国号为"周"，年号"昭武"，然后封赏部下，调兵遣将，又遣人持信赴贵州、四川、湖广、陕西等地，秘密联络当地旧部，并致信耿、尚二藩和台湾的郑经，策动他们举兵反清。一切准备就绪，吴三桂发布一道讨伐清朝的檄文，号召天下各方举兵响应。

在檄文中，吴三桂竭力掩饰自己引清兵入关的罪责，大肆渲染他在李闯叛乱、明朝基业崩摧，普天之下竟然没有义师勤王讨贼，而自己又兵穷马困的情势下，万万不得已才乞师于清，最后终于将李逆农民军全部消灭，为明朝君主报了不共戴天之仇。檄文中又对清朝大加指责，认为清廷雄踞燕都，入主中原是背盟之举，因为在灭掉李逆之后，吴三桂本来想要按盟约中的条件，割地以谢清军，谁知清军趁机入关抢占中原领土，清帝才是窃国大盗。

为了激起民众普遍的反清情绪，檄文极力夸大清朝暴虐无道，以至于天人共愤，现在吴三桂首举义旗，全是为了"伐暴救民""顺天应人"，然后吴三桂又假意说要拥戴一个子虚乌有的朱三太子恭登大位。另外，檄文是竭尽所能，利用嘉定三屠、扬州十日和"留头不留发"等来挑拨汉人和满人之间的关系，檄文还真是非常有影响力，当时国内动荡不安，檄文一传，天下骚动。

吴三桂举兵之后，第一件事就是清除云南境内依然拥护清廷的按察使白兴元、知府高显辰和同知刘昆等由康熙安插进来的"沙子"。云贵总督甘文焜也是康熙安插在云贵地区的亲信，吴三桂处心积虑想要除掉他，还几次三番地奏请将云贵总督的印信兵符交给云南巡抚处理，不获批准后，吴三桂挑拨甘文焜同其部下之间的关系，还不惜花重金收买其部下。甘文焜回籍安排好其母的后事，回到贵阳就得知吴三桂起兵谋反，便立即启动兵符调兵前往镇压，但官兵都受到吴三桂的蛊惑，不听调遣，纷纷作鸟兽散。见调兵不行，

甘文焜

甘文焜向川湖总督蔡毓荣致信，告知吴三桂谋反一事，而且还让他赶紧调兵沅州（今湖南芷江一带，毗邻贵州）声援，传檄贵州提督李本深进兵普安，扼守盘江上游，堵住吴三桂由滇入黔的道路，然后传檄贵州各镇总兵来勤王。

贵州提督李本深早就阴附吴三桂，在接到勤王檄文的那一刻，他就致信一封给甘文焜，反而劝说甘文焜投靠吴三桂。甘文焜严词拒绝，说自己宁可效仿唐朝忠臣张巡、许远以身殉国。李本深知道说服不了甘文焜，便当即发兵占据安顺，随即率军长驱直入攻进贵阳。甘文焜见贵阳孤城一座，无险可守、无兵可战，便带着亲信侍卫和家室向镇远赶去，在那里既可以号召荆楚之兵，又可以扼制滇黔要隘，近能继续指挥贵州境内的效清势力抵抗吴三桂，远能连通川粤二省。可惜的是，镇远守将江义已经归顺吴三桂，正在那里严阵以待。甘文焜自知不免一死，到吉祥寺时，江义已派兵重重包围，甘文焜同妻妾子女全部自杀。

当时，吴三桂亲率二十万大军，遣马宝为先锋，挥师直向贵阳，在途中就听说甘文焜已死，大喜不已，巡抚曹申吉率众大开城门，出城迎接。吴三桂兵不血刃就进入贵阳，然后又急切地向镇远开发，准备挥师向湖广。

第二章
运筹帷幄　剿灭三藩

第四节　周密部署　指挥若定

清廷连续接到吴三桂举兵叛乱的奏章，举朝震动，甚至有些慌乱的迹象，以大学士索额图为代表的多数大臣，先前就不建议撤藩，现在吴匪作乱，而且声势浩大，他们现在就奏请诛杀一些主张撤藩的大臣，并以谢罪罢兵的方式谋求同吴三桂和解。康熙听到这样的请求，在朝堂上雷霆震怒，说撤藩是自己的主张，君无戏言，怎么能朝令夕改，现在吴匪叛乱，朝廷应该齐心协力平定叛乱，怎能嫁祸于主张撤藩的人，干脆把朕也诛杀算了。

吴三桂突然叛乱，还是在许多朝臣的意料之外，让人深感猝不及防，不过二十刚出头的康熙镇定自若，表现得还算冷静，他立刻派八旗劲旅前往荆州阻截吴军渡江，并把荆州作为征剿吴军的大本营和前沿阵地。在康熙看来，荆州是长江南北的咽喉之地，战略地位十分重要，为此，他派重兵强将前往荆州，其中还特意任命多罗顺承郡王勒尔锦为宁南大将军，其他八旗将领为部将，协助镇守荆州。为了安定湖北乃至整个北方的人心，康熙还调遣前锋统领一名，兼程前往，还派兵从荆州向常德进军。

随后，康熙又调集各路大军，防守各个要地，并抽调大军分别向吴三桂所部进攻。其中广西临近贵州，是吴三桂联系其他二藩的重要地带，进可攻退可守，现广西将领为孙延龄。吴三桂叛乱后，康熙就任命孙延龄为抚蛮将军，以线国安为都统，谕令他们领兵固守广西，以免三藩势力会合。

四川南靠云南，北接陕西，是西部战略重地，而且吴军想要向外发展，四川是吴三桂的一个必战之地，所以康熙命西安将军瓦尔喀率军星夜驰赴四

川,还再三叮嘱:"凡从云南进入四川的险要之地,都要坚守,我大军不日就将进剿云南。只要大军集结完毕,贼军必然分兵攻城略地,到时候就趁机与提督商议进讨。"此外,康熙又命都统赫业为安西将军,率兵同瓦尔喀等由汉中入蜀。

对于江南一带的关隘,康熙也十分重视,他认为江南沿海滨江,非常紧要,江西水陆都与楚、闽接壤,尤其应该固守。当江西、江南总督阿席熙疏请调集重兵应付楚地告警时,康熙只让他整顿兵马,在扼要之处侦探严防,而且还令江宁将军额楚、镇海将军王之鼎各遣副都统一员并领兵一千,由水陆两路速抵安庆防守,之后又遣将军尼雅翰率领精兵六百迅速抵达安庆,统领诸军,作为江西一地的后备军。

由此可以看出康熙的整体战略部署,在北方、东北乃至东边将吴三桂占领的云、贵从三个方向牢牢围住,死死地将其扼制在西南一隅,既防备其向外发展,又能隔绝吴三桂与其他二藩打成一片,而且还能保证东南一带的财政税收。如此周密的战略部署,就在吴三桂刚刚叛乱时,就能制定出来,看来这个二十刚出头的年轻皇帝还真是有些韬略在胸中。

整体战略部署已经布局好,但为了稳中求胜,他又在兖州(今山东西南部)、太原屯驻重兵,作为后备机动力量,随时应援各方。当时议论战事部署时,康熙还向诸王大臣解释说:"兖州地近江南、江西、湖广,太原地近陕西、四川,均属东西要道,可发兵驻防,秣马以待,一旦发生紧急情况,随时可以调遣应付。如果楚地告急,则调安庆兵赴楚,河南兵移至安庆,又调兵屯河南;如果蜀地告急,则调西安兵援蜀,而太原兵填充西安,再另外调兵移驻太原;如果闽地告急,则可调江宁、江西兵赴闽地,调兖州兵赴江宁,又调兵填充兖州。"总的来说,就是以北京为作战指挥中枢,调集各地的兵马如波浪一般层层推进、源源不断地支援前线,这样既不鞭长莫及,又无劳师远征之苦。随着战场形势的急剧变化,康熙又随机应变,在河南府增设屯兵据点,以为策应。

为了保证各地军事情报能够迅速无误地送达京城,以便随时掌握各个战

第二章

运筹帷幄 剿灭三藩

场的形势,也利于提出准确的作战策略和计划以及更好地指挥战争,康熙还特意令兵部于驿站之外,设置笔帖式、骁骑校尉各一位,以迅速邮递最新的战事进展情报。驿递每天昼行千里,每日邮递军报三四百份,使得上下军情畅达,事无延迟。

在军事部署上,康熙表现出来的睿智老到让众臣大为敬服,但在政治上,康熙也不落后,他始终把吴三桂和叛军中的死硬派当作头号敌人,对于一般的追随者、被迫胁从者还有一些受牵连的无辜者,康熙都能根据具体情况和当时形势的变化制定不同的对策,予以比较宽厚的对待,以争取团结动摇者,分化瓦解吴军,以达到最大限度孤立吴三桂、加速消灭叛军的目的。在获悉吴三桂叛乱后,康熙立刻下令停止裁撤耿、尚二藩,召回派往广州、福州履行撤藩的钦差大臣。

对于吴三桂反叛势力有牵连的官吏和百姓,康熙一再发布谕令文告,反复强调绝对不会株连无辜。但吴三桂先前的旧属以及一些与吴三桂关系较近的各省文武官员大多心怀畏惧和疑惑,生怕在这动乱之际,被绳之以法。为此,康熙命吏部、兵部通行晓谕,明确宣布:"吴三桂叛逆之事与尔等并无干涉,虽有父子兄弟在云南,亦概不株连治罪,从今以后,各自都应安分守职,无须怀疑。"

在军事上、政治上都做好周密的部署后,康熙又向云、贵文武官员、士兵百姓发布通告,也算是一道讨吴谕旨。其中的核心内容表明朝廷对吴三桂的叛乱毫不姑息,而且还说顺治、康熙两朝对吴三桂的隆礼厚恩已是无以复加,而如今吴三桂忘恩负义,竟然反叛朝廷,本来是吴三桂自请撤藩,朝廷考虑他年事已高,便批准并给予优待,谁知这人天生反骨,说话不算数,还起歹心背恩反叛,重起战火,生灵涂炭,实在是人神共愤,愿天下凡有识之士、有忠良之心之人能够人人奋起反吴,得而诛之。在谕旨中还明确宣布,有能够擒斩吴三桂人头的封爵,有能够缚绑吴三桂的论功行赏并从优叙录。

对于吴三桂在京的儿子吴应熊及其随从,康熙本来是宽大为怀,但议政王大臣等几次三番奏请对于吴应熊诸人应该一并拿问,康熙这才下令将他们暂行拘禁起来。随着吴三桂叛军气势越来越盛,议政王大臣又提出吴应熊是逆贼子孙,理应当诛,以彰示国法。康熙仍是不忍心对吴应熊加诛,因为他娶的可是建宁公主——皇太极的十四女,顺治的妹妹,康熙的姑姑,也就是说吴应熊还是康熙的亲姑丈。建宁公主同康熙年龄相仿,二人从小关系亲密,所以康熙不能同吴应熊决绝,还有他也希望吴应熊能牵制住吴三桂。可是后来的形势有了很大变化,就连吴应熊在京师的势力也蠢蠢欲动,京城内外大火四起,都是吴党在扩张声势,准备谋反。

在康熙十四年(1675年)三月,兵部尚书王熙向康熙密奏,称:"大兵已抵荆南,元凶旦夕授首,逆子吴应熊,凭借权势,党羽众多,而且还在京城作乱,与吴三桂遥为呼应,请迅速将其正法,传首湖南、四川,以塞逆贼之胆,以绝群奸之望,以激励三军之心。"议政王大臣也纷纷表示吴三桂怙恶不悛,其子孙应枭首示众,实在不应再姑息养奸。康熙这才考虑到乱臣贼子、咎由自取,便下令将吴应熊及其子吴世霖处以绞刑。当吴应熊父子伏诛的消息传到吴三桂那里时,吴三桂正在进食,闻讯大惊,他真没想到康熙居然会这样,一时间惊慌失措,旧病复发,如同死人一般。

可是,醒来后的吴三桂更为彪悍,继续咬牙切齿地含痛挥师进兵湖南长沙。湖南巡抚卢震弃城而逃,后来被康熙下令吏部、兵部将其捉拿,处以死刑。湖南省会被攻克,吴军气势汹汹,对此,康熙迅速应变,认为常德是水陆要冲之地,令护军统领硕岱率军移驻常德

康熙帝

第二章

运筹帷幄　剿灭三藩

扼守，同时考虑到武昌为长江南岸重镇，便令都统朱满率兵防御，并在武昌、汉阳一带的沿江要塞之处，多筑墩台，设立江汛战船，配备火炮，严防死守，不许吴军跨到长江以北。此外，又令朱满调兵向长沙开拔。

但康熙所令将领行动迟缓，还未立足休整，吴三桂就趁势亲至常德、澧州（今湖南澧县）督战。吴军总兵杨宝应进犯常德，其父杨遇明为内应，策动知府翁应兆叛变。当时清军提督桑峨援兵已到，但被知府翁应兆拒之城外，桑峨也只好带兵退到澧州，吴军轻而易举拿下常德，接着又马不停蹄地进犯澧州，当地守城官兵举城投降。吴军势大，提督桑峨和总兵周邦彦只好率孤军再从澧州退兵到荆州。

随后，吴军将领张国柱攻陷衡州（今湖南衡阳），然后又进军长沙，会同吴应麒分别率水陆两军进攻湘北坐镇岳州（今湖南岳阳），该城守将李国栋又私自与吴军暗通款曲，吴军遂进据岳州。短短三个月的时间，吴三桂就率大军占领湖南各大重镇，将湖南全境迅速纳入自己的势力范围之内，吴军前锋也直抵湖北境内长江南岸的松滋，沿江与清军大本营荆州隔江而望。吴三桂仗着势大，四处煽风点火以引起更多人举兵响应。四川巡抚罗森、提督郑蛟麟，总兵谭洪、吴之茂等据四川起兵叛附吴三桂，孙延龄也起兵举事于广西，耿精忠在福建也竖起反清大旗，陕西提督王辅臣、广东尚之信也相继反叛。

可能相继起兵将领大多是看吴三桂进兵神猛，先前还有一些观望态度，见清军在南部如此不堪一击，便群起而响应。形势岌岌可危，江北也是风声鹤唳，甚至不少清朝宗室成员纷纷奏请康熙移驻关外，再见机行事。但吴军进据松滋后，一连屯驻三个多月，驻足不前。吴三桂的谋士刘玄初都着急了，几次写信让吴三桂渡江，与江北的清军展开决战，可都被吴三桂置之不理。

原来，吴三桂长期以来的愿望只是蓄意割据云贵，让子子孙孙都能如明朝沐氏那样雄霸一方，现在已经控制云贵和湖南全境，兵势已经达到长江南岸，而且四方响应，他想凭借自己的兵威同清廷分庭抗礼，并企图以停止进兵为和谈条件，以实现划江而治的目的，而且吴三桂经常顾虑满洲骑兵的厉害，这些都是他不继续向北进军的主要原因。

吴三桂为了与清廷达成议和目的，一方面派兵继续前进抵达长江南岸，一方面将扣留的钦差大臣折尔肯、傅达礼放回，并让他们携带自己的信件回武昌，再上报朝廷。吴三桂的信件还没有送到北京时，康熙就对勒尔锦说："吴三桂反复无常，狡猾多端，恐怕其中有诈，但如果吴三桂乞降，诸位守将也当严防，千万不可掉以轻心。"后来看到吴三桂的信件，才知他是要划江而治，康熙就对吴三桂彻底失望，便下定决心要将吴三桂叛军歼灭。

据说吴三桂不继续挥师北上还有一个原因：在吴军行至澧州时，正遇到电闪雷鸣的天气，一声霹雳，闪电击中吴三桂乘坐的车辆，而且车夫的衣帽都被烧焦，吴三桂以为这是天意，便禁止人们谈论此事，但自己心中一直耿耿于怀。后来，吴三桂又听闻衡山有座岳神庙，庙中藏着一只铜钱大小的小白龟，当地人们奉之为神灵，还经常按时敬祀它，向它占卜吉凶也很灵验。吴三桂便亲自到岳神庙去问龟占卜；他把全国山川地形图放在神座前，又把小白龟放在上面，然后默默祝祷，之后又全神贯注地看小白龟的走向，只见它在湖南一带爬来爬去，最后又绕到云南停止了，先后占卜三次都是如此，吴三桂便深信自己割据云贵、划江而治实乃天意。于是，吴三桂放弃了挥师北上与清军一较高下的机会。

然而，远在北京城的康熙，毫不畏惧叛军势大，仍然沉着冷静地积极部署兵力，准备向岳州、长沙发起更为强大的攻势。

第五节　南国烽烟四起

吴军自起兵以来，声威颇壮，来势凶猛，这让耿精忠和尚之信蠢蠢欲动。在康熙十二年（1673 年）八月，耿精忠就与麾下诸将密谋，派人到台湾，策

第二章
运筹帷幄 剿灭三藩

康熙御笔赐范承谟《忠贞炳日》

动郑经共同反清,但等到郑经率水师抵达澎湖等待时,又得到朝廷停止撤藩的消息。耿精忠又心怀鬼胎,准备与清廷盘旋以获取更大利益,便又派人转告郑经,让他稍缓行动,等待时机。

当时,福州城内又传播着一段童谣,唱道:"七星再拜真天子,分明火从耳边起,杀尽三山牛出血,身骑白马军中止。"意思是姓耿的要出真天子,三山正是福州的别称,出牛血则意味着歃血宣誓反清,身骑白马则是以白马为号来统率大军。毫无疑问,这样的童谣是耿精忠手下那些企图攀龙附凤的人故意作出来怂恿他起兵举事的。耿精忠得闻这样的童谣,心中大喜,这正与自己日夜所图谋的相吻合,于是他忘乎所以,决定起兵反清。

福建总督范承谟听命停止撤藩,便去同耿精忠办理相关交接事宜。到了靖南王府,范承谟见卫士手执刀斧,守卫森严,严肃的氛围中透露出一股杀气,但为了完成使命,范承谟镇定自若。当范承谟向耿精忠施礼后,耿精忠便厉声喝问:"你打算什么时候除掉本王?我可告诉你了,本王一点都不害怕。"范承谟便连连笑道:"王爷不是在同下官开玩笑吗,下官可受宠若惊。"耿精忠那时才面带笑容,气氛也缓和了好多。

不日,靖南王府的大院中炮声隆隆,一直不绝于耳,后来范承谟派人去侦察,才知是王府放礼炮。不出几天,范承谟后来又得知耿精忠亲自在校场上操练士兵,而且有时是一更或半夜,忽然喊声震天地练操,弄得人心惶惶。范承谟的总督衙门与靖南王府只有五里之隔,当时总督标兵名义上三千,实际上只有两千,而且士气涣散,完全不能与王府内的上万精兵相比。这些天

见耿精忠有些异常，日后肯定会祸起萧墙，于是范承谟打算逃出虎穴，以巡海为名，带着十几名亲兵去漳州、泉州一带联络清兵。

但范承谟还未出行，耿精忠已经抢先发难，以海寇来犯，派人到总督衙门邀请范承谟去会商御寇策略，耿精忠收买的巡抚刘秉政还特地前来促行。范承谟觉察到形势不妙，便只好同刘秉政一起前往靖南王府，一到王府，范承谟便仰天长叹，然后哈哈大笑，再破口大骂耿精忠一点不忠，忘恩负义，但很快被王府兵丁拿下。

耿精忠幽禁范承谟及其一家五十多口，然后发布公告，说其祖耿仲明入山海关时，就已经与吴三桂约定好，随时举兵反清，然后自称"总统兵马大将军"，以手下得力干将曾养性、白显忠、江元勋为将军，原福建巡抚刘秉政为兵曹尚书，在籍清廷御史萧震为布政使，掌管粮饷一事，藩内文武官员各自都官升一级，而且还在境内铸钱，号为"裕民通宝"。耿精忠为了显示自己前朝遗老的忠心耿耿，还效仿吴三桂，令官民蓄发，所有官帽、衣装、鞋子都依照汉人旧制。同时，耿精忠为了扩大号召力，又传移檄文至各府、县，以"反清复明""除暴救民"相号召，而且还在檄文中正大光明地宣称："共奉大明之文物，悉还中华之乾坤，期与天下豪杰，共定中原，光复华夏之冠裳，救生民于水火……"除了欲申大义于天下的义正词严外，耿精忠也不忘取得百姓的支持，做出一副亲民、利民的样子，声称："务期除残去苛，省刑薄敛，疮痍立起，乐利再逢。凡我绅士兵民，宜仰体本藩吊民伐罪之心，率先归顺，自当分别录用，恩赉有加，毋或逆我颜行，自取诛戮。"

耿精忠说得比吴三桂说的还要好听，而且他很快就让诸将掌控住福建全省。不过，为了扩大占领区，耿精忠积极策动指挥各军分击清军，他还主动约吴三桂共同进军江西，以达到两师会合的目的。除此之外，耿精忠在整个军事战略部署上表现得非常活跃，煽动潮州总兵刘进忠骚扰广东；遣使渡海，邀请郑经进攻福建沿海，逼使清廷在军事上陷入被动。而且耿精忠野心似乎比吴三桂还要大得多，除了发兵同吴三桂会攻江西外，还遣将率兵向浙江、安徽进攻。耿军进展还相当顺利，不时有山贼、叛兵响应，更是助长耿军气

第二章
运筹帷幄 剿灭三藩

焰,兵锋所指几乎攻无不克,各省不少城池很快就掌控在耿军手中。

烽烟四起,耿精忠所部的叛乱硬是将战火燃烧在南国半壁江山,这让清廷再次震动。不过,康熙冷静镇定得出人意料,他始终把吴三桂当作最关键的敌人,对于耿精忠,他还是怀着采取征剿与招抚交相应用的两手策略,以便在政治上分化瓦解三藩,而且决定先去除吴三桂,再剪灭其他二藩。

针对耿军的动向,康熙命令定南将军希尔根、平南将军赖塔、平寇将军根特巴鲁,分别由江西、浙江、广东三面进剿,而且对于长江沿岸的重镇,康熙还特意着派懿亲王以及各位贝勒、贝子前往坐镇督剿。政治和军事并用,几乎成了康熙的一项绝技,除了派兵进剿外,康熙还一面下诏削除耿精忠的王爵,收禁其在京城的兄弟;一面又发布文告,宣布胁从者一律不问,立功者受赏,绝不株连,而且还下诏令,凡有能擒斩耿精忠者优加爵赏。但康熙又思忖,觉得耿精忠自其祖父以来,三代人四十多年都效忠清朝,肯定比中途投机转向清廷的吴三桂要好一些,于是康熙又下诏令,只要耿精忠投诚,也给予宽容。对于耿精忠,康熙还专门派遣两名钦差大臣持谕旨前去招降耿精忠,说耿精忠若能进剿侵犯的海贼,必能将功赎罪,仍然官封原职,其余部下也一律无罪。但耿精忠仗着势大,不但拒绝投降,反而将两名钦差大臣扣押。

不过,康熙对于耿精忠还是表现出很大的宽容和耐心,他直接将耿精忠的弟弟耿昭忠、耿聚忠释放,而且还让他们官复原职,并且再度传达谕旨,劝说耿精忠,只要他能率众归诚,立即恢复王爵,仍然镇守福建,所属人员都能官复原职,要是能够追剿海寇,更是优加爵赏,对于先前钦差大臣被扣押一事也概不追究。康熙还再三提醒将军、督抚,让他们征剿的同时,不忘招抚,如果耿精忠执迷不悟、怙恶不悛,其属下又心存忠义者,只要擒斩耿精忠或是率众来降的都大加封赏。

话说尚可喜撤藩,康熙十三年(1674年),户部尚书梁清标和郎中何嘉祐奉命到广东,本来是传令撤藩,并着手相关事宜,但途中又接到朝廷不撤藩

的命令，便前来通晓尚可喜。尚可喜以为他们是来催行，觉得朝廷也太不相信他了，都已是自己主动请求撤藩，还这么不给面子，与二人见面时，尚可喜一语不发，气氛非常紧张。梁清标见尚可喜一脸不乐意的表情，便先开口说道："皇上特意交代，平南王劳苦功高，与其他二藩不同，当永震南疆。我等奉命前来告知您，现在朝廷撤藩，独平西王藩，您不必前行。"说罢，梁清标当场宣诏。尚可喜得知这一消息，当即命人鸣鼓奏乐，王府内很快载歌载舞，洋溢出一篇欢乐喜庆的气氛。

不久，吴三桂劝平南王举兵响应的信件送到尚可喜手中，尚可喜毫不犹豫，直接拿下来人，将书信当场烧毁，而且还特意建造"尽忠楼"以示对清廷的忠心不二。但很快，耿精忠在福建叛变，孙延龄在广西叛变，纷纷请求尚可喜迅速起兵反清。孙延龄在檄文中还有"三藩并变"的话语，尚可喜得知后，对此愤恨不平，连忙上疏给康熙，说自己对清廷忠心耿耿，现如今姻亲耿精忠反叛，自己却不能阻止，但现在七十多岁，只求捐躯报国，极力保固岭南。康熙看到奏疏，赞扬尚可喜"累朝旧勋，性笃忠贞"，还激励他"殚心料理，相机御剿"，而且还谕令两广一切军机调遣和固守地方的事宜交由尚可喜和总督金光祖同心合力、酌商万全之策而行动。

得到康熙的谕令，尚可喜立即行动起来，派次子尚之孝率兵讨伐潮州总兵刘进忠，而且还奏请朝廷，让其次子承袭平南王位，很快得到康熙同意。在这军兴之际，非常需要能够独当一面的将才，康熙见尚可喜笃实忠诚，便下令凡是督抚提镇以下的大小官员全都归平南王节制，一切调兵遣将及招抚进剿事宜都听平南王酌行。不久，康熙为了表彰尚可喜，封其为平南亲王，封尚之孝为平南大将军，尚之信为平寇将军。

当时，广东的形势非常严峻，粤东一带土贼骚动、叛军也趁火打劫，尚可喜虽积极发兵征剿，虽然屡次奏捷，但刘进忠居然引来台湾郑经上万士兵入侵潮州，击败尚之孝部，耿精忠和吴三桂同时进攻江西，形成掎角之势后又合力攻击尚可喜部和当地清军。尚可喜见二藩兵马来势汹汹，攻城略地不少，眼见自己就抵挡不住，便接连向朝廷告急求救。康熙派简亲王率兵增援

第二章
运筹帷幄 剿灭三藩

广东，但江西通往广东的要道全部被二藩截断，清军寸步难行。一时间，广东鼎沸，人心慌乱，尚可喜不胜忧愤，急得老病发作，卧床不起，只得让尚之信代理军务。

尚之信对于他的父亲和兄弟早就怀恨在心，作为长子却不能承袭父爵，现在尚之孝打了败仗，烂摊子却让他来收拾。在两广境内战火纷飞之际，吴三桂又三番五次收买尚之信，还许诺事成之后，封尚之信为王，让其世代镇守两广。终于按捺不住了，尚之信于康熙十五年（1676年）二月发动兵变，接管平南王职权，杀了其父的亲信幕僚金光，还接受吴三桂的"招讨大将军"印，两广总督金光祖，巡抚佟养矩、陈洪湖也跟着尚之信投靠吴三桂。不久，尚之信就派兵看守王府，封锁内外消息。

听闻尚之信举兵追随吴三桂，尚可喜气恨交加，顿时觉得无地自容，自吴、耿二藩起兵叛乱以来，他一心一意效忠朝廷，积极御剿，谁知贼臣逆子的尚之信趁他病重之际，利用代理军务的机会，引得广东境内大小官员都跟着走上叛乱的道路，还搞得他一世英名付流水。现在王府被封锁，尚可喜知道自己已是无力回天，痛心疾首的他，思来想去觉得只有一死，才可表明自己的清白，于是便挣扎起来，上吊自杀时却被左右侍从救下来。但自此后，尚可喜病情日益恶化，临终时，他向身旁的几个儿子说："我受皇朝隆恩，时势至此，却不能杀贼报国，现在是死有余辜。"随后，他让儿子们给他穿上清朝朝服，扶着他向北叩头，并交代道："我死后，必返殡海城，魂魄有加，仍事先帝。"说完，尚可喜就撒手人寰，享年七十二岁。后来，尚之孝将其

尚可喜

骸骨运往京师，康熙还专门遣内大臣、学士、侍卫去祭奠，赏赐白金八千两，下令以亲王礼仪葬于海城，立墓志铭以表彰其忠臣功勋。

尚之信完全掌控了广东兵权，他让尚之孝闲居广州，自己又与郑经协议，让他在沿海牵制清军，以减轻自己的军事压力。不过，尚之信虽然接受吴三桂辅德亲王的爵位，但并不听从吴三桂调遣，坐山观虎斗而已，而且还坚决不让吴军进入广州。当清廷向湖南、江西进军时，吴三桂多次催促尚之信率兵突袭赣南，以达到牵制清军的目的，但尚之信就是以各种理由搪塞，按兵不动，最后怕得罪吴三桂，便赠给吴军十万两黄金。

由于同吴三桂的关系一直处理不好，尚之信在康熙十五年（1676年）遣人向简亲王军前乞降，信中还信誓旦旦地说：“父子世受国恩，断不敢怀异志，愿将功赎罪，来迎大帅。”康熙得知此事，特意降旨嘉奖，只要剿贼立功，仍能受到重用和奖赏。不过，投降清朝的尚之信在得到平南亲王的爵位不久之后，又千方百计地保存自己的实力，力图使广东成为自己世袭的领地。康熙几次亲自命令他进剿江西、湖南或福建叛军，他都能编造出各种理由来抗命，或者说广东东、西部有贼寇，或者说正在发兵进剿沿海海寇等等。但在吴三桂去世后，眼见吴军颓势暴露出来，便很快就见风使舵，完全倒向清军，还向清廷主动请缨，跟随清军征剿叛军。

与此同时，清廷在华北、西北乃至蒙古、东北的大军全都调集南下进剿叛军，迅猛发起叛乱的耿精忠虽然当时能以疾风骤雨般的兵势攻城略地，但缓过神来又有大量精兵前来的清军狠狠反击耿军，而且很有可能是为了一雪前耻，清军对溃败的耿军都穷寇猛追，耿军死伤无数、兵败如山倒。正在此番危急关头，郑经与耿精忠的关系恶化，原因是郑军想要在泉州、漳州募兵而被拒绝，而郑经直接攻占泉州、漳州、汀州。趁着耿、郑二军闹翻之际，远在北京的康熙对这种战局洞若观火，下令康亲王迅速移师攻取福建。

康亲王韦杰接受浙督李之芳的建议，舍弃围攻温州，直接将兵锋指向衢州。韦杰仗着清军炮兵的优势，直轰耿军大营，激战一昼夜将衢州拿下。随后，韦杰又急速向福建进军，连下耿军九营，打通由浙入闽要隘。耿精忠在

第二章
运筹帷幄　剿灭三藩

军事上陷入节节失利的颓势中，在政治上又内外交困。由于军饷匮乏，对百姓恣意盘剥重税，以致百姓怨声载道，不少军士也趁机逃亡，部下不听耿精忠调遣的事经常发生，如张存拥有精兵八千却不听命令，总兵彭世勋也按兵不动，郑经又趁势攻占福建。

看着耿精忠节节败退，又众叛亲离，康熙又对其展开政治攻势，下谕令劝其投降，朝廷仍然可以网开一面，让其将功补过，并授予王爵；况且郑经同你有不共戴天之仇，屡次侵占福建府县，你应当率军杀贼立功，何必继续与仇人共事。耿精忠得到招降书，很是犹豫，只能答复，说自己很想归顺，只怕部下不从，害怕又有叛兵滋事，等安抚好士兵，必当率众归降。

在没有正式归顺清朝之前，韦杰硬是不给耿精忠苟延喘息的机会，迅速挥师进军延平，耿军部将开始有人向清廷投诚。耿精忠已濒临绝境，只好下定决心归降，不过在此之前，他还惦念着早先就对其劝降的福建总督范承谟。范承谟被耿精忠关押已达两年半，他在牢狱里备受折磨，每日以炭作笔来写七绝，以表达对耿精忠的鄙视、愤恨和自己对清朝的忠贞不贰，而且集成《百苦吟》，并且倾吐孤忠血泪，写成《画壁遗稿》文集。耿精忠害怕范承谟出狱后，会暴露其罪行而对他不利，便派人逼其自缢，还杀害其亲属幕僚五十多人，全部弃尸荒野。狱卒许鼎感念范承谟忠贞不屈的精神，于深夜收藏其骨灰，之后又千里迢迢送到北京，将范承谟的死讯上报给朝廷。康熙得知此事，深为感动，命隆重厚葬，御赐碑文铭书，追封范承谟为太子太保、兵部尚书，此外还特意为《画壁集》题写序言。

耿精忠在处死范承谟后，立即派儿子迎清军到福州，他自己则率文武百官出城投降。康熙对耿精忠害死忠臣，心中怀恨不浅，但为了顾全大局，只得隐忍不发，仍然授耿精忠靖南王爵，并随大军征剿郑经。另外，还授耿昭忠为镇平将军，赴福州驻守。清军和耿精忠所部军队联手，将郑经逐回厦门，又攻克泉州、漳州诸府，三藩之中，福建最先得到基本底定。

第六节 旷日持久的拉锯战

吴三桂叛乱后，四川巡抚罗森、提督郑蛟麟、总兵谭洪和吴之茂闻风叛附吴三桂，并谋攻陕西。陕西不仅是边陲要地，而且西北地区的重要将领都是汉人，其中有些就与吴三桂串联在一起，如果一旦有变，吴三桂就可以把陕西等地的反清势力汇集起来，然后再从侧翼攻击北京，这无疑会给清廷造成严重威胁。康熙觉察到陕西的重要性，立刻命西安将军瓦尔喀调大军扼守川陕要道，还命晋陕总督莫洛为陕西经略，统一指挥以陕西为中心的西北边防军务。西北战场战火燎原，而且战斗激烈，其中关系这场重大战役走向的则是陕西提督王辅臣这股军事实力的转向。

王辅臣作战勇猛，是当年大同总兵姜瓖麾下的一员悍将，随后一同归附闯王李自成。后来大同在清军铁骑的猛攻下失守，王辅臣又降清，之后又在洪承畴帐下效力，深得洪承畴喜爱。云南平定后，洪承畴推荐王辅臣为曲靖总兵，隶属于吴三桂藩下。吴三桂也非常看好这位悍将，凡有好吃好穿的，他舍不得给别人，就专门赏赐给王辅臣。吴三桂手下有人对王辅臣心怀嫉恨，便几次添油加醋地拨弄是非，挑拨他们之间的关系，但吴三桂就是不为所动。后来王辅臣要调离云南，吴三桂感觉像失去左右手，很是伤感地去送行，还流泪动情地对他说："此去千里迢迢，到时候不要忘了我，你家人多，这里两万两银子算是你们的盘缠。"吴三桂与王辅臣之间关系之深，可见一斑。

不过，康熙与王辅臣之间也很有渊源。康熙也器重这员虎将，还多次接见过他，有次还恳切地对他说："朕很想留你在京城，朝夕陪在朕左右，但平

第二章
运筹帷幄 剿灭三藩

凉重地，镇守事宜非你不可。"在王辅臣将要辞行的时候，正值岁末，康熙又专门接待他，说："行期将近，朕实在舍不得你走，现在上元节近在眼前，你陪朕看完灯会后再走。"等二人一同看完灯会，王辅臣向康熙辞行时，康熙将放置在御座前的一对蟠龙豹尾枪拿下来，赐给王辅臣，还说："这是先帝送给朕的一对枪，每次外出，必悬此枪于马前，以示不忘先帝。希望你拿这对枪去镇守平凉，到时候看到枪就好比看到朕一样。"王辅臣听到康熙一番肺腑之言，伏拜在地，泣不成声，好久才激动万分地说："圣恩深重，臣即肝脑涂地，也不能报恩于万一。此次去平凉，岂敢不竭肱骨之力。"

吴三桂也将陕西看作天下之脊梁，非常重视老部下王辅臣和张勇这两支势力，便策动他们追随自己举事。王辅臣接到吴三桂的书信，想起二人的深情厚谊内心触动很大，不过转念康熙对他的器重与怜爱，又权衡利弊再三，觉得不能贸然造反，于是执行康熙命令，将信史拿下，再向朝廷表明自己的忠心。在附近的张勇，见王辅臣没有追随吴三桂，觉得自己在甘肃举事孤掌难鸣，便跟王辅臣做了差不多的事。

康熙调王辅臣随莫洛征剿四川叛贼，但从平凉飞奔西安后，王辅臣的作战计策都没得到莫洛的肯定，反而是莫洛觉得王辅臣恃宠自傲，没把他放在心上。二人间隙生成，王辅臣便请奏康熙，说是要到湖南去征剿叛军，但康熙说在四川剿逆更为重要。但在后来的日子里，莫洛总是担心王辅臣功高震主，二人也经常在兵员、军饷配备方面起纷争，以至于有一次王辅臣在得到莫洛两千羸弱的骑兵后，十分气愤的他在军中说："经略（莫洛）把我的好马全都调走，就留下一些疲弱的给我，这不是想置我于死地嘛！"

康熙十三年（1674年）十二月，莫洛率兵到宁羌州，与王辅臣营相距仅二里。对莫洛积怨已久的王辅臣突然发动兵变，他一面暗地里派悍将劲旅去截住各处险隘，一面纠集部队以马弱缺饷为由，向莫洛军营进击。在王辅臣猛烈的突袭下，莫洛所部猝不及防，四散逃亡。莫洛率亲兵奋力抵抗，但无奈王辅臣率部下发动炮击，莫洛被炮弹击中，当下死亡。营中士兵死伤无数，逃亡的也不少，最后只剩下两千标兵和后勤兵，全部被收降。但这两千兵不

愿追随王辅臣叛乱，趁王辅臣行军时，急忙逃亡，最后，残兵败将将莫洛营中官兵的惨状报告给陕西总督，再由其上奏给朝廷。

得到王辅臣叛变的消息，康熙深为震动，想不到昔日信赖器重的悍将也要与他对抗了，不仅打乱了清军进攻四川的战略部署，而且京师大后方的西北要地也要被叛军涤荡，叛军一旦得势，同吴三桂就能进占整个西部。想到这里，康熙忧心如焚，想要亲赴荆州，到前线大本营来指挥战争。康熙御驾亲征的消息很快传遍朝廷内外，朝臣纷纷劝康熙不要轻举妄动，几次劝谏下，康熙亲征的计划才作罢，他很快派将领调蒙古精锐三千五百名进军西安，然后再向陕、甘调兵遣将。

不过，康熙还是相信王辅臣反叛可能是有自己的苦衷，想到其中肯定会有误会，也对王辅臣心怀幻想，便令朝廷善待其在京家属。此外，康熙还召见王辅臣之子王继贞，对他说你父亲虽然造反，还导致大臣莫洛身死，但我不相信这是出自他的本意，只要他悬崖勒马，我就既往不咎。说罢，就让王继贞同周培公带着康熙谕令去劝降王辅臣。

王辅臣见到谕令，看见其中有康熙对他推心置腹的夸赞和信任，心中非常感激，声称是因为部下缺饷，所受待遇极不公正而被逼叛乱，莫洛也在乱军中被兵士所杀，为此自己还专门写悔过书。但不久，王辅臣得到吴三桂的二十万两饷银，受封"平辽大将军""陕西东路总兵"，当即率兵进攻秦州，不日就攻克，但他让部下镇守秦州后，自己又率一部回到平凉。

康熙觉得王辅臣平凉老巢不拿下，西北就很难有平静的时日，便下令贝勒董额穷追猛打。董额得令，马不停蹄地率大军围困平凉。王辅臣见董额大军势不可挡，只好一面与清军和谈，一面想方设法暗中派兵去攻城略地，企图与吴三桂所部会合。康熙得知这一情况，便几次下急令让董额不要拖泥带水，拿下平凉再说。董额不知是畏惧王辅臣还是因为平凉城的确易守难攻，就是迟迟攻克不了，都围困一年之久。康熙在北京得知消息后，都急得失态地从椅子上跳起来，还一个劲地拍着额头叫着："这董额不是误事嘛，战机稍纵即逝，让敌军喘气过来，痛失良机啊！"康熙干脆

第二章
运筹帷幄 剿灭三藩

令文武双全、才智出众的大学士图海为抚远大将军,去陕西节制调度包括董额在内的全部清军。

图海一去,就排兵布阵,按照康熙的建议先断其粮道,但那粮道要通过城北的虎山墩,有王辅臣万余精兵强将居高临下地固守。图海管不了那么多,直接命清军仰攻,从清晨一直鏖战至中午,叛军大败。图海干脆下令将大炮抬到虎山墩去,向城内开火,城内军民乱作一团。图海围城数日,断了粮道的守军开始杀马为食。图海幕僚周培公是湖北荆门人,与王辅臣手下的总兵黄九畴是同乡,便前去通过黄九畴来劝降王辅臣。黄九畴把周培公的话转达给王辅臣,如此山穷水尽,王辅臣只好表示投降。康熙得知,下令立刻送给平凉粮草,救济城内军民,军民得粮食后大加庆祝,感觉像是迎贺新生一般。王辅臣在图海和周培公的感召下,表示愿意投降,绝不再反叛,回营就削发立志。康熙得知图海在平凉做得很漂亮,对其大加赞赏,还令王辅臣官复原位,受封太子太保和靖海将军。

随着王辅臣被招安,西北的局势很快就底定,主要战场随即转向了以荆州为大本营,以岳州、长沙为主攻方向的两湖地区。然而,康熙在用人方面没有充分考虑将领的个人能力,他委任的将军都是一些长期过着养尊处优的王公贵族生活,严重缺乏实战经验和战场应变能力。在吴军来势凶猛的攻击下,他们都行动迟缓,一度畏敌不前,以至于湖南全境很快被吴三桂所部占领。对此,康熙严厉指责过宁南靖寇大将军勒尔锦,说他们行动迟缓、坐失良机,而且还将备战不力的湖广总督蔡毓荣、云贵总督鄂善,分别给予革职和降五级的严厉处分,康熙命令二人暂时留任,将功折罪,以观后效。

看来,康熙有些高估他指派将领的能力而低估了吴军实力。不过,康熙很快改正自己的失误,迅速调整战略部署,他把岳州、长沙作为战略进攻的重点,尤其是门户岳州是一个水陆要冲之地,急需拿下,于是派水陆两军向岳州进发。康熙十六年(1677年)六月,康熙令人在岳州和武昌之间布清兵防守,而且还令固山贝子准达率蒙古兵三千和一部分骑兵奔赴荆州;另外还特命贝勒尚善领蒙古兵四千和一部分骁骑赶赴岳州。七月,满汉官兵水陆攻

击岳州，大败吴军，斩首万级，击沉吴军船舰十余艘。

可是在第一次取得大捷后，勒尔锦又长期按兵不动，康熙对此又大加指责。但勒尔锦又是找出各种理由来敷衍，借口战马没养好或是多雨路难行。远在北京的康熙非常着急，便敦促他们或者攻取岳州，或者渡江攻取澧州，或会同将军尼雅翰往江西转攻长沙。

尼雅翰早就从吴军投诚的守备处那里得知，吴军营内缺粮，全靠长沙水路运送，而且长沙守军并不多。康熙得知这一情况后，便密令尼雅翰率军赴江西与副都统甘度海会合，并命令他们从袁州进攻长沙，夹攻岳州。

康熙在北京运筹帷幄，一直不停地忙着指挥岳州、长沙的战役，多方面调兵遣将，但就是迟迟拿不下这两座重镇，何以如此？原来吴三桂军队多年蓄养充足，而且先前又是久经战场，战斗力之强大非同一般，即使在王辅臣、耿精忠等人降清后，外援尽失而又陷入孤立状态的吴军仍然负隅顽抗，任凭清军如何气吞万里，就是岿然不动。好就好在江西一带的叛军将领负隅顽抗一阵子后，听闻福建、广东二藩相继归顺朝廷，自知待在江西迟早会腹背受敌，便只好望风归顺。

随着福建、浙江、陕西及江西渐次底定后，清廷得以完完全全地把主力集中在对付吴三桂的湖南战场上。当时，吴三桂也觉察到长沙的重要性，立即统领十万大军集聚长沙。岳乐、穆占两位大将率军合力围攻长沙，但久攻不下。康熙对战局洞若观火，觉得长沙和岳州好比两足，断其一只，就能击溃吴军，于是命令穆占率军攻取茶陵、攸县，并与简亲王喇布合力进攻衡阳、零陵，同时又调集水陆两军向岳州发动总攻。

考虑到岳州三面临水以及吴军水师齐备，康熙屡次令兵部选拔贤能大臣，增造船只、战舰，由长江进入洞庭湖，尽占江湖，阻断敌军粮道。康熙十六年（1677年），安徽巡抚选送沙船四十艘，连同江南荆州沙船共百余艘，后来安徽巡抚又督造战船百艘，然后又从其他各省遴选出熟练的船工水手，组建成一只强大的水师。船舰虽比吴军多出数倍，然而尚善统率大军数年，并没有大创敌军。康熙对尚善多有批评，在得知大将军安亲王岳乐率军攻克浏

第二章
运筹帷幄 剿灭三藩

阳与平江，打通江西和湖南的通道之后，康熙直接任命岳乐为全军前线统帅，率军攻取岳州。后来清军在君山歼敌千余人，擒获军官二百余人。

随后，水师总兵万正色连续两次进攻洞庭湖要隘套河峡。套河峡可是岳州门户，吴军在这里设置层层桩木，企图阻拦清军兵船。但清军英勇向前，斫倒桩木，攻克守军据点，打通直接进入岳州的通道。就在清军严密部署攻取岳州的同时，将军穆占率军攻占永兴、茶陵、攸县、安仁、郴州、桂阳等湖南十三城，气势正盛。

吴三桂既失去陕西、福建、广东这三方面叛军的支持，又失去江西要地，而且湖南也开始要被清军全部占领，再加上久久与清军作战，财用税收逐渐枯竭，吴军很多部属都开始缺乏军饷，军士大多有怨言，搞不好就会弄成兵变。吴三桂生怕引起将士寒心甚至是反叛，便企图靠正式称帝来提高自己的威望，并以此来凝聚反清势力，以支撑时局。他的部属也争先恐后地劝其称帝，于是，吴三桂从长沙前往衡州，也就是他当年用小白龟占卜的地方。吴三桂在衡山脚下筑坛，并暂以衡州府署为行宫。

康熙十七年（1678年）三月初，吴三桂选在这一天登坛祭天。黎明时刻，天色放晴，并有彩云显现，吴三桂思忖这是应天的好兆头，便喜不自胜地跨上骏马，奔出宫门，行至南岳衡山山麓，戴上皇冠，穿上龙袍，登山祭坛举行祭告天地社稷的仪式，宣告正式即皇帝位，建国号周，建元昭武，改衡州为定天府，册封其妻张氏为皇后，吴应熊庶子吴世璠为皇太孙，加封郭壮图为大学士，留守云南，并设云南五军府兵马司，改六部为六曹，然后对手下将领加官晋爵，为此还在云南举行乡试，以壮声势。

吴三桂称帝

第七节 收拾河山 平定藩乱

　　但吴三桂的帝王梦并没有持续多久,清军很快就攻陷衡州门户永兴。衡州城内的百姓散布民谣说:"横也是二年,竖也是二年,以'昭'字横竖皆两笔也。"时年六十六岁高龄的吴三桂觉察到士气低沉、民心涣散,天天自叹:"何苦!何苦!"有一天,一只狗蓦地跳上几案,朝着吴三桂狂吠,吴三桂受惊,还以为是不祥之兆,从此便日夜忧心惶恐,气血大损,气脉不畅,咽喉都不能进食,在这一年八月十七日,吴三桂在惶惶不安和悔恨之中去世。

　　夏国相、方光琛等人密不发丧,率领部下退回衡州,后来又把吴三桂的尸体运到常德,最后在云南安葬,之后又拥立吴世璠在云南称帝。吴三桂去世的消息很快传开,康熙便急令各路大军攻取岳州。但岳州还是很难攻下,清军不得不从江南调集子母炮一千架运到岳州,而且还从荆州和长沙调集水

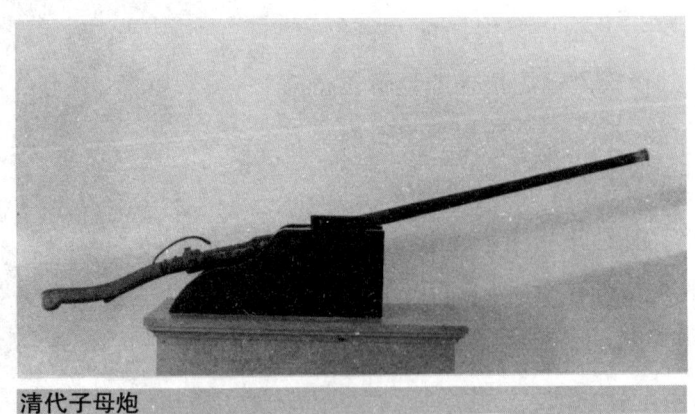

清代子母炮

第二章
运筹帷幄 剿灭三藩

陆官兵携带火器、盾牌、鹿角等军用器械驰赴岳州。

当时镇守岳州的吴军将领是吴应麒，在清军大量船只、火器的几番猛攻下，吴军惨败，而且城内开始人心惶惶，还有这样的传言散播开来："吴应麒！吴应麒！杀了你献康熙！"有时候流言蜚语的杀伤力也是很大的，吴应麒本来向四处求救，但没人回应，城中开始有官兵潜逃或者向清军投诚。康熙十八年（1679年）正月，吴军总兵王度冲、将军陈珀等率领舟师归降。吴应麒在内外交困中只得弃城而逃，僵持几年的岳州之战最后以清朝的胜利而告终。

岳州被清军占领后，湖南门户洞开，清军以秋风扫落叶之势几乎收复湖南全境。但是在辰州的时候，清军遇到了阻力。吴应麒、胡国柱从长沙溃退后，在辰州集结一万三千士兵，并以木石堵塞隘口，镇守号称通往云贵孔道的辰龙关。辰龙关山势险峻，林木茂密，路口狭窄，就算没有守军也是寸步难行，完全可以称得上"一夫当关，万夫莫开"，勒尔锦曾率兵到过辰龙关附近，一看群山陡峭险峻，而且又时值雨季，便畏缩不前。康熙对勒尔锦的此举也是大加指责，便命令贝勒察尼攻取辰龙关。但察尼对此也是毫无办法，一连几个月都没能攻克辰龙关。

又碰到难题了，康熙迅速陷入沉思中，看来辰龙关真的很不好攻克，必须得转换进攻方式。康熙仔细地看看地图，觉得暂时先别啃这块硬骨头，得先把硬骨头的一层厚厚的皮肉给拿下，然后决定先把辰州附近的几个外围地带给拿掉。紧接着，又是几位亲王、贝勒带领大军去执行康熙的命令，武冈、枫木岭被攻克，辰龙关的后路被截断，也就是说辰龙关已成了腹背受敌的境况。康熙十九年（1680年）三月，大将军察尼率军攻破辰龙关，辰州知府在内的吴军将领率一万一千多名兵丁归降。

吴应麒率部溃退到沅州，不知是没有过足楚王瘾，还是觉得趁着战事稍微缓和一点得好好作威作福一回，生怕楚王这个爵位过期作废，居然准备营造楚王殿。吴军底下的将士对此非常愤懑，纷纷表示在此人为刀俎、我为鱼肉的形势下，居然还有心情造殿，愤慨之下一哄而散。接着，穆占同董卫国

平定三藩之乱

率军进攻沅州，吴应麒和胡国柱带着残兵败将，仓皇而逃，湖南全境总算回到清军手里。

平定湖南后，广西叛军内讧，很快也被清军荡平。平定三藩之乱的最后一个战场便是四川、云贵，不过康熙仍是没有掉以轻心，这么多年的艰苦努力都挺过来了，在这收官之际，他想让军事进展更为顺利一些，于是又重新作了新的战略部署。不过，这次康熙陆续解除了安亲王岳乐、顺承郡王勒尔锦、贝勒察尼等的大将军、将军之职，命令他们解印归京，由于这些王孙公子在作战时，消极怠慢，经常贻误战机，还酌情将勒尔锦、察尼的亲王、郡王的爵位削去，连参加议政王会议的资格和宗人府的职务都被解除。

康熙对进军川、贵、云三路的统帅进行人事调整，任命贝子章泰接替岳乐为定远大将军，连同穆占和蔡毓荣率领大军从湖南进攻贵州；将军赖塔为征南大将军，统率两广大军出师南宁，进攻云南；命陕西提督赵良栋、将军王进宝率大军由陕西进攻四川。三军在云南会师，由章泰统一指挥。

由于川、贵、云山峦起伏，地势崎岖不平，所以清军铁骑在这一带根本

第二章
运筹帷幄 剿灭三藩

起不到什么作用，所以收复这三省的任务主要落在了汉族绿旗兵的身上。在进军四川前，清军先是以雷霆万钧之势收复汉中，然后又攻下阳平关，打开进军四川的通道。四川门户洞开，清军又浩浩荡荡地南下，一路上势头很猛，吴军竟然有一万四千三百多名向清军投诚，以至于四川北部、湖北西北部的州县大多望风披靡。

在四川保宁（今阆中），吴军将领率兵二万人袭击清军，王进宝率大军迎战，大败吴军后又拼命追剿，以至于吴军大将王屏藩与陈君极自缢身亡，吴之茂、张起龙等十七员将官被清军擒获。保宁被攻克后，西充、营山、遂宁等十一州县相继被平定，其间不断有总兵、知府等文武官员向清军投诚。

在贵州方面，清军军事进展也颇为顺利，但在南部的江西坡上，吴军万余人据险固守，而且还派出云南战象作战，突发性地向清军阵地猛冲，导致清军十之二三被踩死，而且相互践踏至死的也不计其数，在这次战役中，清军战死人数占十分之六七，但在援军源源不断地攻击下，吴军还是失守。

在清军多面征剿的形势下，吴军内部再度出现分崩离析的状况。吴应麒同吴世璠从贵阳逃到云南后，一路仍不忘召集溃散兵马，到了交水（今云南曲靖），吴应麒居然没有跟着一起进昆明，而是准备继续在那里集结兵力，准备带兵攻进昆明，伺机废掉吴世璠，自立为帝。不过，在皇帝身边掌控实权的郭壮图发现吴应麒这一阴谋，便假意派兵支援吴世璠，然后诱惑吴应麒出城慰劳援军，唆使部下当场将其用绳子勒死，而且吴应麒在昆明的两个儿子也被杀害，吴军各部的士兵又为此内讧厮杀一阵。

从广西来的清军在石门坎与吴军展开一场激烈的攻坚战，多次强攻不得手，清军便攀山崖绕到吴军背后，出其不意，再来个里应外合将石门坎给拿下。在黄草坝，清军又与吴军酣战四五个时辰才取胜。之后，各路大军纷纷向吴军老巢昆明进攻。

在康熙十九年（1680年）九月，清军十面围城，切断昆明的粮道、水源，准备伺机发动总攻。城内水尽粮绝，人心惶惶，清军也派人秘密潜进去劝降，甚至还让他们携带吴世璠、郭壮图等人的首级前来投诚。吴世璠闻此惊变就

自杀了,郭壮图及其儿子双双自刎而死,城内与清军达成协议的将领也率众出城投降,大学士方光琛和他的儿子全部被凌迟处死,夏国相、张国柱、李本深等都被处斩,吴三桂也被锉骨鞭尸。吴世璠被枭首后,还被悬首示众。

  历时八年之久的三藩之乱终于平定了!康熙喜不自胜,感觉这八年来实在是太艰苦、太漫长、太劳心费神了,这会儿终于可以松口气了,也真没有把祖上打下来的江山给败掉,现在总算胜利了,康熙在激动兴奋之下,挥笔写下《滇平》一首:

  洱海昆池道路难,捷书夜半到长安。
  未矜干羽三苗格,乍喜征输六诏宽。
  天末远收金马隘,军中新解铁衣寒。
  回思几载焦劳意,此日方同万国欢。

第三章
刚柔并济 收复台湾

第一节 试图和谈收复台湾

台湾自古以来就是中国的领土,至于古到什么时候呢,那至少得从三国时期算起,三国时就有明文记载,孙权派大将去经营发展台湾,后来大多时间都为福建管辖。但是到了明朝末期,荷兰殖民者于1642年趁着明王朝即将崩溃之际,强占台湾,并将其作为自己的殖民地。在1662年,民族英雄郑成功击败荷兰殖民者,迫使荷兰总督揆一签订投降条约,台湾又回到中国人手中。

但是在清廷入主中原后,郑成功的长子郑经承袭南明延平郡王的爵位,仍然与清政权相抗衡。康熙亲政后,便下定决心收复台湾,安定东南海疆,但三藩之乱消耗了他整整八年的时间,现在三藩已被荡平,康熙便把重心放在收并台湾的事宜上。康熙对于台湾的政策总体来说是剿抚并用,但前后期基本上有个分界线,以平定三藩之乱那一年为准,之前因为集中军力全面对付三藩,所以以招抚为主,后期则可以把兵力集中起来对付台湾郑氏。

郑成功

第三章

刚柔并济 收复台湾

当然,对于台湾的招抚政策并不只是因为兵力不够,还有更多层次的原因:清军连年征战,军饷经费不足,国家财政困难;再者,清军靠八旗铁骑起家,在水师方面还真是捉襟见肘,而且对于郑氏集团分化出来的水师不太信任,凡此种种,使得清廷不能贸然发动海战去收复台湾。

为了防止郑氏集团在东南沿海滋事,其实是很担心郑氏纠集沿海民众反清复明,清廷在顺治末年就开始实行迁界和禁海,即将山东、江苏、浙江、福建、广东的沿海居民迁往内地,还设立戒严边界,严防死守,甚至将沿海的船只全部烧毁,下令寸板不许下水,货物不许越界,违者格杀勿论。

不过清廷的迁界和禁海措施并没有起到根本性的作用,郑氏集团可能暂时与大陆民众失去了联系,也促成一部分人的动摇与归顺,但正所谓"杀敌一千,自损八百",清廷也因此蒙受巨大损失,沿海田地荒芜,煮盐、对外贸易等都被禁止,政府税收锐减,当地不少居民背井离乡。而且重要的是,郑氏船只可以在沿海自由出没,通过买通边防士兵,仍然可以贩运所需物资。

在郑成功去世后,郑氏集团内部就发生内讧:在台湾协理政事的郑成功弟弟郑世袭受人怂恿,想要继承爵位和官位。世子郑经接到其父去世讣告,便在厦门宣告继立。但从此叔侄二人互相猜疑,势同水火。清朝福建总督李率泰、靖南王耿继茂趁机派人去招降郑经。郑经虽然没有和谈的诚意,但郑世袭雄踞整个台湾已成事实,只好决定暂时与清朝议和。为了换取清廷的信任,郑经还派人去与清朝使者和谈,并且把明朝敕命、公爵、伯爵印及缴获的清朝各州县印和海上军民土地清册上缴给清朝。

但是在康熙二年(1663年),郑经提出应该像琉球和朝鲜一样,不登岸朝拜,也不剃发易冠,不然就拒绝接受招抚,和谈也因此失败。康熙二年(1663年)十月,清军攻克厦门、金门,郑经率部退守铜山,清廷几次派人到铜山招抚。但郑经仍然要求按照朝鲜藩国的待遇,甚至还对清朝使者表示:如果非要削发登岸,虽死也不去。

清朝对于郑氏集团所怀有的招抚之意仍未退去,即使在郑军退守铜山之后,清军依旧对他们展开招抚攻势,以至于郑氏集团内部不少将领纷纷离叛,比如郑氏威远将军翁求多率军民六万投诚，郑氏永安侯黄廷、都督余宽等，率官兵并家属、民众共三万两千四百余名降清，郑经孤悬海外，只得带着仅存的数十艘船舰逃到台湾，负责断后的周全斌也降清。至此，郑氏集团沿海据点被扫除殆尽，不过仍然有人从台湾、澎湖等地投奔大陆，如商人兰英带货物投诚，台湾左都督朱英自澎湖率众投诚，都督李顺自澎湖率兵投诚。对于前来投诚的台湾官兵，清廷都给予适当的安置和任用，以示天朝皇恩浩荡，来换取更多人前来归顺。

当时的荷兰侵略者侵占台湾的野心不死，趁着郑成功去世，郑氏集团出现内讧，便重新打起台湾的主意，企图联合清廷消灭郑氏，重返台湾，并获得与中国"自由贸易"的特权。在康熙初年，荷兰一再派出舰队，打着"支援大清国"的旗帜，开抵福建沿海。在攻打铜山时，清廷本来是想邀请荷兰助攻，以消灭郑氏海上据点，但荷兰拒绝出兵援助，还说应该立即攻取台湾。后来清廷觉察到荷兰"支援"背后所包藏的野心，便只好对荷兰助攻金门、厦门时赏赐布匹、银两给予报答。但是，康熙对荷兰始终保持着警惕的心理，还说日后开战，不必专门等候荷兰的舟师。荷兰人见目的难以达成，便丧失联合攻台的兴趣，此后清、荷双方未再进行合作。

清廷在收复铜山后，又想趁胜攻取台湾，于是就有了清军进攻台湾岛的第一次。其中，清廷授福建水师提督施琅为靖海将军，并以其为主将；以承恩伯周全斌、太子少师左都督杨富为副将，以左都督林顺、何义等为参谋，命他们统领水师，前往征剿，还告诫说，凡事会议酌行，不要因为觉得自知而不听众人之言。

施琅

这次前往征台的主将施琅，福建

第三章
刚柔并济　收复台湾

晋江人，最初在明朝总兵郑芝龙（郑成功之父）部下担任左冲锋，早在顺治三年（1646年）十一月，随郑芝龙降清，还参加过平定广东的战役。由于施琅为人正直，生性直率，多次在郑成功面前仗义执言，导致他们二人的关系逐渐破裂，甚至反目成仇，一人坚决抗清，一人执意收复台湾，乃至施琅的父亲、一个弟弟、一个儿子、一个侄儿都被杀害，所以这次征台不仅背负着清朝的使命，而且还背负着深厚的家仇。

第一次征台的主要将领都是由海上投诚人员组成，不得不说是清廷一次大胆的尝试。康熙三年（1664年）十一月以及康熙四年（1665年）三月和四月，施琅、周全斌等人三次向台湾进发，都因为遭到台风袭击而中途返回。如果是其他将领多次率兵出征而未果，清廷肯定要治以重罪，但据多方核实，确实是在海上遭遇台风。但实际上除了天灾外，还有人事方面的原因，因为凭借这些具有丰富海上经验的将领，如果根据他们掌握的常识，又能够与清廷毫无间隙地合作，完全是可以避开台风的。后来，施琅也分析失败的原因，主要强调除了天灾之外，人事方面也有很大的问题：首先投诚官兵很多人的家属都在台湾，都有很大的顾虑，所以不敢奋力前行；其次就是水师大多是临时凑在一起，部分士兵没有经过选拔和训练，出征人员内部参差不一，也很难协调；再者将领没有决策权，还要听部下建议，以致全军行动多有掣肘。凡此种种，第一次征台无功而返。

既然在军事上的大胆尝试不行，清廷还是决定走老路：招抚。康熙六年五月，清廷派出福建招抚总兵孔元章，携带郑经舅父的亲笔书信渡海入台，对郑经进行招抚。其中，清廷开出的招抚条件是：一、沿海地方可以与台湾通商；二、郑氏向清廷称臣纳贡；三、遣子入京当人质。

郑经对于清廷此次的招抚，也没有表现出非常反感的气息，反而对来使孔元章加以厚待，但仍然拒绝招抚，依旧提出不剃发、依照朝鲜事例即可。甚至不止一次提出依照先王（郑成功）之例，可以承认自己是清朝人，可以奉清朝为正朔，文官也可以由清朝选定，甚至也可以削发，但要求有一定的

地盘——台湾,保持原有的体制和军队。清廷没有答应郑氏的要求,但后来又派孔元章赴台和谈,双方各执己见,又没有谈妥。

施琅见郑经冥顽不化,对其深为不满,便上疏朝廷,建议趁机攻台,以绝后患。而且施琅还把选拔练习水师,筹集船舰、军饷,前线指挥,攻战事宜等重大问题都提出全面的看法和主张。为此,康熙还专门降旨,说渡海进剿台湾逆贼,关系重大,不便遥定,特命施琅快速来京,当面奏见,以便定夺。

施琅得到朝廷命令,迅速进京觐见康熙,并再上《尽陈所见疏》,详述武力收复台湾的必要性和可能性。如果按照后来的事实进展状况来说,施琅这些建议都很正确,但因为各方面时机尚未成熟,攻台议案只有一而再再而三地被搁浅。

当然,朝廷中还是有人主张招抚为主的官员,而且还以施琅的上司、福建总督李率泰为主,他在遗奏中称:"海贼远窜台湾,奉旨撤兵,与民休息。第将众兵繁,撤之骤,易致惊疑;迟,又恐贻患。今当安反侧之心,后须防难制之势。红毛夹板船虽已回国,然往来频仍,异时恐生衅。至数年以来,令沿海居民迁移内地,失其故业。宜略宽界限,俾获耕渔,庶苏残喘。"朝廷最后还是同意了李率泰的意见,不过对于施琅也授予内大臣职务,编入汉军镶黄旗,留在京师,而且清廷仍然下令严守迁界,暂时不起收复台湾之心,得韬光养晦、从长计议。

康熙八年(1669年),除掉权臣鳌拜后,锐意要收回台湾的康熙便开始着手收复事宜,还命刑部尚书明珠、兵部侍郎蔡毓荣赴福建,与靖南王耿继茂、总督祖泽沛齐集泉州府,商议招抚台湾郑氏的办法。旋即又派太常寺卿穆天颜、都督佥事李侄带着康熙诏书和明珠信件,往台湾招抚郑经。穆天颜等人于当年七月初六抵达台湾后,郑经虽然礼待这两位使者,但仍然旧事重提,说要依照朝鲜事例。最后,双方一连谈了好几天都没有达成协议。

郑经派礼官叶亨、刑官柯平随穆天颜等人前往泉州,继续和谈,仍以不削发、不登岸、照朝鲜事例入贡。康熙算是彻底明白郑经和谈的筹码,便直接下谕旨给明珠、蔡毓荣。说:"若郑经留恋台湾,不忍抛弃,亦可任从其

第三章
刚柔并济 收复台湾

便；至于'比朝鲜，不剃发，愿进贡投诚'之说，不便允从。朝鲜系从来所有之外国，郑经乃中国人，若因住居台湾不行剃发，则归顺以何为据？今令内弘文院学士多诺前往，尔等会同靖南王耿继茂及总督、巡抚、提督等，传谕郑经来使，差官同往彼地宣示：果遵制剃发归顺，高爵厚禄朕不惜封赏，即台湾之地亦从彼随意，允其居住。"

康熙为了实现和平统一台湾，对郑经做出了重大让步，也表示出极大的诚意，并且还亲自降谕，委派重臣，指授和谈方案，据理力争，反驳郑经。郑经对于康熙的谕旨无言以对，还是一如既往地说按照朝鲜事例，甚至说出"若欲削发，至死不易"。

第二节　郑经趁乱攻闽粤

三藩之乱发起时，郑经与他们相呼应，为此还趁机侵占大陆地盘。不过，三藩叛乱最初，清军和郑军并没有直接交锋。当时郑经也有螳螂捕蝉、黄雀在后的心机，他既没有接受吴三桂"大引舟师，径取金陵（南京），或抵天津，断其粮道，绝其咽喉"的指令，也没有采纳耿精忠所说水陆配合，攻取江浙的建议，而是返回自己最熟悉的闽南地区，趁火打劫地去抢占地盘、蚕食耿精忠的后方。

康熙本着远交近攻、分化瓦解以及先集中兵力消灭吴三桂外围的策略，在镇压耿氏的同时，对郑经一如既往地采取招抚为主的政策，即使郑经以两三年的时间占有泉州、漳州、兴化、邵武、汀州、潮州、惠州等七府之地，康熙仍然命令进剿福建的清廷官兵对郑氏集团采取招抚的政策。后来，耿精忠投降清朝，清军与耿军联合进攻郑经，郑经率军败退到厦门和沿海岛屿上。

康熙十六年（1677年）四月，因为郑经率部退守厦门，实力仍然不可小觑，加上清朝水师没有恢复，船舰都未凑齐，所以依旧对郑氏集团进行招抚。当时，和硕康亲王杰书修书一封，派佥事朱麟、庄庆祚前往厦门招抚。杰书在招抚书信上写道："倘转祸为福，归顺本朝，共享茅土之封，永奠山河之固，传之子孙，岂不世世食报无疆哉？"

清廷对于招抚郑氏集团方面已经表现出非常大的耐心和诚意，这都有七八次了，但郑经仍然拿朝鲜和削发这样的事来拒绝招抚，还回信说人心思汉，没有必要为了发式、冠冕来做强求，这不是识时务的俊杰。康亲王接到回信，心中非常气愤，还说马上去准备做船的木料，修齐好战船，便立刻进剿。

可是实际情况哪有杰书说的那么容易，不仅修船的木料难以凑齐，而且在当时，半路杀出个程咬金。漳州人蔡寅以旁门左道来妖言惑众，而且还趁郑经败退，收集郑氏败兵，自己诈称"朱三太子"，最后一共聚集数万士兵，头裹白布，攻占福建东南城池。蔡寅所部屡次击败清军，还占领漳州与泉州交界的南靖、长泰、同安等县城，声势日隆。这对于清廷来说，简直就是外患未平，内乱又起，无可奈何之下，清廷只好再次派人去厦门同郑经谈判。在这次谈判中，清廷重申康熙八年提出的和谈条件，希望他们息兵安民。

郑经又提出和谈条件，即清廷必须以漳州、泉州、惠州、潮州四府为交换，还声称："安民必先息兵，息兵必先裕饷，果能照先藩之四府裕饷，则各守岛屿，而民自安矣。"当时康亲王杰书派出的使者不敢对郑经所提出的条件自作主张，便告辞郑氏后回去复命。康亲王为了顾全大局，也是抑制住先前心中对郑经的气愤，便修书一封给郑经，再次做出重大让步，说是允许郑氏像朝鲜那样来朝贡，并且两岸正常贸易，但也劝告他们不要夸大其词，过分要地请饷，否则事穷势蹙，人心动摇，到时候全师而归都很难了。杰书致郑经的书信虽然事先没有经过康熙的同意，但因为是亲王所写，又能一贯坚持康熙褒奖忠义的主要策略，所以，只要郑经退出沿海岛屿，返回台湾，使沿海能够和平安宁，并非没有批准的可能。

不过，郑经趁三藩之乱，自己又趁火打劫，实力还大有所增，并且连年

第三章

刚柔并济 收复台湾

都能占据金门、厦门等沿海岛屿。所以在满足过去提出不登岸、不剃发、依照朝鲜事例等条件后,又得寸进尺地提出新的要求,坚持沿海诸岛屿由郑军占据,军队钱饷由福建方面供应。得到郑经的回复后,杰书觉得郑经就是人心不足蛇吞象,简直就是得寸进尺,便向康熙回奏,说郑经毫无归顺之意,还主动请求出兵征剿郑氏集团,收复台湾。

康熙还是不改以招抚为主来收复台湾的政策,见康亲王杰书憋着一肚子的火,便让新任福建总督姚启圣继续招抚政策,不过这次招抚的对象是以郑氏集团下属的官兵、民众为主。姚启圣,字熙之,原为浙江会稽人,后依附族人籍属汉军镶红旗。姚启圣是以中举而走上仕途,从代理知县慢慢做起,因政绩慢慢升至布政使,在康亲王杰书幕僚下任职,屡献奇谋深得康亲王器重。康熙十七年春,郑经为了给清廷施加压力,为了在和谈中为自己增加筹码以获取更多优待,特遣骁将刘国轩连败清军,进攻海澄。当时的福建总督郎廷相、提督段应举缺乏全局的统一规划,于是惊慌失措,对于郑氏骁将进犯,毫无主张。对于这样的封疆大吏,康熙非常愤怒,直接将他们解职,根据康亲王推荐,便擢升姚启圣为福建总督,并调江宁巡抚杨捷出任福建全省水陆提督,升任原福建按察使吴兴祚为福建巡抚,这次福建方面的大员大换血,算是大大加强了针对郑氏的官员队伍。

新官上任的姚启圣还没有来得及烧那三把火,便屡有不利消息传来:刘国轩在围困海澄八十三天后,与六月初十将城攻破,清军前锋统领阵亡,副都统穆赫林、提督段应举自缢;而且刘国轩趁胜北上,攻下同安,围困泉州,还分别遣部将连克南安、永春、德化、惠安、安溪等地,而且还派另一将领吴淑率军攻占漳州府的长泰及龙岩州的漳平。郑军如此来势汹涌的攻势,使得清军将领人心惶惶,但唯有新官姚启圣不以为然,反而一脸兴奋的神态说:"敌军就将为我所破。"众人不解,便问他,他便耐心回答:"刘国轩下海后,以漳州兵为多,不全力攻打漳州却去围攻泉州,这样舍近就远,弃弱攻坚,怎么能够得胜。再说了,贼兵不过三万,如果聚集在一起,的确很难攻

克,但他们现在攻城略地,必当分兵把守,分兵则势弱,势弱则容易攻破,此所谓兵法上的'兵多贵分,兵少贵合'。"

姚启圣把清军稳操胜券的理由抛出来后,众将领对其刮目相看,虽然是书生出身,但也胸藏韬略,实在是令人敬佩。康熙看到姚启圣分析敌情以及应对策略的奏折后,十分满意,还欣喜万分地下谕旨褒奖,并且充满信心地对身边的阁臣说:"闽督有此人,贼且平矣!"

姚启圣认真贯彻康熙招抚为主的策略,为了争取郑军官兵投诚,他还特别注意对官兵家属及其亲属的招抚政策,也非常注重重用海上的投诚人员。因为先前总督郎廷相总是认为福建人大多都与郑军官兵有各种各样的瓜葛,所以普遍怀疑他们资敌、通敌,也不给予他们最基本的信任,而且有时候还风声鹤唳地抓捕被怀疑通敌者。姚启圣一上任就改变前任的策略,当下就张贴广告,表示坚决不株连无辜,不搞连坐法;如果有投诚者,必当优厚对待;要是有勇有计谋有技术的官兵或船员,更将重用,授予参将、游击将军、都司、守备或标统等官制。

这真是一石二鸟之妙计,既能保护郑氏官兵家属,使得福建当地的民众能够支援清军,又能起到瓦解招降部分郑军官兵的作用,姚启圣这一招真是绝了。当时就有不少福建人前去投诚,主动投身军中,为姚启圣献计献策。除此之外,姚启圣还整顿充实绿旗兵,对新招募的水师也多加训练和演习,为了军饷充足,也是多方筹饷。经过近半年时间的整顿,福建的军事形势大为好转。

姚启圣

常言道,养兵千日,用兵一时。现在姚启圣不光兵养好了,而且军饷也凑齐,招抚政策也收到实效,便上疏康熙请战。康熙见姚启圣信心满满,而且又准备充分,当即回复批准。姚启圣还真是不负所望,与将军赖塔、靖南王耿精

第三章
刚柔并济 收复台湾

忠等于漳州附近大败郑军主力，一连收复长泰、同安；此后又败郑军于江东桥、潮沟，迫使刘国轩狼狈逃回海澄。姚启圣与诸将乘胜追击到海澄，但见海澄深沟高垒，一时之间难以攻克，便大力展开招抚工作。姚启圣与赖塔、巡抚吴兴祚等商议，派遣漳州进士张雄前去厦门招抚郑经。郑经以海澄是厦门门户，不能还让为由而拒绝。姚启圣得知招抚失败，便大笑郑经，说他是没有见识的匹夫，随后不过几天，又派泉州绅士前去厦门劝降郑经。郑经仍是之前那些没什么创意的话，拒不受抚。

得知郑经仍是之前的那番言语，姚启圣仰天大笑，说："他郑经不过如此，一个冥顽不化又没有什么新趣的人。"姚启圣除了遣使去招降郑经外，还采纳投诚人员黄性震的建议，在漳州修筑招贤馆，大力招抚郑经部下官兵，以高官厚禄来收买人心，而且他们对前来投诚的人员做出了以下明确的规定：

> 文官投诚，即以原衔题请，准照职推补；武官投诚，一面题请换扎，一面保题现任。兵民如果头发全长者，每人赏银五十两；如头发短者，每人赏银二十两；愿入伍者，立拨在营，给以战饷；愿归农者，立送回籍，饬府县安插，不许强豪欺凌，宿怨报仇。

这也算是姚启圣吸取先前对归降者安置不好、归降者重新反水的经验教训，他特别注意做到为官有俸禄，当兵有军饷，归农有土地，当他得知投诚官兵不愿到外省去屯垦，便奏请康熙，将界内无主田地赏赐给投诚官兵屯种。只要康熙觉得姚启圣的政策有利于招抚郑氏官兵，便对其加以大力支持，对这一请求也给予批准。由于姚启圣言而有信，招抚政策十分优惠，不少郑军官兵纷纷来降，甚至有来者如归般的感觉。康熙十七年（1678年）六月到十一月，前来投诚的郑氏大小军官有一千二百三十七名，士兵一万一千六百九十三名；次年又有文武官员三百七十四名，士兵一万两千一百二十四名，如郑经五镇大将等也被招抚过来，可见姚启圣的招抚政策

收到很大的效果。

康熙十八年（1679年）五月，康亲王杰书见刘国轩率重兵固守海澄，一时间难以攻克，便采纳中书苏矿的建议，遣使赴厦门与郑经谈判。在谈判期间，清廷使者转达康亲王的意见，说只要郑经能够以庐墓桑梓、黎民百姓为念，果真能够卸甲东归，依照朝鲜事例，代为题请，永为世好，作为屏藩重臣。郑经在原则上表示同意，但又按照侍卫冯锡范的提议，另加两项附加条件：一、将海澄作为往来公所；二、年纳东西两洋饷六万两。随后郑经遣使到福建拜谒康亲王。康亲王以地方重务，责任全在总督，让他到漳州去见姚启圣。谁知姚启圣口气很硬，他说："普天之下，莫非王土？寸土属王，谁敢将版图封疆轻议作公所？即使是皇上来谈，也绝不会有此意，你们还是回去好好想想吧。"

姚启圣也不怕与台湾方面慢慢熬，仍是一如既往地推行其招抚政策，甚至台湾的来使都被他招降，而且还准备为清廷联络内应，而且郑军的主要将领包括刘国轩在内都一再收到清朝的劝降书。当时，郑军水陆官兵共计数万，因为地狭人多，军饷总是不够，所以强征于民，也经常趁乱在沿海各地抢掠。

康熙十九年（1680年）二月的时候，郑军得知清军即将以武力进攻金门、厦门，早已成惊弓之鸟，郑经不得不将刘国轩从海澄调回，并一同逃往台湾。留守在金门、厦门的郑军纷纷降清。三月初，清军就进驻金门、厦门。四月，清军赵福海率二万余士兵、三百艘船只在铜山促使郑军朱天贵降清。据统计，加上前往宁海将军喇哈达和巡抚吴兴祚军前投诚的官兵，前后估计有十三万人以上的郑军士兵被招降。郑军官兵的被招降，大大削弱了郑氏集团的势力，充实了清军队伍，使得不善水战的清军水师得到极大补充，提高了他们水战的能力，也使得郑军与清军的实力对比发生了重大逆转。

在朝的康熙也非常注重闽海前线的招抚事宜，只要是姚启圣的上疏，康熙觉得合理便很快批准，等到姚启圣的招抚事宜取得很大成功时，康熙立即给予嘉奖，授姚启圣兵部尚书衔，对黄性震也大加褒奖，特指升其为佥事，授为直隶霸昌道。

第三章
刚柔并济 收复台湾

第三节 康熙点将征台湾

招抚郑军官兵取得了很大进展，但郑经此人仍是不肯降清，康熙决定准备武力攻取台湾。在康熙十八年（1679年）正月，康熙拟定调镇江将军王之鼎为福建水师提督，可这个人以不悉水战、不了解海岛，恐怕误事为由，请求另选别人。康熙盘算一下，的确得选一个熟悉水战的将领为福建水师提督，想来想去决定以湖广岳州水师总兵万正色为福建水师提督。万正色，福建晋江人，能使大刀，海上投诚后改姓黄，由于他经常挥舞大刀，身先士卒，又能带头冲出重围，以一当百，敌人赏赐名号为"黄大刀"，后来又改回姓万。在清军与吴三桂军大战于洞庭湖时，万正色战功赫赫，现在吴军已被歼灭，康熙便将其调到福建，而且跟随而去的还有岳州的全部船只和水手，并从江

万正色故居

南、浙江挑选战舰百艘，以加强福建水师；此外，又以督标一万四千充实水师，还将湖广所有西洋炮二十具开拨到福建，用来剿御郑氏集团。

万正色上任后，积极筹备对郑军发动进攻的军事部署，金门、厦门就是他派兵收复的。但正当万正色想要趁势攻取台湾时，康熙便派兵部大员到福建同总督、巡抚、提督商议沿海设防和部分撤兵事宜，最后商量上奏的结果是在福建只留满兵两千，其余两千四百全部撤回北京；至于通省防守兵，依旧留兵员五万一千余人，其余的一万九千人全部裁汰；水师留二万余人，余五千人全部裁汰，至于厦门、铜山分设总兵、副将镇守。在征求臣下意见后，康熙下谕令："台湾、澎湖，暂停进兵。令总督、巡抚等招抚贼寇。如有进取机宜，仍当明晰具奏。"

康熙决定部分裁兵，并不是放弃攻取台湾，而是当时尚之信已经赐死，耿精忠也调到京城，吴军被歼灭指日可待，三藩问题基本解决，收复台湾只是时间问题。裁撤部分士兵，能够减轻当地民众的负担，有利于社会安定，再者兵精粮足才更有利于进取，可见康熙老练成熟的大局观已不是一般。

康熙二十年（1681年）四月，姚启圣先后接到台湾傅为霖、廖康方密报，说是郑经已于本年正月病故，其长子监国郑克臧也被部下发动兵变绞死，郑经年仅十二岁的次子郑克塽被冯锡范等重臣拥立为延平郡王。傅为霖还在信中提议："主幼国虚，内乱必萌，内外交并，无不立溃，此乃机不可失之时。"廖康方也在信中说："贼势内乱，机宜可乘，速恳发兵，救民于水火。"姚启圣得闻他们二人的密报，便立刻上疏给康熙，说："会合水陆官兵，审机乘便直捣巢穴。"

康熙得到姚启圣的上疏后，喜不自胜，便立刻与大学士等商议，很快就得出结论，得趁机发兵攻取台湾，还发布谕旨：

郑经既优冥诛，贼中必乖离扰乱，宜乘机底定澎湖、台湾。总督姚启圣、巡抚吴兴祚、提督诺迈、万正色等，其与将军喇哈达、

第三章
刚柔并济 收复台湾

侍郎吴努春，同心合志，将绿旗舟师分领前进，务期剿抚并用，底定海疆，毋误事机。

攻取台湾的谕令已经发布，但朝廷中的官员对此议论纷纷，一向风风火火的万正色竟然上奏，说："现今台湾断不可取，想必郑氏必有防范。"而且还有不少朝廷大员在讨论是否立刻攻取台湾时，说海洋险远，风涛莫测，长驱制胜，难以保证。在反对声中，竟包括闽海线最高军事长官——镶黄旗满洲都统宁海将军喇哈达在内，可见当时阻力之大。

不过还是有几位官员力主趁机攻伐台湾，如内阁学士李光地、福建总督姚启圣、福建巡抚吴兴祚等人，他们都迫切希望以武力剿灭台湾郑氏集团，以取得沿海地区的和平与安宁的迫切心情。在康熙任命万正色为福建水师提督后，姚启圣曾一再上疏推荐施琅担任此职。但因为施琅的长子施齐（化名王世泽）、侄子施亥在台湾任职，所以遭到朝廷的猜忌，所以迟迟没有起用施琅。

在经过姚启圣的反复核实后，证明施齐、施亥二人本来打算擒郑逆献厦门以报效朝廷，但很快事泄被斩，两家七十三口全部被杀害，这样才算结束对施琅的猜疑。李光地也大力推荐施琅，说施琅与郑氏是世仇，为人是非常可靠的，再加上施琅有才略，为郑氏所惧。

李光地的画像和铜像

康熙便采纳姚启圣和李光地的建议，用施琅来替换万正色，以施琅为福建水师提督，加太子少保衔。但反对武力征剿台湾的大臣不同意起用施琅，说是施琅去了只会加速台湾的叛乱。康熙这次又力排众议，认为施琅不去，台湾就不能底定。

不得不提的是，施琅在十三年前的《尽陈所见疏》中就针对台湾问题提出了"因剿寓抚"的观点，其侧重点在于剿，以剿来促抚。在施琅这疏奏中，他认为向来都是顺抚逆剿，关乎国体，既然多次招抚没有收到实效，那么只有以武力征剿才能让其就抚；而且郑氏官兵多福建人，怎能没有故土之思？他们只是因为远隔重洋，难回大陆，如果一意招抚，郑氏一人操纵着决定权，恐怕很难率众归诚。当然，施琅还对郑氏集团的首领也多有分析，说郑经智勇无备，战争非长，虽然号称有三十余镇，但都是碌碌之辈，又疏于操练，当地百姓贫困，以致军饷不足，因此应早日统一，刻不容缓，免得郑经及其诸子恢复过来就会结连外国，到时候就后患无穷。

康熙对于施琅特别信任，还特派自己的亲信侍卫吴启爵跟随他出征，也就是作为康熙本人同施琅之间的牵线人，直接上行下达，便于反映前线情况，也好传达康熙指示。施琅得到康熙的信赖和器重，但还是有些担心，便吸取康熙三四年间攻取台湾失利的教训，为了防止总督、巡抚、提督之间彼此掣肘，便上疏请求皇上赐予自己专征大权，也就是由施琅本人亲领征台大军，攻占事宜全由他自己说了算。但康熙仍然坚持总督姚启圣统辖全省兵马，同提督施琅进取澎湖、台湾，修改了原来所说的由将军、督抚、提督商酌合征的意见，但仍然未同意由施琅一人拥有专征大权。按照康熙的意思，虽然不必多方商量，但二人还是应该各取所长，共同攻取台湾。

总督和提督之间对于如何攻取台湾发生了争执，姚启圣主张利用北风，顺风渡海，在十月、十一月、十二月尽快进兵，还应该由澎湖、淡水两路出兵，互相配合；施琅则主张利用轻北风，在冬春之际，越洋过海，攻取台湾。而且施琅还说现在练习水师，又遣间谍通旧时部曲，来个里应外合。康熙考虑到备船、练兵、刺探敌情等准备工作都需要时间，最终同意施琅的意见。

第三章

刚柔并济　收复台湾

在康熙二十一年（1682年）三月初，施琅又上《密陈专征疏》，再次请求康熙为自己颁发专征台湾的敕谕，明确声称"得申严号令，用以节制调度"，而且还建议再度延期攻取台湾，改用南风，也就是等到夏天南风到来之际再从铜山出发，顺风坐浪，船只也能够齐行，官兵也不会感到眩晕。当然，施琅一再请求延期和改变航向，固然有意与姚启圣争夺专征权，同时也是为了迷惑敌人，就如他在奏疏中所说："古者用兵，多用奇计，声东击西，兵不厌诈，然而出其不意得以成功。"

等到次年四月份，施琅又说夏至南风盛发，不可进兵，请延至到十月。康熙虽然坚持总督、提督同征，但对于征剿日期，也充分尊重前线大员的意见，还特地指出："进剿海寇，关系重大。总督姚启圣、提督施琅身在地方，务将海面形势、贼中情状，审察确实，如有可破可剿之机，著合谋协议，酌行剿抚，勿失良机。"康熙还是希望他们二人能够通力合作，趁机剿抚。

姚启圣和施琅按照原定计划，于五月初五那日率水陆大军会集铜山，等到夏至后南风起时，开船进发。但姚启圣本来无意利用南风，坚持认为南风不如北风，并认为可乘之机已失，主张再次等到十月再分道前进。康熙对于总督、提督不合、一再延期，心中也很着急，可是自己并不是太熟悉台海季风，也不太懂水师作战，所以对于姚启圣、施琅二人的主张只能充分尊重，便下令："如果目前风大，未便进剿，即统兵回营，整饬舟师，相机再举。"

施琅与姚启圣的南、北风之争，不仅反映出他们二人作战的总体部署不同，而且还反映出二人对台湾方面的了解也有所不同。施琅认为攻取台湾应该先攻下澎湖，郑氏将领中以刘国轩最为骁勇善战，以他守澎湖，虽败必再战，如果一举将刘国轩彻底击败，台湾可不战而下。姚启圣仍然主张利用北风，并且同时进攻台湾、澎湖。二人意见相左，不可协调，导致进攻时间迟迟不能确定。

在康熙二十一年（1682年）七月十三日，施琅再次上《决计进剿疏》，请求康熙授以专征大权。施琅还信心满满地表示只要有专征大权，便可择机出其不意，攻其不备，不必担心不能一举拿下；如果不能成功，愿立下军令状，

甘当受罚。

康熙仍然谨慎，便令大臣协商是否该授予施琅专征大权。明珠表示一人领兵如臂使指，便于行事，按照议政王大臣所议，可以让施琅一人出征。康熙这时才改变先前的态度，同意多数大臣的意见，表示可以让施琅行使专征大权，总督姚启圣、巡抚吴兴祚则协力同心攒运粮饷，不得有误。施琅在选择副将的时候，起用姚启圣处罚过的蓝理，而排斥姚启圣器重的朱天贵。兵部认为蓝理不能为右营游击领舟师。康熙则认为二人都可重用。在海战中，蓝、朱二将都浴血奋战，英勇无比，其中朱天贵还壮烈牺牲。

第四节　激战澎湖　清军告捷

台湾郑氏得知康熙已诏令施琅准备攻取澎湖，便也积极备战，还真是以武平侯刘国轩率重兵镇守澎湖。澎湖虽然为台湾门户，但郑氏原先对澎湖的设防一直不太重视，但自康熙二十年（1681年）十月破获傅为霖、周高寿密奏姚启圣的秘书后，得知"澎湖无备，可速督兵前来，一鼓可得，若得澎湖，台湾即虚，便当起兵相应"的消息后，又得知施琅战略重点也在澎湖，这才引起重视，派刘国轩率重兵驻守澎湖。此外，郑氏集团还在澎湖列岛上修筑堡垒、防护墙，设置大炮，严阵以待。郑克塽和冯锡范拜刘国轩为正总督，督率水陆诸军，自副将以下，允许其先斩后奏，又以征北将军曾瑞、定北将军王顺二人为副将。澎湖守军共计各种船舰一百一十二只，兵丁六千余人，最多时达到万人，后来又陆续增援，临战时，船舰二百只，官兵二万人。

澎湖的守军不可谓不强大，但施琅得知郑氏集团内部矛盾极为尖锐：重臣冯锡范谋害"监国"郑克臧，又拥立年仅十二岁的郑克塽，篡夺大权，刘

第三章
刚柔并济 收复台湾

国轩又与之相互勾结；最为重要的是范、刘二人为了生财，竟然加征房税，丈量房间的大小再作为依据纳税，导致很多百姓苦不堪言，甚至直接将很多房屋毁掉；再者，他们抓丁拉夫，稍有不从者就杀戮，以致很多人偷渡到海峡彼岸投诚。纵观郑氏集团统辖岛屿，可谓人心惶惶，人人自危。这样貌似强大的军备实力，其实内部已失去民心，分崩离析。

施琅于康熙二十一年（1682年）十月，在平海卫接到康熙专征台湾的旨意后，声称要利用北风进剿台湾，以混淆敌人视听。到十一月，施琅又称北风太大，不利于征剿，便令各镇官兵回营，自己统兵回厦门。姚启圣见施琅久久不出兵，便派人赴台招抚。次年正月，郑克塽派人回复，仍然是他父亲郑经的老调："请照琉球、朝鲜等外国例，称臣进贡，不剃发、不登岸。"

对于郑克塽的回复，姚启圣不能擅作主张，便启禀康熙，康熙答复说："台湾人大多出自福建，怎么能跟高丽、琉球相比。如果痛改前非，剃发归诚，该督抚遴选贤能围观，前往招抚；如果依然不归顺，可率大军趁机进剿。"后来，姚启圣仍然派使者到澎湖招抚，刘国轩竟也谈起老调，跟郑克塽所说的差不多。康熙觉得郑经、郑克塽父子同样冥顽不化，便催促施琅快速进军。

澎湖海域

施琅早已做好准备,于六月上旬接到命令,立即将参战的所有舟师齐集铜山,在出征之前,还特意请求总督姚启圣发放粮饷和犒劳的赏银,之后,施琅又将各镇、协、营、守备、千总、把总召集起来,再将银锭排放在誓师大会的案前,当即传令:"征剿澎湖,谁敢为先锋者,上前领取。"

各级军官得到传令后,都不敢出前响应,半晌过后,只有被施琅起用的蓝理挺身而出,施琅便大加赞赏,将先锋银锭赏赐给他。在十三日,施琅率军官祭江;十四日辰时(早上七点),施琅统领官兵二万一千余人,各类战船二百三十余艘从铜山开拔,向澎湖进发。

在澎湖的郑氏守将刘国轩也得知施琅会师铜山,但并没有太注意,还认为六月风涛不测,施琅怎敢贸然前行,只不过虚张声势而已。但到十五日辰时,巡哨发现一排帆船浩浩荡荡地朝澎湖开过来,来势汹涌。刘国轩这会儿才大吃一惊,马上传令大炮罗列海岸,千万不能使清军舟师靠近,而且又令水陆重兵立即严守各大隘口。当时,就有部将建议,清军舟师还未靠近,我们当主动出击,打他个措手不及。刘国轩没有同意,还说炮台处处谨守,他们怎么可能靠近,而且这又是六月,一旦大风起,他们根本无容身之处。这样,我们以逸待劳,不战而可收功也,你们就别担心了。

对于如何开打,施琅早就心里有数,因为他在台湾的密探早就告诉他,刘国轩在澎湖只以主力防守重要港口,在八罩、花屿、猫屿虽然有哨船,但兵不多,等到施琅大军一到,敌兵必当败走,可以将船只停泊在那儿。在十五日申时(下午三点),清军船队抵达澎湖海面,快哨探望回报,说:"各岛悉有船只把守,炮台相望,仅猫屿、花屿、八罩有少数几只贼船。"果然与先前掌握的情报一样,施琅心中有底,就下令:"天色将晚,所有船只分队,暂时停靠在猫屿、花屿等地。"

十六日清早,施琅督率舟师齐集澎湖,刘国轩也乘坐快船在妈娘宫前指挥诸镇迎战。当时,清军舟师都争先恐后想抢头功,但又互相冲撞不得前行,当时又恰好碰到海潮,风又不顺,使得郑军趁机发动猛攻。施琅本人所乘的旗舰都被敌船包围,船舰也被炮弹击中,施琅右脸也被炮火烧伤,但仍然坚

第三章
刚柔并济　收复台湾

持指挥。眼见主将所在旗舰寡不敌众，很快就要被攻克，先锋骁将蓝理将自坐战船冲入重围，猛地一阵子发炮、掷火罐后，郑军船舰被击沉、烧毁三艘，其他船舰才慢慢退出。施琅又与蓝理合伙攻打一艘敌舰，将其击毁。正酣战间，蓝理又被敌舰炮弹击伤，肚破肠流，但就地包扎之后，蓝理越战越勇。

就在这紧要关头，从金门赶来的千总（正六品武官）游观光率舰队乘风赶到，发炮击贼，这才把施琅和蓝理的两舰救回。战至傍晚，刘国轩才鸣金收兵。施琅也将大队舟师停泊在西屿头，并做好准备，防止敌舰趁着海潮夜袭。

清军初战失利，主将和先锋都险遭不幸。为了稳定军心，赢得战役的最后胜利，施琅从十七日起回军八罩，进行了五天的军事整顿。首先，施琅传令各级军官齐集，核查功过，理清赏罚。蓝理受赏银两千两，游观光受赏银一千两，其余按照功伤轻重分别给予赏赐，还特别派出船只将蓝理送回厦门医治。其中，詹六奇等十二将领临阵退缩，按照军令应当处斩，但后来经过吴启爵等众将联名同保，才将他们改为记大过一次，令其将功赎罪，不然再有逃跑，绝不轻恕。其次，针对首战失利缺乏组织的教训，施琅采纳吴英的计策，将五船结成一队，叫作"梅花阵"来合作攻击敌舰。再次，率主要将

澎湖海战

领坐快船去侦察各岛地形，并寻找淡水，以供急用。最后，施琅再下军令，令各船把主将姓名写在帆上，以便指挥。

清军经过五天整顿，调整了初战时麻痹轻敌的心态问题，以及改正组织不严的弊端，施琅发起了对澎湖郑军的决战。施琅排兵布阵，令随征都督陈蟒、魏明等领船只五十艘，东入鸡笼屿、四角山作夹攻；令随征总兵董义、康同玉等领船只五十艘，往牛心湾作为牵制；施琅本人亲自令五十六只船舰居中，分为八队，每队七只，各作三叠，为主攻队伍；其余的八十多只船舰分为两队，作为后援队伍。

澎湖决战开始，战斗从早上七点一直持续到下午四点，战况异常激烈，炮弹如雨点降落，烟雾弥天，有时都分不清是敌是我。当然，在激战中，清军的梅花阵战术大显神威，即使有个别船只被敌军围困，也能很快被解围救出。此次决战，清军战绩辉煌，共计焚毁、击沉郑军各类船只共一百五十艘。缴获各类船只三十五艘，击毙、焚烧郑军将军、提督、总兵、副将等高级将领四十七员，游击将军以下的一般将领三百余员，歼灭郑军一万两千多人。郑氏主力几乎全军覆没，刘国轩见军力不能支持，率残部退回台湾，还未来得及逃走的将领见孤岛无援，列岛上共计官兵五千多人向清军投降。清军方面，总兵朱天贵、游击将军赵邦试等水陆官兵牺牲三百二十九名，总兵吴英等一千八百余名官兵受伤。

澎湖大捷，康熙接到施琅的奏疏，非常高兴，当时就传令将喜讯告知八旗诸王、贝勒、贝子和诸位大臣、侍卫，特意降旨嘉奖，还下令有功官兵将从优提用。对于澎湖激战中的英勇事迹，康熙听到后也特别感动，还亲自召见肚破肠流的蓝理，对其进行慰问，在看过蓝理身上的伤痕后，康熙还特别御赐横幅"所向无敌"。

澎湖激战之后，郑军主力被全歼，攻取台湾岛指日可待。当时姚启圣就极力主张乘胜直捣台湾，也有部将催促施琅趁郑氏残败之际将其攻灭，但施琅却表示当为国为民不计私怨，如果郑氏能够先望归顺，当上疏请求皇上赦免其罪。施琅厚待郑氏集团投降人员，允许他们回台湾与亲人团聚，还让他

第三章
刚柔并济 收复台湾

们转告台湾人："快点来降，尚可不死，如果一直拖延下去，就会重蹈澎湖的覆辙。"由于施琅统领的水陆官兵就在台湾门口，所以派去招抚的人员，所到之处，民众安乐，鸡犬不惊，有些官兵闻风而逃。

台湾权臣冯锡范与部分亲信商议，准备策划征服吕宋（今菲律宾），士兵得知后，都觉得这有些异想天开，百姓听到这个消息后都惊慌不安，有一些将领就直接撤防投降，比如淡水守将何祐，遣子赴澎湖向清军纳款献地。刘国轩见郑氏集团分崩离析，明知继续固守下去是不太可能的，便力劝冯锡范、郑克塽降清。郑克塽想到民心已散，士气全无，如果逃跑又没有生路，便只好投诚被抚。

冯锡范对于郑克塽的主张虽有犹豫，但见回天乏力，便只好表示愿意随从。商议好后，郑克塽便派人前去投诚，还将投降信件都分别送到施琅、姚启圣处，等船到澎湖时，郑克塽又表示前去纳款请降的使者原地待命，他又提出了希望留在台湾，继承祖业，照管当地事务。施琅当下就予以拒绝，认为郑氏因为穷途末路才遣人就抚，并且还提出无理要求，毫无诚意。之后，施琅又一面将书信回寄到福建请总督姚启圣定夺，一面又令侍臣通知郑克塽等人，说如果诚心想要投降，就必须得派遣刘国轩、冯锡范亲自前来，还要将州县版图、民众数量等全部上报；降清后，郑氏集团的大员都应该移送到内地，听候朝廷安排。只有这样，才能允许投降，才能赦免其罪，加以安抚，否则就督师进攻台湾，必将斩草除根。

郑克塽见施琅态度强硬，便再修一份投降表，申明再也不敢主张留居故土，缴奏版籍、土地、人民，待命境上。随后，郑克塽又差冯锡范的弟弟冯锡圭、冯锡韩以及刘国轩的弟弟刘国昌等人拿着投降表再去请降。施琅见来降者有诚意，便遣吴启爵等人随请降者到台湾发布谕令，让全部官兵遵旨剃发。之后，施琅又上《恭报台湾就抚疏》和《郑克塽赍缴册印疏》，汇报台湾就抚情况，并请求派人会同督抚安抚投诚官兵，命侍卫吴启爵与台湾副使刘国昌携带缴获的印册及兵民削发奏本一同进京，呈缴御览。

第五节　台湾和平回归

康熙得到台湾愿意归降的奏报,心情大好、精神大振,但也没有过于喜出望外、得意忘形,只是马上下了一道谕旨给郑克塽、刘国轩、冯锡范。谕旨说:"尔等倾心投诚,率所属军民官兵悉行登岸,从前违抗之罪,尽行赦免,仍从优叙用,加恩安插,务令得所。倘仍怀疑,犹豫迁延,大兵一至,难免锋镝之危,倾灭身家,噬脐莫及。"此外,康熙还对派遣到台湾料理兵饷的工部侍郎苏拜、郎中明格里说:"若郑氏来归,即令登岸,善为安插,不要使余众仍留原地,此事甚关紧要。"时值中秋佳节,康熙还诗兴大发,作《中秋日闻海上捷音》以示庆贺,诗云:

万里扶桑早挂弓,水犀军指岛门空。
来庭岂为修文德,柔远初非黩武功。
牙帐受降秋色外,羽林奏捷月明中。
海隅久念苍生困,耕凿从今九壤同。

除了写七律表达收复台湾欣喜若狂的心情外,康熙还特意将自己当天所穿的衣物派人赐给施琅,而且还专门为施琅作一首五律作为表彰:

岛屿全军入,沧溟一战收。
降帆来蜃市,露布彻龙楼。

第三章

刚柔并济 收复台湾

上将能宣力，奇功本伐谋。

伏波名共美，南纪尽安流。

此诗将施琅比作东汉的伏波将军马援，康熙称赞施琅智勇双全，为国建立不朽的功勋，安定东南海疆，足可以与平定西羌和交趾的（今越南）马援齐名，流芳百世。而且，康熙觉得施琅建立如此丰功伟绩，应当受朝廷重恩，于是将施琅加封为靖海将军、靖海侯，世袭罔替。征伐澎湖的官兵除了照云南例子加官晋爵外，康熙认为在海上剿寇并非陆上作战所能比，因而决定"在事官员再加一级，兵丁再赏一次，以示特加优待"。

施琅在康熙七年（1668年）上奏的《尽陈所见疏》被否决，水师提督的职务也被撤除而换成内大臣，在北京闲置十多年。不知施琅是恃功自傲以证实自己的远见，还是宦海沉浮、家门惨遭不幸后想平平淡淡地过生活，他竟然上疏辞去侯爵，只想继续当个内大臣。兵部认为施琅此举并无前例，便予以拒绝。康熙体会施琅的心情，对其表示出格外的恩宠和宽容，命令他不要辞去侯爵，同时照样赏赐花翎以享受内大臣的殊荣。

康熙二十三年（1684）十二月，郑克塽等人奉旨进京。康熙肯定其纳土归诚之功，授郑克塽海澄公爵，刘国轩、冯锡范受封伯爵，都归并到汉军上三旗，并且还命户部分别拨给房屋田地。其他投诚的武官一千六百多人、文官四百多人、士兵四万多人也都得到了妥善的安置。康熙念到刘国轩首先归命，而且还劝谏郑克塽纳土来归，便亲自召见，特授直隶天津总兵，并在常例之外，赏赐白金二百两，绸缎二十四，御马一匹。后来，康熙得知刘国轩家口众多，栖息无所，又特赐宅第若干。

在收复台湾之后，诸大臣对于台湾弃守问题又发生分歧。原来积极支持统一台湾的李光地竟然主张放弃台湾，他认为台湾可能会出现新的割据局面，提出重洋远隔，守卫必须设置重兵，设重兵又必须固业其子孙，一旦濒海有警报，隐然有夜郎自大之势；尤其荒谬的是他竟然提出将台湾拱手送给荷兰，

让红毛来世代守卫,并年年朝贡,这样就可以一劳永逸。其实也不难理解李光地的想法,先前他痛恨郑氏经常骚扰福建沿岸,现在收复台湾,又担心重兵把守台湾会增加福建民众的赋税负担。对于李光地的提议,有不少大臣表示反对。

施琅为了有力反驳李光地,还亲自到台湾去进行实地调查,为此还上了一道《恭陈台湾弃留疏》,向康熙陈述了台湾的战略地位以及放弃之后有可能产生的恶果。而且施琅还指出,台湾岛南北绵延数千里,山川峻峭,港道迂回,实为东南各省的屏障,战略地位十分重要,统一后的台湾更是人口稠密,户口增加,农工商贾都能安居乐业,如果放弃,必当会有流民逃兵,到时候就结党营私,营造船舶再剽掠沿海;荷兰也会趁机图取,并以此作为基地,沿海诸省受到的灾害会更大。施琅坚持"弃之必酿成大祸,留之则可保证海疆永固"的意见,还请求在台湾设总兵一员,水师副将一员,陆军参将两员,士兵八千;澎湖设水师副将一员,士兵两千,总共士兵一万名,可以固守。福建总督姚启圣、都察院左都御史赵士麟等也先后上疏,坚决反对放弃台湾。

康熙也同意施琅等人的意见,坚持主张留守台湾。有一次,他问李光地台湾当下如何?有没有形成割据或是被外国侵占的危险。李光地回答说现在

台湾岛

第三章

刚柔并济　收复台湾

不会有事，以皇上的声望几十年可保无事。康熙听后，明确表示如果在台湾设置郡县，若考虑久远，十三省岂能长保为我有？在康熙看来，台湾事关海疆国防，关系重大，但他还是反复征求诸王大臣的意见，也为了向他们彰示台湾的重要性。后来大学士王熙等回奏："按照施琅的奏疏，台湾有地数千里，民众十万，则其地非常重要，若放弃，必为外国占据，到时候奸佞之徒为虎作伥，也便很难平复。"明珠等议政王也认为施琅分析的战略形势很重要，应该设重兵把守，并设置地方行政机构。

在台湾设置好府县后，经过福建督抚联名举荐，康熙批准了由原任泉州知府、汉军镶白旗人蒋毓英为台湾第一任知府。蒋毓英上任后，见台湾一片萧条，哀鸿遍野，于是马上安抚当地居民，咨询民间疾苦，量土分地，振兴文教，创立义学等等，对促进当地的经济、文化起了重大作用。台湾的官兵设置基本上是按照施琅的提议创制，共计官兵一万余人。

蒋毓英在台湾任上，披荆斩棘，开辟耕地，发展两岸商贸，两三年的时间，台湾就呈现出一片欣欣向荣的景象。为此，康熙还特命台湾府有开炉铸币的特权，当时府一级的行政机构可是没有铸币权，可以见得康熙是充分考虑到了台湾的特殊情况和重要地位。

施琅率兵刚进台湾的时候，姚启圣就上疏康熙，要求恢复各省迁界，这样既能充实国库，又能惠及民生，而且沿海鱼盐之利可收之无穷。但当时台湾岛内的安定事务并没有完全整顿好，所以康熙当时没有批准。等到两广总督吴兴祚再度上疏请求在广州七府沿海招民垦种，康熙见时机成熟便予以批准。康熙二十二年（1683年）十月，他又谕大学士说："前因海寇未靖，故令迁界。今若展界，令民耕种采捕，甚有益于沿海之民。其浙、闽地方亦有此等事。而衙门所贮本章，关系海岛事宜甚多，此等事不可稽迟，著遣大臣一员，前往展立界限。应于何处起止，何处设兵防守，著详阅确议，勿误来春耕种之期。"接着，康熙就派六部大员、内阁学士前去浙江、福建、广东勘察海界，恢复沿海地带的耕种渔捕和采盐贸易等等，以促进当地经济的恢复和发展，弥补因先前征剿三藩、郑氏所造成的损失。

当然，康熙也知道民众和地方官要求展开海界，目的不仅在于恢复原来的田产，还在于出海捕鱼、贸易，所以除了展开海界外，还得开海禁。内阁学士席柱回到福建奔丧后回京，康熙就问他沿海情况。席柱说："两省沿海居民得还故土，保有室家，各安生业，仰戴皇恩。"康熙本来想问问台湾收复后有关海禁方面的事，可席柱只字未提，康熙便问："百姓乐于沿海居住，原因是海上可以贸易、捕鱼。尔等明知其故，为何不议论此事？"

席柱才回答道："海上贸易自明朝以来原未曾开，故议不准行。"

康熙又问："先是因为海寇来侵，所以未曾开海禁，现在海疆廓清，应该可以开了吧？"

席柱又回答道："按照当地总督、巡抚的说法，台湾、金门、厦门等处，虽设官兵防守，但系新得之地，应该再等一两年后，再开海禁，两岸也可以互通有无、进行贸易。"

康熙听席柱这么一说，不是很满意，瞅了一眼席柱后，继续说道："边疆大臣当以国计民生为念。向来海禁虽严，但私自贸易还曾断绝？凡是说海上贸易不行者，都是总督、巡抚自图安定不求长远。"

康熙鼓励开放海禁，想适当征收商税，充实福建、台湾的兵饷，以减轻当地民众的负担，但又反对税额过重，他批准工部侍郎金世鉴的上疏，同意百姓贸易当在官府登记姓名，给发印票，并以交易货物之多少来征税。开放海禁后，台湾不仅同福建、广东、浙江等东南各省的贸易量大增，对东南亚各国也都有贸易，这可以说是台湾经济发展、民众安居乐业的最为重要的因素之一。

第四章
义武奋扬　抗拒沙俄

第一节　沙俄频频侵扰东北

其实康熙接手的清朝可以说是一个很大的烂摊子，不光三藩之乱需要平定、台湾要收复，就连大清发祥之地的东北也遭受着沙俄的频频侵略。满洲部落在刚开始形成时，满族首领就是明朝在东北设立的地方官吏。康熙的曾祖父，也就是大清建国的第一位皇帝——努尔哈赤就是世袭的指挥使，后来升为都督，封号为"龙虎将军"。努尔哈赤自明朝万历十一年（1583年）起兵，经过他与皇太极两代人的开疆拓土，基本上统一了东北地区。从17世纪30年代起，西起贝加尔湖、北到外兴安岭，南至日本海、东到鄂霍茨克海包括库页岛在内的广大地区都在清朝的统治范围之内。那时，沙俄人的足迹还不曾在这一地区出现。

努尔哈赤

俄国原本是一个欧洲国家，原来的疆界在乌拉尔山以西，和中国并不接壤，到16世纪末，俄军一直向东推进，领土逐渐涵盖西伯利亚平原、西伯利亚高原等辽阔的土地，这才与中国东北接壤。崇祯五年（1632年），俄

第四章

义武奋扬　抗拒沙俄

军在勒拿河上建立雅库茨克城，后来又建立耶尼塞克斯城，并以这两个作为入侵黑龙江流域的主要据点。崇祯十六年（1643年），也就是明朝灭亡以及清军入关的前一年，俄国雅库茨克督军组织远征军，开始侵略黑龙江流域。以波雅科夫为首的匪军在中国境内流窜了三年，受到沉重的打击后，仅带着五十三名残兵败将逃回雅库茨克。

可是波雅科夫的失败并没有就此结束俄国人对中国侵略的野心，这群残兵败将给上级报告说黑龙江流域物产丰富，竭力鼓吹派兵攻占黑龙江流域。沙俄统治者还真的接连派大军向东北进行狂热的侵略。清朝东北各族军民奋起反击，前仆后继，终于在顺治十七年将俄国侵略势力驱逐出黑龙江中下游地区，但上游的尼布楚仍然被俄军占领着。

顺治末年，康熙继位初，俄军趁着清朝内乱，对东北进行新一轮的侵略扩张活动：一是南下侵占楚库柏兴，一是东进，再次入侵雅克萨。俄国这次的入侵一改先前的长距离流窜方式，转而采取建立侵略据点来逐渐推进的策略。除了尼布楚、雅克萨、楚库柏兴三个重要的据点外，他们还在黑龙江下游地区建立了一些较小的侵略据点，不断地抢掠东北各族民众的财物。

康熙亲政后，不仅对南要撤藩、削弱三藩势力，对北还要抗击沙俄的侵略。面对长久动乱的局面，康熙意识到沙俄的侵略是一场大的祸患，如果不除掉这种祸患，边疆不得安宁，祖宗发祥之地都不保，而且不加以制止，后果真是不堪设想。东北可是清朝的发家之地，是他们的老巢，向来关内有事，都是从关外调集骑兵，如果后方危机不解除，便很难发挥这种机动作用，因此，康熙一直把抗击沙俄事宜也列为本朝大事。

当然，对于雄心勃勃而且又处于国力上升的沙俄，康熙要在前人的基础上继续寻求、探索抗击沙俄的良策。亲政后的康熙，派人到东北边疆地带做了比较细致的调查研究，还仔细打探过被俄军侵占地区的地理形势、道路远近以及指挥将领的谋略、才干，以酌定天时、地利、人和以及运粮进兵之策，可谓是知己知彼。为了一举击退沙俄、安定东北边疆，康熙还认真总结、吸取前人抗争沙俄的斗争经验，认为以前的尚书明安达礼过于轻进，粮饷运输

不继才导致失败；将军沙尔虎达、巴海等失计半途而归，以至于沙俄得寸进尺，更为骄傲狂妄。据此，康熙决定对沙俄野蛮的入侵采取军事与屯田、戍卫相结合的内外相辅相成的方针，以组织东北军民击退沙俄的侵略。

康熙为了抗击东北的沙俄侵略者，开始实施一项新的政治举措，那就是加紧编组"新满洲"。新满洲是与老满洲相对而言的，一般是指清军入关后编入旗籍者。满洲部落在统一东北的过程中，就是通过将东北各部落和各族民众陆续编入旗籍，从而才得以壮大八旗力量，康熙就是沿用这一传统的方式来组编新满洲。早在康熙元年，清廷就决定对编组新满洲有贡献者，按照军功给予奖励，康熙亲政后，继续倡行这一策略，他还以寰宇一统来告祭祖陵，亲自赴谒盛京。谒陵后，康熙又继续北行，还特意召见过宁古塔将军巴海，询问当地各族民众的风俗情况，还命他善布教化，扶绥边地各族，勤加练兵，整备器械，多加留意东北边防，警惕俄国人以阴谋诡计来施行侵略。后来世居在松花江、乌苏里江等地的赫哲族墨尔折勒氏请求内迁，康熙予以批准，命令巴海将其内迁到宁古塔附近，编为四十佐领，号称新满洲。以后要是还有东北各族民众请求内迁，康熙都依照赫哲族的例子予以收编，对于他们的头目都分别授予世袭的职务，加官晋爵的不在少数。

分布在黑龙江中上游地区的鄂温克、达斡尔与鄂伦春人统称为索伦部，早在清军入关之前就被分编为佐领。顺治年间，俄国人趁着中原战乱不息，便加紧侵略黑龙江流域的居民，当地江北部分居民先后迁移到嫩江地区。康熙初年，朝廷对这些内迁的居民进行重新整编，而且还将他们的首领封为索伦总管，升格为都统级别，同时增设达斡尔总管。除此之外，还建总管衙门于伊倭齐，以便统一管理黑龙江中上游两岸居民。

康熙组建的新满洲，对于其民众，都给予房屋、土地、耕牛和种子，命令他们屯田耕种，使得黑龙江中上游一带的游牧、渔猎民族逐渐过渡为定居的农耕民族，这样就促进了当地的经济发展，使得东北的边防力量大大增加。尽管不断从新满洲中调出强兵劲旅去征剿吴三桂等人的叛变，但总体上来讲，东北的军事力量仍在不断地增强。康熙十五年（1676年），宁古塔将军移驻吉

第四章
义武奋扬 抗拒沙俄

林，设有四十六佐领，宁古塔设副都统驻防，设有十二佐领，两地新旧满洲的佐领数目是顺治时期的两倍多。

在后来驱逐俄国侵略军的雅克萨之战时，最初参战的清军中包括宁古塔的新满洲兵有一千五百人，达斡尔兵四五百人，两处合计两千人，占总兵力的三分之二。而在第二次雅克萨之战中，长期围城的两千三百名清军，几乎全部是吉林、宁古塔之兵。此外，索伦总管和达斡尔总管还分别率领索伦、达斡尔战士承担侦察敌情、安设驿站的重要任务，毫无疑问，他们在为共同反抗沙俄的侵略战争中立下了汗马功劳。

当然，说到战争就不得不提及中国正规军对抗沙俄侵略者的第一次战争——乌扎拉村之战。沙俄侵略者当时以雅克萨为据点，仗着优势兵器，四处袭击掠夺，竟然还用大炮对付手无寸铁的居民，抓捕俘虏和人质，用极其残酷的手段来对待俘虏。在桂古达尔的一个村庄里，沙俄侵略者以密集的炮火打败用竹箭顽强抵抗的达斡尔人后，竟然惨绝人寰地制造了一桩血案，他们一共杀死居民六百六十一人，掠走妇女二百四十三人和儿童一百一十八人，这个村庄里仅有十五个人得以幸免于难。这帮丧心病狂的匪贼竟然兽性大发，

宁古塔

用父母的尸体搭成烤架来烧烤孩子们。这种人神共愤的兽行,不但没有震慑住当地的民众,反倒激起当地各族民众的反抗。当侵略者进入乌苏里江一带时,当地居民一面用简陋的武器抵抗,一面向驻守宁古塔的清军报警求援。

在顺治九年(1652年)四月,清政府命令宁古塔昂邦章京海色率兵前往,在乌苏里江口的乌扎拉村阻击入侵的沙俄贼匪,当地的达斡尔女真、赫哲等族民众纷纷前来协助作战。正当清军和各族民众突破敌人堡垒,准备冲入敌营时,清军将领海色犯了严重的错误,他竟然下令大军不许杀死哥萨克,要活捉这群人,由于海色麻痹轻敌,又没有趁势狠狠打击敌人,使得敌人得以有喘息的机会,回过神来的敌军趁机拉回大炮,朝着密集的清军就是一顿猛轰,使得清军死伤惨重,被迫撤离。

乌扎拉村之战虽然是以清军的败回告终,但也给敌人以沉重打击,使得敌人惶恐不安地向黑龙江上游撤走。此后,沙俄任命斯捷潘诺夫为新达斡尔地方长官。顺治十二年,清朝都统明安达礼率军重创斯捷潘诺夫于呼玛尔,但当时由于清军前线缺乏给养基地,后方有没有源源不断的军粮供应,士兵口粮和军需物资都要靠随军携带,所以很快就消耗殆尽,以至于明安达礼因缺饷班师,使得沙俄侵略者得以继续在黑龙江一带横行霸道。

顺治十三年(1656年),另有一支沙俄侵略军从耶尼塞克斯出发,直接入侵石勒格河流域,在那里经营一两年后,又侵占蒙古族茂明安部居住地尼布楚,并将尼布楚改为涅尔琴斯克,还在此构筑城堡,作为进一步向黑龙江中下游扩张的重要据点。

当时,斯捷潘诺夫正率领五百名哥萨克人进犯松花江,清廷命令宁古塔昂邦章京沙尔虎达率领一千四百人分乘四十七艘船只进行讨伐。就在松花江和库尔罕河间,清军同俄军展开了一场激战,击毙了侵略者头目斯捷潘诺夫及其属下共二百七十余人,其余众人向黑龙江下游逃窜。随后,清军收复雅克萨,拆除了俄军强建的堡垒。但由于清军并没有彻底击退沙俄侵略者,也没有长期的防御计划,在康熙四年的时候,另一支沙俄军队重新侵占雅克萨,沙皇还正式任命切尔尼可夫斯基为雅克萨长官。康熙十四年(1675年),沙

第四章

义武奋扬　抗拒沙俄

俄竟然将雅克萨划归尼布楚管辖，从此之后，这伙匪寇就以雅克萨为根据地，还几度深入黑龙江中下游的一些地区，抢占土地，强行殖民屯垦。

当然，除了进行一系列的武力侵略、抢占活动之外，沙俄还频频拉拢煽动少数民族的首领，策划分裂和颠覆活动，比如达斡尔族酋长根特木耳原是朝廷的四品官员，清政府将他的部族编为三个佐领，但在沙俄侵略者的诱惑拉拢下，根特木耳一伙百余人在康熙六年（1667年）叛逃到尼布楚，在这之后的几年里，不断有部族首领逃往尼布楚城一带，这就使得沙俄与清廷之间的矛盾进一步激化。

第二节　一手谋和　一手备战

面对沙俄多次野蛮残忍的侵略，由于康熙当时正着手解决国内的三藩之乱，所以对抗沙俄侵略者的方略只能是先通过外交途径来解决。沙俄方面，为了配合黑龙江上游的武装侵略活动，也装出一副和平友好的外交姿态来同清廷交往，并从中了解清廷虚实，打探内情，便于进一步从事侵略活动。

康熙八年（1669年）、九年（1670年），在清廷的命令下，索伦总管孟格德先后两次派遣其属下沙兰前往尼布楚，并带着康熙写给沙俄尼布楚总管阿尔申斯基的正式咨文，要求沙俄当局停止对中国的侵略活动，并将叛逃分子根特木耳等人引渡回中国。在咨文中，康熙还表示如果俄国有通晓中国语言者，开派其作为使臣与康熙本人面谈此事，但都是石沉大海，没有音信。

直到康熙九年（1670年）四月，阿尔申斯基派出以米格万诺夫为首的沙俄十人使团前来北京，出使清廷。阿尔申斯基根据沙皇的谕旨，在给米格万诺夫的训令里，要求清朝皇帝向沙皇称臣纳贡并且两国展开自由通商。那训

令完全是一种居高临下的傲慢态度："彼等应向伯格德汗（当时俄国对清朝皇帝的称呼）申明：诸多国家之国君或国王已率其臣民归依我大君主……沙皇陛下最高统治之下，比伯格德汗亦求得我大君主……沙皇陛下恩泽，归依我沙皇陛下之最高统治之下……永世不渝，向我大君主纳贡，并允许我大君主……沙皇陛下之臣民同彼国臣民在双方边境自由通商。"居然想把堂堂大清朝作为沙皇的附属国，米格万诺夫把这份文件交给清廷，但由于清廷当时缺乏通晓俄文的翻译员，所以未能了解上疏十分荒唐的要求与带有侮辱性的内容，仍然友好地接待了沙俄使团，并给他们送了不少礼物。

康熙在外交策略上，希望以和为贵，便礼尚往来地派索伦总管孟格德携带康熙所写的《致沙皇国书》随同米格万诺夫使团一起去尼布楚。康熙在《致沙皇国书》里明确提出，如果沙皇想要同清朝永世修好，则必须履行两个条件：其一，归还叛逃的根特木耳等人；其二，此后不再起边疆冲突，以求两国安宁友好。当时，阿尔申基斯等人都不懂满文，孟德格就把康熙的《致沙皇国书》逐字逐句翻译成蒙文，然后由阿尔申斯基当场将蒙文转译为俄文。之后，《致沙皇国书》及其译文被米格万诺夫一并转送到莫斯科沙皇那里。期间，阿尔申基斯当着孟格德的面作了这样的保证，如果沙皇准许遣返根特木耳等人，自当立即将其送回大清，并表示他会让雅克萨头目在这之后不再肆意妄为。但实际上，阿尔申斯基只不过通过这样自欺欺人的话向清廷搪塞一下，根本就没有兑现。后来，孟格德又多次去尼布楚要求俄国答复康熙在国书中所提出的两条要求，但俄方却拒不回答。

康熙十四年（1675年），俄国又派出尼古拉·斯帕法里为首的百余人的庞大使团出使大清，清廷派理藩院上疏阿穆瑚琅率众前往索伦同俄国使团相会磋商。中俄双方经过会谈后，阿穆瑚琅等认为来使之言以及沙皇奏书虽有修好之意，但还是不可相信，于是他们请尼古拉一伙暂时留在索伦，向康熙请旨定夺。议政王大臣等人鉴于俄国使团称无人通晓中国皇帝敕书，为此前来探询情形，进献贡物并向大清皇帝请安，所以可以允许他们进京觐见，康熙也对此表示同意。

第四章

义武奋扬　抗拒沙俄

康熙十五年（1676年）五月初，俄国使团尼古拉一行来到北京，向清廷递交了一份国书和一份照会，其中的内容以自由通商为中心，列举了十二项条款，诸如允许两国互市，通商开放不绝；每年将四百万两左右的银子及价值数万两的生丝、熟丝或贵重的宝石等珍贵物品运往俄国，并可以购买中国所需要的货物；指定来往方便的海河陆路通商路线；释放被俘虏的俄国人员，若不放还，准请赎回等等。对于先前康熙所致国书中关于沙俄勿扰边界、引渡逃犯根特木耳等关键问题，照会中却以俄国无人通晓国书中的内容为由，毫不提及。

尽管如此，清廷仍是以礼相待，康熙曾两次接见俄国使团，并召到御前赐茶、赐酒，并非常隆重地命令理藩院和议政王大臣逐条商议俄方提出的十二条要求。之后，再度召见沙俄使团时，康熙当众向其申明：俄国必须归还叛逃的根特木耳等人；并承诺以后不在边界横生事端，凡来大清使者必须遵守中国的礼法习俗。如果能够遵守这三条，双方可以照常遣使贸易，开界通商，不然以后不必再遣使前来。不管怎样，清廷还厚赏俄国来使及其随从，此外，还将康熙《致沙皇国书》译成拉丁文交给俄国使团，让其带回去交给沙皇；康熙还命令理藩院行文通知索伦总管，有关俄方遣使贸易只是须待尼古拉返回后，沙皇做如何打算再议，目前如有商旅，不准其与中国贸易，即行遣回。

尼古拉在北京期间，还向时任清廷工部侍郎、钦

南怀仁

天监的南怀仁打探情报。南怀仁精通汉语、满语，而且对欧洲各国的语言又比较熟练，为了帮助清廷在对俄外交上能够取得好的进展，南怀仁直接告诉尼古拉："沙皇若不引渡根特木耳等人，康熙将对俄作战，并且还准备先发制人，而且清朝边地军队、粮饷准备充分，如果沙皇不答应引渡，或是仍然纵容哥萨克人继续为非作歹，一场大战在所难免。"由此可见，尼古拉出使中国，并不是为了寻求和平与友好通商这么简单，还是为了搜集情报，刺探军情。

尼古拉回国后，沙俄侵略者依旧我行我素，不但对清廷的要求拒不答复，而且还趁三藩之乱清朝边防空虚而加紧武力侵略。沙俄以尼布楚和雅克萨为重要据点，兵分两路向东北黑龙江中下游一带侵略，得寸进尺，他们到处剽掠人口财物，烧杀劫掠、作恶多端。

沙俄简直就是把康熙与清廷为两国所做出的和平友好的努力看作软弱可欺，对于国书和照会弃之不顾，侵略的气焰越来越嚣张。康熙在同沙俄长期交涉的过程中，算是看清了沙俄侵略成性的本质，看来仅靠和平外交的手段很难解决根本问题，所以康熙对群臣说："沙俄若是不被我朝兵威所创，是不会收手的，日后扩张成瘾，那还了得，必须准备抗击。"

所以在与沙俄的交涉过程中，康熙也是根据国内国外的形势做两手准备，一是谋和，二是准备武力抗击。在召集大臣廷议此事时，康熙还愤愤然地说："沙俄屡屡侵扰我黑龙江、松花江一带已三十多年了，其所侵占的地方不少，而且都是距离我朝发祥之地很近，如果不迅速加以剪除，恐怕边疆治民不得安宁，再者若是让那帮狼子野心的贼寇入侵进来，朕都对不起列祖列宗了。"

在康熙二十一年（1682年）三藩之乱平定后，国内局势基本稳定，康熙便把议事日程转向东北。当年五月，康熙遣大理寺卿明爱、郎中额尔塞前往雅克萨侦察敌情。在临行前，康熙还特意交代："俄罗斯乃穷边外国，多卑鄙之徒，难以相信，你们到了索伦那儿，在那里选派有才干的人好好去劝说。"明爱等人遵照康熙的指令，一到索伦，就派遣佐领率二十人前往雅克萨，一

第四章

义武奋扬　抗拒沙俄

面向雅克萨城内的俄军头目传话，说他们违背互不侵犯的诺言，应当迅速撤出我国领地，当然他们又一面留心雅克萨城，他们发现城墙全部是用树木做成，宽十五丈左右，长二十丈左右，共有四层，能够在射击口放枪，城外留有四丈的余地，将一丈地钉木桩作为两层防护栏，城中守军大概有三百多名。侦察后，明爱等人就回京向康熙奏报。

康熙二十一年，康熙再次巡视盛京、吉林、乌喇等地，还向边地的守将询问了详细的边防情况。八月，康熙派遣副都统郎谈等率侍卫和护军以及宁古塔兵五百八十多人，以捕鹿为名，沿黑龙江行走，直抵雅克萨城下，勘察俄军军营分布以及水陆道路。期间，康熙还特别指示："万一俄军出战，姑且不与他们交锋，只要率众回营就行了，朕自有计策。"郎谈等人回京后，便向康熙奏称："俄军兵少，由水路逼近，攻取甚易，发兵三千即可！"康熙分析一下俄军形势，便同意这一说法。

经过自身和大臣们的几次实地考察后，康熙对黑龙江的形势与敌情，包括山川地形、敌营分布、道路远近以及周边屯田情况等等都了如指掌，等康熙详细分析敌我情势后，意识到俄军之所以在黑龙江一带能够盘踞多年，是因为他们有赖以生存的物质基础。因为俄军以尼布楚和雅克萨为基地，并在额尔古纳河口至雅克萨等地十几处都建有房屋，还有耕种土地自给自足，此外还捕貂与尼布楚人交易。反观清军，往往都是行军途中因为粮饷不够就半途而归。对于这样不利的情形，康熙提出要击退和完全制止沙俄的侵略，必须做好充分的准备，要在黑龙江一带进行屯田移民，不然自松花江、黑龙江一带的土地和民众都将成为俄国人的。在十二月，康熙做出了暂停攻取事宜，并初步确立了"永戍黑龙江"的战略部署。

康熙二十二年（1683 年），在黑龙江东岸古城的废墟上还建立黑龙江城（即后来的瑷珲城），在那里，清军不断预备炮舰船只，并逐渐增加水陆官兵三千多人，而且还准备着鸟枪、大炮，康熙还特地为红衣大炮钦定命名为"神威无敌大将军"，并在齐齐哈尔设立火器营。康熙深刻明白"兵马未动，粮草先行"的道理，便对诸王大臣说："如果储备的粮食不多，沙尔虎达和巴海众将领的出征就不会成功。"为了保证军粮供给充足,康熙下令从科尔沁十旗、锡伯、乌喇等官屯收集粮食一万两千石,可支用三年;还派马喇到索伦等处购买牛羊、粮食以供军需;令黑龙江士兵长久实行军屯。在后来的日子里,康熙多次派兵前往黑龙江一带实行军屯,并遣户部大臣一员专门督理耕种事宜。

除了屯田之外,清廷还开辟辽河,实行松花江和黑龙江的水陆联运,即从辽河的巨流河渡口溯流到等色屯,再由陆路运到伊屯门,经伊屯河入松花江,顺松花江而下至黑龙江,再溯江而上抵达黑龙江城。为了保障军粮水运的安全,康熙分遣内府营造司郎中佛保及户部侍郎宜昌阿等,从瀛台、通州用船载米试行还命盛京刑部侍郎噶尔图、宁古塔副都统瓦礼祜分别去实地勘测辽河与伊屯河的河水深浅与河水流速情况。测试结果发现两河均可行三丈之船,最后的办法是在沿河各口岸筑仓储粮,并由当地各族居民与官兵组成运输队,专门负责水陆联运。

水陆联运军粮的方案是确定了,不过也要有战船和运输船。早在康熙二十一年(1682年)十二月,康熙就命宁古塔将军巴海重修战船一百艘。次

驿站

第四章
义武奋扬　抗拒沙俄

年一月，康熙特派户部尚书伊桑阿监造，并从增援调来大批造船工匠来制造各种类型的船只。吉林是当时著名的造船地，濒临松花江，在这里大规模地伐木造船，因此这里的船厂又叫"吉林船厂"，征伐俄军所需的数百艘各类战船和运输船大都是由吉林船厂制造的。

为了沟通黑龙江前线与中央和内地的联络，康熙特派户部郎中色奇、兵部郎中能特、理藩院郎中百塞等实地勘测丈量，并在吉林到黑龙江之间设置驿站。测量的结果是吉林至瑷珲共计一千一百九十五里，应设驿站十四处。康熙当即指出，驿站关系紧要，凡丈量应该以五尺为准，又令色奇等进行反复丈量，得出的结果共计一千三百四十里，该设驿站十九处。每个驿站设有壮丁三十名，马二十匹，牛三十头，待军队北上后，在雅克萨至瑷珲和墨尔根之间增设驿站。

第三节　两次雅克萨之战

军队粮食、粮食运输以及中央与边地联系等诸多事宜都得到了良好的解决，万事俱备，就欠开战了，不然剽悍野蛮的俄国人根本就是人心不足蛇吞象。在康熙二十二年（1683年）七月，黑龙江将军萨布素率领乌喇、宁古塔兵一千人向黑龙江挺进，前锋部队到精奇里江口遇到了从雅克萨窜来的六十六名沙俄侵略者，萨布素令清军迅速将其包围，并随即派两名军官到俄军船上劝降，走投无路的俄军明知抵抗也是死便只得缴械投降。

清军开始主动进剿沙俄侵略者的军事行动，激起了黑龙江地区各族人民的斗志，他们纷纷组织起来抗击并驱逐沙俄侵略者。后来，俄军从鄂霍茨克海赶来增援，清军将领率兵三百人携红衣大炮四具，以飞牙喀人当向

导,与俄军在恒滚河口展开了激战,大败俄军,最后来不及逃跑的二十一名俄军投降。

慑于清军的兵威以及东北各族民众的同仇敌忾,盘踞在黑龙江中下游的俄军陆续撤离据点或缴械投降,从而使得雅克萨外围据点以及黑龙江中下游的一些堡垒全被撤除,也就是说俄军的老巢雅克萨已经成为一座孤城。

康熙二十三年(1684年)五月,副都统马喇与萨布素建议,割取俄方屯田里的庄稼禾苗,使得俄军往后的粮食没有着落,然后率领轻骑兵去剿灭就更容易。康熙对他们的建议表示赞同,便命令萨布素等统兵由陆路或水路向雅克萨挺进,将俄军所种禾苗全部踏毁,但在后来,萨布素认为糟蹋禾苗只会徒劳兵马,没有遵照康熙的指令。对此,康熙十分恼怒,严厉指责萨布素坐失良机,没有遵照皇帝旨意行事,让议政王大臣议罪惩处。可见,在康熙认为是非常关键性的问题上,他是不容许臣下有意违背意旨的。

康熙在准备进剿沙俄侵略者时,仍然不是全凭武力来解决争端,他还是没有放弃和平的解决方式,他下令要善待投降或被俘的俄方人员,不准杀戮一人,还让好好对待。同时,康熙还向俄方反复申述和平解决争端的方针,他还让理藩院按照谕旨致雅克萨头目,向俄方提出严重警告,说:"今雅克萨、尼布楚等处,若能改正前过,将根特木耳等叛逃人员速速遣送回来,则两地可以相安无事,如果执迷不悟,继续侵犯我边疆,到时就奉天讨伐,难免诛杀。"

但是俄方仍无反应,在康熙二十四年(1685年)三月,康熙再次敦促俄军撤出雅克萨,又致国书给沙皇,并由投降的俄军六人送往莫斯科。国书的大意仍然是两国修好,互不侵犯,如果俄国能够答应先前提出的几项条件,可以停止彼处进军,但俄军必须撤出中国国境之内。对于清廷屡屡发出的严重警告,沙俄依然是置若罔闻,这就逼得清廷不得不派兵进剿。

当年四月,等不到俄方合理的回复,康熙便命都统彭春、前都统郎谈,以及班达尔莎、萨布素等率领满、汉、蒙、达斡尔各族组成的三千大军,从瑷珲出发,分水陆两路进取雅克萨。在此期间,雷雨大作,江水泛滥,狂风

第四章

义武奋扬　抗拒沙俄

吹得船都不能行驶，一连三天都不能行军。但就在这不好的天气之后，忽然有数万头鹿从山上疾奔下来，霎时清军中欢声雷动，骑兵驰射，步兵围击，群鹿慌作一团，纷纷堕入河里。水军驾船只到江中，截获共计有五千多只鹿。清军大多以为是天公作美，让缺乏肉食的他们遇到这等美事，官兵知道有鹿肉吃，一个个心花怒放，士气大振。

六月初，清军抵达雅克萨，而且还在雅克萨对面的小岛上设立了前线指挥所。二十三日，清军兵临城下，当即又向俄方发出满、蒙、俄三种文字书写的两份文件，一份是康熙致沙皇的国书，另一份是彭春给雅克萨头目的咨文，将俄方俘虏送还给雅克萨守将托尔布津，敦促俄军迅速撤走，遣返叛徒。

当清军正在前方与俄方交涉时，康熙为了把事情处理得更为完美一些，还特意派遣亲随侍卫关保前往军前，谕令诸将说："兵，凶器；战，危事，古人不得已而用之。朕以仁治天下，素不嗜杀，尔其严谕将士，毋违朕旨，以我兵强马壮，器械坚利，罗刹（俄罗斯）势不能敌，必献地归城，尔时勿杀一人，俾还故土，宣朕柔远之意。"

大战在即，康熙对沙俄还心怀柔远之意，真可谓仁至义尽，但是清军越表示得和平友好，俄军就越是趾高气扬，依仗着堡垒，硬是不肯退出中国国境，而且还出言不逊，施放枪炮来耀武扬威。清军被激怒，只得水陆两军列阵围困雅克萨。二十五日清晨，一支俄军从上游乘筏赶来增援，清军统帅令林兴珠率领藤牌兵立即拦截。藤牌兵个个脱掉外衣，跳入水中，头上顶着藤牌，手里握着明晃晃的大刀，飞速向敌船奋进。俄军见到清军藤牌兵这种阵势，惊慌失措。而清军藤牌兵在水中，俄军的火气一时不能发威，所以藤牌兵潜到俄军附近，用大刀将敌军的脚砍断，敌军防不胜防，纷纷掉入江中，死伤大半。幸存的俄军乘舟仓皇逃窜，清军藤牌兵却无一伤亡。

清军成功阻击俄军水路增援后，郎谈同关保、班达尔沙等分别遣副都统雅钦、营门校尉胡布诺等从城南进兵，在那里设置挡箭牌、土垒，射放弓弩，摆开准备进攻的态势，用来牵制敌人兵力；副都统温岱、护军参领博里秋、营门校尉乌沙、绿旗左都督何祐等从东西两翼设神威将军炮发起猛烈夹攻；

副都统雅齐纳、镇守达斡尔提督白克率领水师于城东南密布战船，封锁江面，防止敌人增援或是逃跑。

策划好战略部署，各路清军互相配合，火力密集，炮弹如雨，城内霎时火光冲天，浓烟滚滚。俄军伤亡惨重，惊恐万状，以至于俄方神甫摩尔金手捧十字架祈求上帝。清军看不到俄军有丝毫投降的意思，便在城墙下三面堆积干柴，准备焚毁城堡。雅克萨头目托尔布津眼见继续负隅顽抗下去，会有被全歼的危险，便不得不向清军乞降，而且还向清军统帅立下绝不再来雅克萨的誓言。都统彭春、黑龙江将军萨布素遵照康熙"勿杀一人，俾还故土"的宽大政策，将俄军妇女及幼童六百余人并其物品全部释放，其中也有巴什利等四十五人恳求留在中国。先前被俄军掠获拘留在雅克萨做人质的索伦、达斡尔等族一百六十多人一概迁回原地。第一次雅克萨战争，以俄军大败，被侵占长达二十年之久的雅克萨被清军收复而告终。

收复雅克萨的消息，由理藩院上疏阿喇尼奏报到正在古北口巡视的康熙那里。康熙听到清军攻城得胜的消息，抑制不住激动的心情，满怀喜悦地对身边臣工说："征剿罗刹（俄罗斯），众皆以路远为难，朕独断兴师讨伐，今上天眷念，终于攻克雅克萨城，朕真心喜悦啊！"不久，彭春等人捷报被送到，康熙看完后就令兵部对于出征的人员都从优安置，最后兵部议定彭春头等功，康熙还特意批示彭春速战速决，将二十几年都不能剿除的贼寇平定，尤属可嘉。兵部原来还认为彭春的头等功还是较轻的，便著其为头等第一军功；将军萨布素著有功勋，超越众人，也应该撤销他先前逗留不进之罪，并对其功予以奖赏。其余众将领也都因功受赏，但在这诸将建功受赏之际，康熙还特意指出："雅克萨虽然被攻取，但防御工作决不能疏忽大意。"

可惜的是，清军还没来得及遵照康熙的旨意，就已经将雅克萨城给焚毁，并没有继续在雅克萨设立驻防，连先前康熙关于在雅克萨设立防护墙的指示以及割取附近禾苗等都没遵行，带着全部士兵就撤回瑷珲等地。放弃边疆重镇，显然是犯了重大的错误，毫无疑问给沙俄以可乘之机，也给后来再次攻

第四章
义武奋扬 抗拒沙俄

取雅克萨制造了不少麻烦。

雅克萨俄军头目托尔布津率领残兵败将回到尼布楚，刚巧遇到了拜顿为首的援军，这就像给托尔布津打了一针强心剂一样。后来尼布楚督军派人侦察因清军攻伐而撤离的雅克萨城，见清军全部撤离，便命令托尔布津率领五百士兵再次占领雅克萨，并且收割了田间的庄稼。托布尔津决定在废墟上重建新的雅克萨城堡，一连整个冬季都在构筑要塞，而且这一工程的构筑是在接受过训练、经验丰富的德国军事技师拜顿的监造下进行的，比原先的城堡具有更强的防御能力。城堡内还修建了粮库、火药库和军需仓库，储备了大量的军需物资，看来俄军做好了长期固守此城的打算。

康熙二十五年（1686年），萨布素派骁骑校尉硕格色率军前去雅克萨打探俄军的动向，在途中，硕格色就从路人那里得知俄军重新占领雅克萨，并且筑城盘踞，准备长期固守该城。硕格色把这一消息迅速飞报给萨布素。萨布素又立刻上报朝廷，并奏请于该年冰雪融化时，督造船舰，亲率官兵，准备再度进剿。康熙对于这一消息刚开始还以为是传言，便要求萨布素和理藩院郎中再去侦察，后来还是在一名俄军俘虏那里得知先前打探的情况属实。

对于俄军重新迅速占领雅克萨城，康熙以及朝中大臣都感到意外，但康熙还是能够立刻下谕令，谕令说："现今罗刹再度在雅克萨盘踞，若不速行扑剿，势必积粮坚守，图之不易。特令将军萨布素等姑且停止迁移家口，如前所请，速修船舰，统领乌喇、宁古塔率兵驰赴黑龙江城。次日，清军统帅酌情留盛京兵镇守，只率所部两千人，攻取雅克萨城，并量选候补官兵及现在八旗汉军含藤牌兵四百，令建义侯林兴珠率领前往。"除了下达这个命令之外，康熙又令副都统郎谈、班达尔沙和马喇等参赞军务，副都统博鼎从筑城和屯田官兵中挑选二百人，驻扎墨尔根听候调遣。

军事部署完成，萨布素、郎谈等就立即率领两千余名清军从瑷珲出发，水陆两军并发，在七月十八日就进抵雅克萨城下，萨布素再次秉承康熙先礼后兵的习惯，致书给托尔布津，警告俄军速回本土，否则必须用武力消灭。托尔布津仰仗着充足的火炮军械和粮饷弹药，以及坚固的城防工事；看着只有少量大炮而且主要用刀矛弓箭作战的清军,俄军简直就是一副有种放马过来的态势,不但对清军义正词严的警告置若罔闻,而且还频频主动出击,不让清军的炮位和攻城器械靠近雅克萨,也就是说强力控制住清军的炮火,根本就不给清军大规模攻城的机会。

寒冬即将到来,康熙对雅克萨方面的战事时刻关心着,他让萨布素做好周密的准备,尤其是做好冰冻时期的防务。康熙指出俄军仗着优势炮火死守雅克萨,肯定为等待援兵的到来,所以希望清军能够在结冰前撤回。康熙规定,对于目前清军虽有壕沟作为防御,但到隆冬结冰时,船舰怎么收藏?马匹的草料是否足够?敌兵来援该怎么抵抗?怎样阻击敌方援军等等问题都得做周密的筹划,并迅速上报。

萨布素根据康熙的旨意,根据敌我形势,决定避开攻坚,不作强攻的打算,并周密部署了长期围困敌军的军事设施,来扼死俄军。萨布素还令士兵在雅克萨城的三面掘壕筑垒,在壕沟外设置木桩、鹿角,分汛防御;并在城西对面的古城岛上筑起指挥所和过冬的营塞,当然,他们的秘密武器——红衣大炮都是对准雅克萨的,清军炮火完全能封锁江面,一有情况就可立即开火。在雅克萨旁的江边,东西两岸都有水师驻扎,严防敌军从江上逃跑或敌人援军从江上赶来。在离城六七里的上游港湾内,还潜伏着

萨布素

第四章

义武奋扬 抗拒沙俄

清军的战船，以堵击敌方的援军。萨布素将他的作战部署上报给康熙时，被一一肯定。康熙还是不改一如既往的细心，他指令军中马匹有羸弱的，一半发往黑龙江，让那里的官兵喂养，一半发往默尔根交给索伦总管洪吉等饲养，而且还调令副都统博鼎率领精选的二百官兵携带两个月的军粮赴萨布素军前，参赞军务。

在清兵的重重包围下，俄军被困在雅克萨城中，不敢越雷池半步。俄军虽然屡有突围，但都被清军击退，连其头目托尔布津都在一次突围中被击毙，后来还是拜顿接替指挥。时间一久，被困守在孤城的俄军水源断绝，粮草奇缺，在饥寒交迫中，城内开始流行坏血病，大部分俄军战死、病死。原来八百多名俄军只剩一百多人，已完全失去继续抵抗的能力。而清军又在雅克萨城北、城南二处都高筑炮台，随时准备攻打，雅克萨城可以说是指日可下。

就在这紧要关头，蒙古诸部尤其是准噶尔部酋长噶尔丹野心膨胀，且与沙俄勾结起来，对清朝北部边疆构成了严重威胁，同时南方局势又不稳定，所以，康熙才小心翼翼地多次想与俄方谋和。后来，有荷兰贡使来京，康熙便修国书一封让其带到莫斯科去给沙皇。

沙俄政府鉴于雅克萨俄军已经到了绝境，想要继续使用武力侵占黑龙江地区的图谋就不能得逞，所以到现在，为了摆脱雅克萨俄军覆灭的命运，以及避免丧失多年来在黑龙江一带所侵占的地盘，不得不接受清廷一再提出的议和。康熙二十五年（1686年）九月，沙皇派出信使魏牛高等人持国书迅速来到北京，并且还通知清廷，说沙俄政府已经指派戈洛文为大使前来与大清举行边界勘定和谈，还请求清军撤出雅克萨之围。

康熙接受了俄方的请求，随即派人到前线向萨布素宣旨："撤回雅克萨之兵，让城内的军民能够自由出入，但不许胡作非为，告知其两国正在和谈。"此外，康熙还致书沙皇，说："朕一面派人传令停止围困雅克萨，一面等候贵国来使前来议定边界，停止争战，共修和好。"

康熙二十六年（1687年）正月，清廷派医生前往前线给官兵治病时，又令人传谕，说城中患有疾病的雅克萨军民也可就医。同年五月，康熙还令完

全撤出对雅克萨的一切军事封锁，以此来表明大清和谈的诚意。七月，俄国所派出的代表团抵达大清国境内，康熙就命萨布素撤军到瑷珲、嫩江一带，并将撤军一事通告给雅克萨军。就这样，历时两年的雅克萨之战终于结束，清廷与沙俄开始在谈判桌上来解决领土纷争。

第四节　勘定中俄边界

康熙二十六年（1687年）十一月初，康熙谕令诸王大臣商议与沙俄谈判一事。康熙说："据闻俄罗斯大使早已到达色楞格（今蒙古国中北部）地方，为何至今迟迟不来和谈？先前俄罗斯使臣尼基弗尔、文纽科夫等都写信声称说不久就可到达，现如今怎么还没有来？两国和睦相处，勘定边界，事关重大，俄罗斯使臣应该速来议定。当然，我们现在也应写俄罗斯文书、拉丁文书，经喀尔喀地方发往色楞格，命其收见该文书后急速前来，若因事故延误不得前来，也应该详明奏复。"理藩院见康熙如此细心地关注，便也很快就遵照其旨意，立即给沙俄大使戈洛文致以咨文，敦促其迅速前来议定边界事宜。

在清廷几次三番的敦促下，以戈洛文为首的俄国使团到达色楞格后，就派遣科罗文等人在当年十一月底从色楞格出发，于次年三月抵达北京。科罗文到达北京后，就向清廷提出中俄和谈代表在色楞格议定边界事宜，得到康熙的同意。

等了将近一年时间，清廷将和谈的内容以及边界的勘测丈量等事宜处理完备后，在康熙二十七年（1688年）三月，清廷组成以领侍卫内大臣索额图、都统国舅佟国纲、尚书阿喇尼、左都御史马齐、护军统领马喇、兵部督捕理事官张鹏翮等人为和谈代表团，并八百护卫前往色楞格去与俄方使团和谈。

第四章
义武奋扬　抗拒沙俄

在中国使团临行前，康熙面谕索额图等人，说："罗刹侵我边境，交战黑龙江、松花、呼玛尔诸江，据我属尼布楚、雅克萨地方，收纳我逃人根特木耳，及我兵筑城黑龙江，两次进剿雅克萨，围攻其城，此从事罗刹之原委也。其黑龙江之地，最为扼要，环江左右，均系我属鄂伦春、奇勒尔、毕喇尔等人民及赫哲、飞牙喀所居之地，若不尽取之，边民终不获安。朕以为尼布楚、雅克萨、黑龙江上下，及通此江之一河一溪，皆我所属之地，不可少弃之俄罗斯。我之逃人根特木耳等三佐领及续逃一二人，悉应向彼索还。如俄罗斯遵谕而行，即归彼逃人，及我大兵所俘获招抚者，与之划定疆界，准其通使贸易，否则尔等即还，不变更与彼议和矣！"康熙向中国使团再次讲明大清和谈条件及底线，并以此作为和谈的中心内容。

同年五月，以索额图为首的和谈代表团背负着和谈的使命以及康熙的托付，从北京出发，前往色楞格，到七月下旬，到达克鲁伦河。可是当时，正当厄鲁特蒙古准噶尔部噶尔丹打败喀尔喀蒙古土谢图汗后，横行在喀尔喀境内，索额图等人的北上道路被堵塞，不得已才返回北京。康熙指派参领索罗希等前往色楞格，向沙俄使团戈洛文说明中途受阻情由，建议俄方派出代表到北京，再行商讨谈判时间和地点。

康熙二十八年（1689年）四月，戈洛文派出洛基诺夫来北京，经中俄双方议定，和谈定于当年八月在尼布楚举行。正在当时，国内和国际形势都发生了不利于清廷的严重变化，噶尔丹占领了喀尔喀全境后，正在同沙俄勾结，企图继续南侵大清国土。为了尽早平定噶尔丹叛乱，粉碎噶尔丹同沙俄勾结侵华的阴谋，康熙经过慎重思考后，决定从领土上做出重大让步，以使得中俄和谈能够尽早达成协议，所以康熙改变了原来的分界意向，说是如果不能以尼布楚为界，可以以额尔古纳河为界。

沙俄方面更是狼子野心，步步进逼，他们居然想以黑龙江为界，以攫取黑龙江以北的辽阔的渔猎之地，而且沙皇在给俄方使团的指示中明确提出："如果中国人坚持原有主张，毫不让步，不愿意根据上述条件（以黑龙江为界）来缔结条约，大使必须遵诏沙皇陛下的命令和西伯利亚部的军事训令采

取行动。"看来,沙俄对于黑龙江以北的大块领土觊觎已久,甚至不惜再度发起军事行动。

但是在当时,沙俄政府也发生了一次重大的事件,远征克里米亚失败后,在国内遭到贵族和商人的普遍不满,迫切希望与中国议和,所以沙俄也不得不改变先前的和谈方针。沙俄政府起草一道给大使戈洛文的上谕,谕令指示戈洛文必须撤除雅克萨地方的设防要塞,并撤退其居民,无论是沙俄还是中国,双方都不应该驻扎军队,并应该拆毁现有的防御工事,切勿引起战争或发生流血事件;如果不能达到此项目的,应向中国政府要求在更合适的时机,再图取得协议,而俄国政府在必要时将决定退出达斡尔地方。

中国主要是因为内忧在即,不得不表示退让;沙俄是经历外患不久,迫于形势不得不收敛,可是中俄双方在接下来的谈判中仍是相当激烈:

当年六月,中国谈判代表团分两路奔赴尼布楚:一路是索额图、佟国纲一行,从北京动身,出古北口向北行,由陆路前往尼布楚;一路是郎谈、班达尔沙、萨布素率领的水师一千五百人,分乘一百只船舰,从瑷珲启程,溯江直达雅克萨,再中转尼布楚。在七月底,中国谈判代表团都抵达谈判地点尼布楚,但俄方戈洛文一行还迟迟未到。索额图多次遣人去催请俄方使团,还多次致书给戈洛文,但就是被其搪塞其词,连到达的大致时间都未说明。戈洛文终于发了一封信给索额图,说是要求清军水师暂时移驻下游,好促进谈判的顺利进行。后来,索额图同意戈洛文的意见,将兵船移到下游。

八月十九日,中俄双方商议会谈的有关事项,决定在八月二十二日正式举行两国和谈,地点就选在尼布楚城与河岸之间,在城外盖搭帐篷作为主会场,会议双方都得遵循在每一件事上平等,任何一方都不凌驾于对方之上的原则。关于双方和谈的警卫,两国使团各自允许带三百名卫士赴会,除了刀剑斧钺外,不得携带任何火器,在会场外,双方各置五百名卫队,而且中国卫队列于河岸,俄国卫队列于城下,双方卫队所在地点与会场的距离相等。总的来说,这场两国正式的会谈要在一切可能的方面充分体现出平等

第四章
义武奋扬　抗拒沙俄

的精神来。

八月二十二日，中俄谈判代表团第一次会议开始。其中，中方代表有索额图、佟国纲、马喇、萨布素、郎谈、班达尔沙和温达，另外还有两位传教士张诚和徐日昇为翻译员；俄方代表是戈洛文、弗拉索夫和科尔尼茨基等人。会议刚一开始，戈洛文就抢先发言，说是两次雅克萨战争是中方挑起，把战争的起因归罪于中国，还说是中国士兵侵犯沙皇陛下国界，沙皇本来是派来大量精兵携带武器弹药前来征讨敌人，得到中国皇帝要求和谈的信件后才下令停止战争的。

翻译把戈洛文的俄语翻译过来后，中方代表听得义愤填膺，纷纷气得脸红脖子粗的，还一个劲指责俄方代表，骂他们在光天化日之下竟敢说出这么不要脸的假话来，但索额图要求大家先平静下来，然后一个人挺身而出，对于戈洛文颠倒是非的一派胡言乱语当众予以一一驳斥。他把沙俄近几十年是怎样偷袭侵略中国黑龙江地区，怎样迫使当地居民迁往嫩江，怎样对手无寸铁的中国百姓烧杀淫掠一一指出；还说明大清皇帝屡次行文宣谕却得不到俄方的回音，这才派兵收复雅克萨，但得胜之后未杀城内一个俄国人，还予以医治，送给盘缠让其回去；本来清军弃置雅克萨，可是后来又被俄军占为据点，再次侵扰大清居民，这才使得清军再度围困雅克萨城，最后才有这次的和谈。在铁一般的事实面前，戈洛文被驳斥得无言以对。

不谈战争罪因后，戈洛文又在和谈的内容上又打起了主意，硬说尼布楚、雅克萨本来是俄国人去开拓居住之地，还一口咬定黑龙江流域自古以来就为沙皇陛下所领有。所以，戈洛文要求以黑龙江至日本海为两国国界线，妄图在谈判桌上攫取他们企图用战争方式来夺得的黑龙江以北的广大领土。这蛮横无理的要求，理所当然会被中方代表所拒绝，索额图就继续据理力争，说："嫩河、尼布楚皆是我茂明安等部原来居住之地，雅克萨为我虞人阿尔巴西等居住之地，又是我大清达斡尔总管倍勒尔故里。"说完这些，索额图又申明，"为了维护大清国领土完整，为了边界民众不被侵扰，清廷不得已才两次派兵围攻雅克萨，我圣主之所以不攻克尼布楚，不是不能，只是不忍当地民

众死于战乱,也希望你等醒悟。我大清圣主以仁义恩泽相待,如果你们国家企图强占,势必再会引起更大的战乱纷争,到时候我大清绝不会心慈手软。"索额图要求俄方退到色楞格河以西,并将尼布楚和雅克萨一带的地方归还大清,但被俄方无理拒绝。中俄双方第一次正式谈判无果而终。

次日,中俄双方代表举行第二次会议,继续磋商中俄边界的问题。又是一轮舌枪唇剑开始了,戈洛文仍然坚持以黑龙江为国界线,但被中方代表拒绝。戈洛文见己方第一个谈判方案不能实现,便抛出第二个谈判方案,提出以牛满河或精奇里江为界,还是企图把黑龙江以北的大部领土划归俄方,中方当然不能同意。但索额图误认为俄方已经让步,自己又急欲同俄方签订和谈协议,所以把康熙指令的最后分界线以尼布楚和因果达河为界,即在石勒格河北岸以尼布楚为界,石勒格河南岸以因果达河为界的谈判方案讲了出来。

根据索额图提出的最后方案,就得将贝加尔湖以东至尼布楚一带原属中国的大片领土让给俄国。尽管中国使团做出了如此重大的让步,但得陇望蜀的戈洛文仍然想继续耍阴谋,力求尽可能多地占领中国领土,拒绝了中方代表的划界方案。戈洛文毫无诚意的谈判作风以及贪得无厌的要求,引起了中国代表的激愤,索额图针锋相对地声明:"除尼布楚外,再无别的边界方案可以接受。"会议中断,第二次谈判再次陷入僵局。

二十四日,尼布楚俄军还进一步加强战备,在城周增派了三百名炮兵,索额图也毫不示弱,派兵准备包围尼布楚。虽然剑拔弩张,但中俄双方使团还是希望能够在本国既定方针下达成一致的和议。所以在八月二十四至九月初六,中俄双方通过各自的翻译员又展开了激烈紧张的谈判,但还是没谈成。

中方代表团本着和平解决中俄双方国境边界争端的问题,继续做出了让步。索额图提出:一、协定喀尔喀事宜,以明确界地,即划分中国喀尔喀蒙古地区和俄国西伯利亚接壤地区的中俄中段边界问题。二、将黑龙江上游北岸的分界线划在离尼布楚以东的五六百里流入石勒格河的格尔必齐河;将黑

第四章
义武奋扬　抗拒沙俄

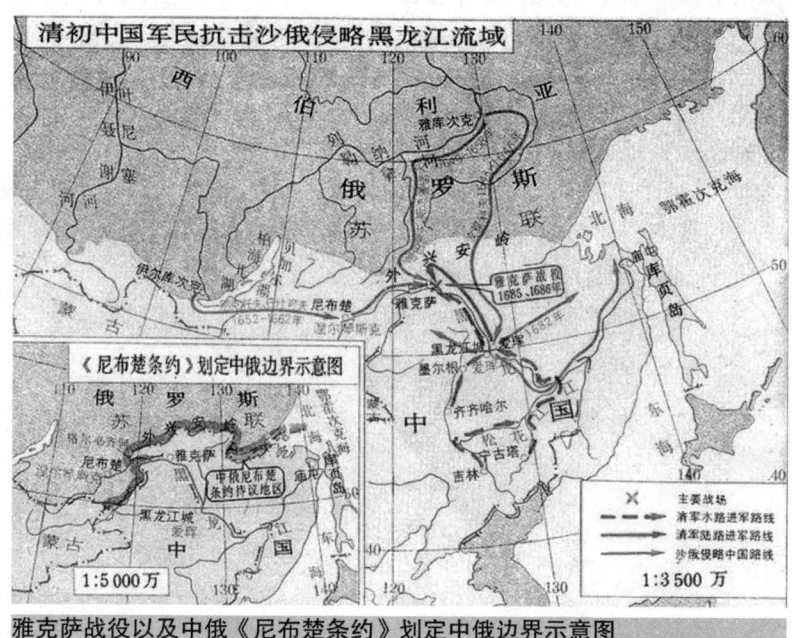

雅克萨战役以及中俄《尼布楚条约》划定中俄边界示意图

龙江上游南岸的分界线离尼布楚九百里的额尔古纳河。可是在中俄中段边界线上，俄国本来就准备与噶尔丹部勾结，而且他们仍然坚持占据雅克萨，所以这两个条件并没有达成一致。

几经交涉，俄方固执己见，但索额图等人坚持康熙提出来的底线，军事上又做了充分的准备，还一再让步，所以俄方理屈词穷，权衡利弊之下，戈洛文决定撤出雅克萨。之后，中俄双方经过反复磋商，在九月七日，终于正式签订了《中俄尼布楚条约》，条约共有六项内容，除了划定以黑龙江之流淖尔纳河为国界线外，还规定撤除雅克萨所建军事防御措施，在城内的俄国人全部撤走；两国猎人不得擅自越过边界；此约之前的恩怨纷争一笔勾销；自和约签订后，两国居民持有护照者得以过往边界，允许互市贸易；两国睦邻友好，严守约章，永不再起争端。另外，《尼布楚条约》还规定，将此约以华文、俄文、拉丁诸文刻在石碑上，置于两国边界，以作永久界碑。

康熙等人在抗击沙俄、保卫与巩固东北边疆事业上的功绩，不但博得了

当时民众的称颂,而且还受到后世人的好评。日本人西本白川以旁观者的立场评论,说《尼布楚条约》是康熙朝独立自治外交的伟大胜利,而且条约的内容一直延续到一百七十多年后中俄《瑷珲条约》的签订。而且,国内外学者经过研究证明,该条约完全符合世界公认的国际法规原则。

第五章
御驾亲征 平定漠北

第一节　噶尔丹四处作乱

在清军入关之初,曾经建立元朝的蒙古族分为漠南蒙古、漠北蒙古和漠西蒙古。其中漠南蒙古称之为内蒙古,清朝在皇太极期间就将其统一,蒙古八旗骑兵在清兵入关统一中原的过程中立下赫赫战功,清朝皇室就一直与漠南蒙古贵族联姻,满洲与其关系一直都非常融洽;漠北喀尔喀蒙古称之为外蒙古,他们与清朝王朝也一直保持着密切的关系;漠西蒙古称之为厄鲁特蒙古,分为准噶尔部、和硕特部、杜尔伯特部和土尔扈特部四部。

康熙即位前后,游牧于大清版图西北地区巴尔喀什湖以东、以南地区的准噶尔部日益强大。在康熙九年(1670年),准噶尔部发生激烈的内讧,部落首领僧格被杀,僧格的同母弟噶尔丹本来在西藏当喇嘛,闻讯后立即赶回,声称是奉达赖喇嘛之命,为其兄报仇。噶尔丹驱走僧格的敌人车臣台吉,杀掉僧格的儿子索诺木阿拉布坦,囚禁自己的叔父楚虎尔乌巴什,夺取准噶尔部的领导权。

康熙十六年(1677年),噶尔丹出兵攻灭已经移居青海的和硕特部,竟然把和硕特部的部长也就是自己的岳祖父给杀害,还自称博硕克图汗,威胁和硕特部的部众听任其命令。康熙十七年(1678年),噶尔丹乘回部伊斯兰教内部教派之争,攻取天山南麓叶尔羌等回部各城,西侵哈萨克、布鲁特等地。噶尔丹还侵占哈密和吐鲁番,控制河西走廊西段,并不断干涉漠北喀尔喀蒙古的事务,这样就严重危害着清朝的统一和北方边疆的安宁。

对于噶尔丹内部事务,康熙起初是不加干涉的,而且还批准噶尔丹向僧

第五章

御驾亲征 平定漠北

格一样为其部首领，照常遣使进贡。但是，康熙非常反感噶尔丹对其他蒙古或是回族部落进行吞并或是攻略，主张各部之间应该和睦相处，以避免兵戎相见，如果矛盾发生，当上报朝廷，由朝廷来评判是非，以免生灵涂炭。噶尔丹攻灭和硕特部后，就向朝廷进贡缴获的弓矢，被康熙拒绝接收，还说"进献此类物品，让朕于心不忍"，以表示对噶尔丹武力吞并其他部落的不满。

准噶尔部历代都是向清廷进贡，所遣进贡的使者有限，可是噶尔丹的贡使却越来越多，有时候千余人，有时候数千人，还沿途抢掠平民百姓的财物、践踏庄稼，恣意妄为，非常野蛮嚣张，所以在康熙二十二年（1683年）九月十五日敕谕噶尔丹，规定噶尔丹以后派遣的贡使只能限制在二百人以内，只能在归化城和张家口等处贸易。当然，对于贡使沿途的胡作非为，都必须按照本朝律例判刑，以限制噶尔丹及其部众的自我膨胀。

西北受噶尔丹压迫已久的各部落都纷纷不满噶尔丹，要求朝廷能够为他们做主。康熙虽然十分不满噶尔丹及其属下为非作歹，但还是一再通知噶尔丹，说其部众如果仍然烧杀抢掠，严格按律治罪。可噶尔丹就是不知收敛，仍然乘机扩大自己的势力，一如既往地纵容其部下烧杀抢掠。

在维护多民族国家统一和稳定边疆局势方面，康熙仍然一贯坚持亲善的和睦政策，在处理清朝与蒙古，或是蒙古各部之间的矛盾纷争时，康熙都竭力用和解的方式来解决争端。尽管噶尔丹肆意掠夺蒙古各部，残杀部落首领，引起边疆地区的动荡，不断震惊朝野，而且还引起了康熙的高度重视以及警惕戒备的心理，但康熙仍然以极大的耐心来劝谕、优抚噶尔丹，尽可能避免噶尔丹及其部众与清廷矛盾的激化。

噶尔丹一面扩张自己的势

噶尔丹

力,一面表示臣服清廷。噶尔丹在攻杀鄂齐尔图汗后,向清廷遣使进贡。当时,康熙就对大学士索额图说:"鄂齐尔图与噶尔丹向来都是一起派遣贡使朝贡的,现在就只剩噶尔丹及其部众,看来噶尔丹这人野心不小,以后得多加防范,但现在还是以招抚为好。"

康熙十八年(1679年),达赖喇嘛授予噶尔丹"博硕克图汗"字号,噶尔丹因此遣使到北京,并携带锁子甲、鸟枪、良马、骆驼和貂皮来进贡。清廷予以批准,允许噶尔丹的贡使进贡,并加赏赐,授以敕印。尽管清廷从来没有出现擅自称汗号者准其纳贡的先例,但康熙从稳定边疆的大局出发,考虑到噶尔丹的特殊性,便一反常规,收纳其贡使的贡品,算是承认了噶尔丹"博硕克图汗"的名号和地位。在三藩之乱被平定后,康熙还派内大臣奇塔特等到噶尔丹处对其大加赏赐。为了礼尚往来,噶尔丹又遣使者四人随同内大臣奇塔特等向清廷进贡良马、骆驼、貂皮、沙狐皮、黄狐皮、活雕、牛皮等等以示感谢康熙圣恩。

尽管在面子上,噶尔丹也维护清廷尊严,但实际上他和他的部众仍然到处耀武扬威、我行我素。康熙二十四年(1685年)九月,噶尔丹属下沙里巴图尔台吉的贡使伊特木根在北馆中打死清朝正白旗西图佐领下的商人,康熙立即命令将伊特木根依法处斩,同时将此事传谕厄鲁特,而且还严厉警告噶尔丹要谨遵成法,一定要严格要求属下遵行法律,不能再肆意妄行。

康熙也十分关怀深受噶尔丹暴掠之苦的厄鲁特各部。西套厄鲁特各部既然溃退,部众纷纷离散,鄂齐尔图的侄儿巴图尔额尔克济农以及和罗理率其部族避居大草滩,后来又迁到额济内河,其孙子则由达赖喇嘛规定在阿拉克山一带率众游牧,鄂齐尔图汗的其他子侄更是居无定所,大多逃窜到塞内,还进行了抢劫活动。理藩院当时将他们治以重罪,但康熙却表现得十分宽容,在他看来,逃溃的部众也是不得已而为之,是值得同情和理解的。

康熙二十五年(1686年)正月,和罗理受邀到京城受赏,清廷还专门按照大台吉礼的高规格来接待,康熙还赐给他御服貂裘,亲切地对和罗理说:"你的祖父顾实汗和你的叔父鄂齐尔图分别在太祖高皇帝与世祖章皇帝时,每

第五章

御驾亲征　平定漠北

年遣使请安，向来都是很恭谨，如今你们被噶尔丹部击败，为了使你们能够继续发展繁衍下去，所以让罗卜藏阿喇布坦与你们聚居在一起，你们务必善自安业，和睦相处。"为了让和罗理及其部族能够与其他部众和睦相处，清廷还议定了一些法规，如蒙古族杀死边民论死罪，偷盗牲畜和抢夺食物的罚处抽鞭子，擅自进入他人牧区的酌情予以惩罚。其实，这些法规在很大程度上都是为了保护厄鲁特部。

康熙给予深受噶尔丹欺压的厄鲁特部在道义上、物质上乃至法规制定上都有很大支持，在后来，康熙又同样以这样的方式来妥善处理被噶尔丹击溃的喀尔喀蒙古，这对稳定边疆秩序，抑制少数民族分裂都起了很大作用。但是，噶尔丹在确立了对厄鲁特部的统治后，也控制了回疆广大地区，他的领土扩张野心也随之膨胀起来。噶尔丹似乎还做着蒙古先祖成吉思汗或忽必烈似的梦，他蓄意谋取喀尔喀部，再无止境地扩张、扩张再扩张，于是他率部从伊犁向东迁到阿尔泰山，驱使杜尔伯特部众，抢占他们的屯田，收割当地的粮食，作为本部的粮饷。

早在噶尔丹进攻西套和硕特部鄂齐尔图汗时，喀尔喀土谢图汗察珲多尔济曾出兵援助鄂齐尔图汗，在这之后，土谢图汗就把女儿嫁给鄂齐尔图汗的孙子罗卜藏阿喇布坦，因此与噶尔丹结下深仇大恨。噶尔丹早就想要向土谢图汗兴师问罪，但当时他们二部联合起来，互为犄角，使得噶尔丹不敢贸然发动战争。后来二部发生内讧，而噶尔丹又从中兴风作浪，在一系列的纷争中，噶尔丹的弟弟多尔济扎布被杀，噶尔丹就以此为借口，向漠北的喀尔喀部大举进攻。

康熙二十七年（1688年），噶尔丹率兵三万越过杭爱山，在特穆尔击败土谢图汗察珲多尔济之子噶尔旦台吉，据史记载噶尔旦台吉仅以身免，其败状可见一斑。紧接着，噶尔丹乘胜追击，派遣其弟罕都阿拉布坦进兵额尔德泥沼，打败哲布尊丹巴呼图克图（外蒙古藏传佛教最大的活佛世系）。噶尔丹亲自率众越过图拉河畔，继续向东挺进，攻略克鲁伦河的车臣汗牧地，随后班师回到图拉河畔。

土谢图汗察珲多尔济不甘心失败,率领喀尔喀三部兵力全部出动,在尼列图至鄂尔会诺尔同噶尔丹展开了一场空前的大决战。两军激战三天三夜,最后喀尔喀部全军崩溃。三部数十万众甚至来不及收拾打理庐帐、器物、马、牛、羊、骆驼等就争先恐后向南逃窜。就在这逃亡时刻,沙俄侵略者见喀尔喀部溃逃,便对他们进行诱降,有些上层人士也决定投奔俄罗斯,但哲布尊丹巴呼图克图说:"俄罗斯向来不信佛,风俗习惯及办事理念都与我们不同,何不内附,然后投奔康熙皇帝,以康熙皇帝的圣明仁厚,肯定会好好安置我们的。"所以最后,土谢图汗率领残部二万多人投靠漠南蒙古。康熙得知这一情况后,特命尚书阿喇尼前往抚慰,还对他们发放归化城、张家口、独石口等地仓储的粮食,还让内大臣费扬古、明珠赠送他们白金、茶叶、布匹,还采买牲畜让他们喂养,最后把他们妥善安置在科尔沁水草丰美的牧地里,使得喀尔喀各部得以安居乐业,遵法修养。

见土谢图汗、哲布尊丹巴呼图克图及其部众受到朝廷的优待,噶尔丹不高兴了,他还上疏朝廷,说:"如果哲布尊丹巴呼图克图等来投天朝,或拒而不纳,或擒以付之。"也就是说噶尔丹企图控制蒙古族活佛,但被议政王大臣等予以否决:"哲布尊丹巴战败后奔入我内界,岂能擒而付之。"康熙也觉得

多伦诺尔会盟纪念碑

第五章
御驾亲征 平定漠北

不能作此无情无义的落井下石之举，便派遣一等侍卫阿南达等持敕文往噶尔丹处传谕，说："朕统御宇内，胞与为怀，愿率土共享太平，无战争离散之苦，彼此协和，各得其所。"同时还要求噶尔丹遵照皇帝旨意，与喀尔喀同归和睦，还责令噶尔丹退回本土，归还喀尔喀牧地。噶尔丹却一意孤行，仍然我行我素，与清廷的民族和解政策相对抗。

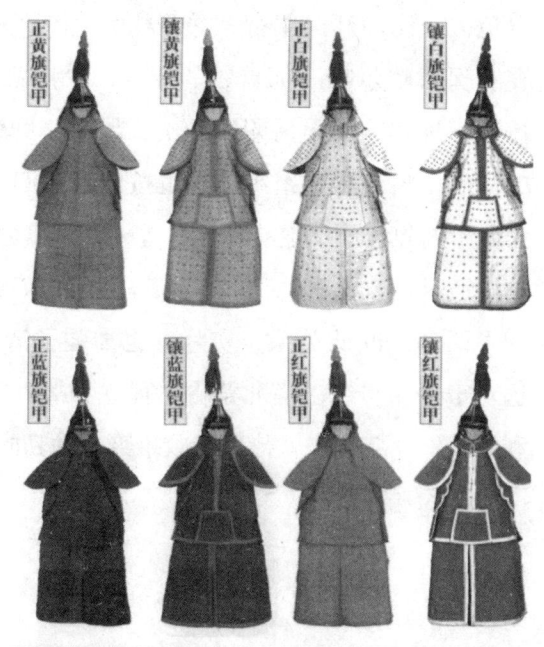

八旗实际上共有二十四旗

鉴于喀尔喀数十万依附之众散乱无序，又各不统属，很有必要让他们遵行相同的法度，知晓一定的礼仪，于是康熙命理藩院调集新附的喀尔喀两翼部落，并传令让内蒙古科尔沁部四十九旗之王公、台吉在多伦诺尔举行盛大的会盟仪式，以解决喀尔喀部所面临的现状问题。在康熙三十年（1691年）五月，康熙亲率上三旗官兵出张家口，下五旗官兵出独石口，在多伦诺尔回师，当时蒙古四十九旗也到场安营扎寨，不得擅入清廷八旗的哨营之内。会盟的第一天，康熙召集喀尔喀汗、济农、诺颜、大台吉等近御榻前，亲自赐酒给他们，当夜欢饮一宿。次日，满洲八旗、汉军火器营和绿旗官兵，排列炮火，手执洋枪或明晃晃的大刀、长矛，列阵受阅。康熙身穿甲胄，乘马遍阅队伍，后来又拉弓射箭，十发九中，引得三军将士齐呼万岁。

检阅队伍完毕，康熙当众令人宣布谕令，说明土谢图汗因为旧怨杀害札萨克图汗沙喇，以致两翼起衅构兵，造成双方游牧废弃，生计顿失，但是鉴于在会盟前，土谢图汗和哲布尊丹巴呼图克图对此已经向朝廷上疏请罪，所

以免去土谢图汗的罪行,并令札萨克图汗的弟弟策妄札卜承袭汗位;此外还宣布保留喀尔喀三部首领的汗号,取消蒙古贵族原有的济农、诺颜等名号,按照满洲贵族的封爵赐以亲王、郡王、贝勒、贝子、镇国公、辅国公等不同的爵位;喀尔喀的组织体系也按照蒙古四十九旗施行札萨克制,其三部共编为四十七旗,旗下设有参领、佐领,每旗分为左中右三路,分地安置。

通过这次会盟,康熙妥善解决了札萨克图汗与土谢图汗之间的矛盾,协调了两部之间的关系,实际上也加强了清廷对喀尔喀蒙古的管理和凝聚力,这对于进一步统一漠北蒙古,孤立和战胜噶尔丹的分列割据势力,创造了有利的条件,接下来就待康熙收拾野心勃勃的扩张者噶尔丹了。

第二节 决战乌兰布通

早在康熙二十九年(1690年)五月,噶尔丹号称率兵四万,从克鲁伦河下游渡过乌扎尔河南下,在这期间还扬言"借兵俄罗斯,会攻喀尔喀",可谓声势浩大,不可一世。对于噶尔丹,康熙是一忍再忍,眼见招抚和解政策不行,也就只得一面调集满、汉兵与科尔沁蒙古兵和火器营,让理藩院尚书阿喇尼到军前备战;一面传谕在京的沙俄使者吉里古里、伊法尼齐,说:"噶尔丹扬言要向贵国借兵,会同攻打喀尔喀,但喀尔喀已经归顺本朝,千万不要误信其言,也不能违背条约的誓言而致两国再开兵端,你们可迅速派遣善于驰马者,先到尼布楚告知那里的首领,再传谕俄罗斯之众。"俄罗斯使者也知此事关系重大,便迅速遣人回去报信,当时《尼布楚条约》已经签订,所以俄罗斯终归没有派兵支持噶尔丹。

同年六月,噶尔丹率兵沿格尔格行进,挥师至乌尔会河。康熙为此还令

第五章
御驾亲征 平定漠北

阿喇尼紧随噶尔丹,先只是监视其军事行动,切勿与其正面交锋,等待额夏纳及达尔汉亲王、班弟等蒙古兵和盛京、乌喇等满汉兵马齐集,然后一同夹攻。可是,阿喇尼并没有遵循康熙的命令,在后续部队还没有前来集齐,他就贸然率兵向厄鲁特发起进攻。阿喇尼派遣蒙古勇士二百余人袭击敌军的前锋部队,还继续调遣五百喀尔喀人从后面去驱逐护送牲畜辎重的重兵。可是彼此还没交锋,蒙古勇士和喀尔喀士兵就争先恐后地去抢掠对方的财物、人口,还未正式开战,清军就自乱阵脚。

阿喇尼不能制止混乱的局势,连忙下令部队撤退。就在这紧要关头,噶尔丹迅速分兵两翼,向阿喇尼所部发起反击,而且还用火器猛射,以致清军惊慌失措,溃不成军,噶尔丹又趁势增派另一支兵力从山上绕出,向清军两侧进击,使得清军大败而归。康熙因为阿喇尼违抗命令而轻开战端,所以革除他的议政资格,并降四级调用。

当年七月初一,科尔沁亲王沙律上报,说是已经探知噶尔丹率军驻扎在察克墩。康熙得知这一消息,就立刻率大军前进,但不许交战,以待各路大军齐集后再开战。次日,噶尔丹深入乌朱穆秦,康熙命令其皇兄裕亲王福全为抚远大将军,皇长子胤禔为副将,出古北口;以其弟恭亲王常宁为安北大将军,简亲王雅布、多罗信郡王鄂扎为副将,出喜峰口;国舅内大臣佟国纲、佟国维及内大臣索额图、明珠、阿密达、都统苏努、彭春等参赞军务。诸军先行前发,佟国维、索额图、明珠留京,等大军抵达阴山后,再前往会合。

此次调兵遣将可谓规模浩大,就连不少皇亲贵戚和朝廷重臣都被指派为军前将领,康熙对于这一次与噶尔丹作战看得十分慎重,他命令都统以下的军官检查军器,还申严号令军纪;又听从皇兄福全的请求,令大同发兵两千调往杀虎口驻扎,还传谕理藩院遣员尾随大军设立驿站,迅速传报军情至京城康熙处,不得有误。

初六,康熙亲至太和门,令抚远大将军裕亲王福全挂帅出征,在东直门时,康熙又为浩浩荡荡的大军送行。次日,康熙令阿密达率部与阿喇尼、阿南达会合,在克勤等候福全大军;令苏尼特等部不必与阿喇尼会合,只需率

部在各险要处驻扎，也是为了防止新附的喀尔喀部众会有所妄行。

十六日，康熙令阿喇尼等率部撤离避开噶尔丹大军，著恭亲王常宁率大军启程。同日，噶尔丹也遣使进京，一如既往地玩起了两面派的手段，向康熙俯首称臣，还说："喀尔喀是我的仇家，因为将其追至内地，在中华皇帝的庇佑之中，所以不敢妄行。"在这之前，噶尔丹也反复声称，"我并无自外于中华皇帝"，也就是说他自己也甘于在康熙的统治之下，有一次还对理藩院尚书阿喇尼恭逊地说："圣上洪仁，惠育群生，欲使协和，我亦与其中也，圣上指示，愿得遵行。"但另一方面，噶尔丹又自以为"控弦之士数十万，既有回部、青海、漠北各部"，势不可当，可以与清廷分庭抗礼，一较高下。

不管噶尔丹如何自以为是、顾盼自雄，康熙还是赏赐厚待噶尔丹的来使，还让其持敕文而归，敕中坦言策妄阿拉布坦将兴兵讨伐噶尔丹，清军出动并非意在征讨，仍然希望喀尔喀蒙古与你们准噶尔蒙古之间和议，劝噶尔丹罢兵息战，还通过来使之口告诫噶尔丹："如仍以前事为辞，妄行劫掠，败堕名教，自汝始矣！"与此同时，康熙又命令福全疾赴巴林，让各路大军也齐集巴林。

二十四日，康熙率禁军启行，出古北口，同时又命令恭亲王常宁所部与福全大军会合，康亲王杰书所部暂时驻留在归化城。当时，接近噶尔丹的清军，除阿喇尼、常宁、福全诸部及盛京乌喇部、科尔沁王沙律与达尔汉诸部外，还有从瀚海返回内蒙古的马思哈部与大军互为犄角。

就在大军集齐，逐渐靠近噶尔丹部众之时，噶尔丹又开始喊话，说："就算抓住老鼠的尾巴，还害怕老鼠用嘴来咬，今天虽然面临数十万之众，但又有何惧哉！"为了稳住噶尔丹，康熙谕令福全等人，说："噶尔丹处应作何羁縻，以待盛京乌喇、科尔沁所部。你们就给他们一些牛羊，让他们锐气尽失，疑惑其士卒。"

二十五日，福全按照康熙的旨意，遣人到噶尔丹处送给他们上百只羊、二十头牛，并致书问候，希望能够结永久之好。但很快就收到密报，噶尔丹率部前来迎战，越来越靠近清军。当时清军兵力已达到十万左右，其中还配

第五章
御驾亲征 平定漠北

有炮兵、火枪兵约五千多人。就在这黑云压城城欲摧之际,康熙却因病不得不回銮。同日,噶尔丹率大军抵达乌兰布通,而福全率大军就在乌兰布通峰以南四十里的土力埂河集结。乌兰布通峰是古北口通向漠北及俄罗斯的战略要地,福全驻军在南,可以说遏制住噶尔丹的南下通道。而乌兰布通及其周围都是富庶之区,有御马场、礼部牧场、兵部八旗牧场、内务府庆丰司所属牧地,可以说是朝廷专用的牧场之一,而且距离木兰围场仅四十里。噶尔丹率大军再次出动,就是为了掠夺牲畜来度过严冬。

为了诱使噶尔丹进一步深入乌兰布通这个适合作战的天然战场,之前清军遣使告诉噶尔丹,说:"圣上特遣我等前来和议,永定和好。博硕克图汗既然已经靠近我地,希望你们到乌兰布通来,把土谢图汗以及哲布尊丹巴归还给你们,希望你们遣大臣来定议。"二十九日,清军前锋侦知噶尔丹部已深入乌兰布通,而且距离京城只有几百里。一时间,京城戒严,米价飙升,居民惶恐,全城风声鹤唳。

噶尔丹大军在山冈布阵,以成千上万缚足之骆驼卧在林地,驼背上放着箱子,还用毡子搭着,排列着就像栅栏,算是作为营地防护,还号称驼城。清军也相距几十里处安营扎寨,每个营盘四十座,连营长六十里,宽二十里,福全还令各营挖掘壕沟,修筑堡垒,戒严防御。

八月初一黎明,清军前锋五千人,中锋三千人,左右两翼各两千二百人,向乌兰布通逼近。到中午就见到敌军阵营,于是将大军浩浩荡荡地排开,然后缓缓前进,准备来个突袭。但噶尔丹早就严阵以待,他令士兵伏在驼城箱垛之后,施放枪铳弓箭,以挫败清军锐气后,再令骑兵冲锋。当然,清军也有准备,他们隔河立阵,先以枪炮轰击驼城,掩护步兵发起攻击。但是噶尔丹的士兵猛烈发起枪铳,将清军阻击在河对岸,一直战到黄昏,清军也未能克敌制胜。

就在这两军僵持之际,都统佟国纲、佟国维率左翼兵从侧面发起攻击,其中佟国纲带领火器营沿河攻击,并越过山腰进行突袭,佟国纲还激励部下,说:"如今正是好男儿扬名报国之际,我与你们情同父子兄弟,我不惜此身而

一马当先,希望你们也能奋勇向前!"佟国纲所率的火器营炮火齐发,炸毁噶尔丹部的堡垒,以至于噶尔丹阵地着火。清军大胜之际,佟国纲被俄式滑膛枪击中阵亡。清军右翼部队也被沼泽所阻拦,只好退回原处。噶尔丹带着余部,趁着黑夜潜逃,清军则因为天黑地险而鸣金收兵。

次日一大早,清军继续进剿噶尔丹余部。但噶尔丹据险坚守,并遣使索要土谢图汗兄弟,还说达赖也准备遣使修好。福全不知是计,只好命令将士暂作休息。八月初三,康熙得知乌兰布通传来大捷,喜不自胜,传旨嘉奖参战三军,还下令清军即刻发兵堵剿,还在诏令上写到,必须将其一网打尽,免得遗患无穷。

就在福全准备率大军奉旨追剿噶尔丹余部时,曾在噶尔丹处观战助阵的济隆呼图克图率七十人到清军营地,要求清廷让哲布尊丹巴一世乍那巴乍耳遣送达赖喇嘛,但是被福全拒绝。济隆呼图克图又说噶尔丹不敢妄行,但也不会远去,而且他们大部仍在。福全说自当率大军进剿,噶尔丹余部又有何惧哉!但福全最后还是被其说动,只好说:"就按照你请求的办,我会发印文,传檄各路领军诸王大臣暂时不出击。"

朝廷得到福全的报告后,康熙同议政王大臣集议。诸大臣说:"亲王福全等人既然大败噶尔丹,为什么不即行剿灭,明知来做说客的是误导我军,怎么还会坐失良机,还请圣上敕令各路诸王将领迅速追剿。"康熙听到后就传旨,要求出征诸王大臣同心效力,还责怪主帅贻误军机,还再三告诫:"此战非常关键,今科尔沁、乌喇、盛京之兵在初四、初五就可到达尔脑尔,你们如果再次贻误战机,不去进剿噶尔丹部,那么诸位大臣此行所为何事?"

军情进展果然不幸为康熙言中:噶尔丹在当天就北撤,渡过西喇木伦河越过大碛山,进入达尔脑尔,而且还沿途焚烧草地,以阻挡追击的清军。更为滑稽的是,噶尔丹率部经过盛京、乌喇、科尔沁军营时,诸军竟然因为接到"暂止追击"的命令,只好眼睁睁地看着噶尔丹部从跟前溜走。所以,这次噶尔丹绝处逢生,带着余众一溜烟地逃脱。

康熙回到京城后,就命令都统希福到福全军中去参赞军务。福全还不太

第五章
御驾亲征　平定漠北

明白自己已经上当了，还把济隆呼图克图携带的噶尔丹的书信呈上，那书信上说："倘蒙皇上惠好，则自此不敢犯喀尔喀。"济隆还说噶尔丹曾在佛前立誓，说"若违此书，唯佛鉴之"。事情都发展到这种地步，康熙只好传檄让福全等候噶尔丹出界后再撤兵。随后，康熙又遣侍郎额尔贺图等持敕文往谕噶尔丹，敕文说："今你以誓言来请罪求和，诸王大臣、达赖喇嘛以及朕都有好生之心，所以才按兵不动没有追击。现在你们率兵出界，不得擅自侵犯我属下部落喀尔喀一人一畜，也不得与众部落往来通使。如果你们有为难之处，朕必如前旨抚养，绝不会记念旧仇。若你们再次违背誓言，妄行而为，朕秣马厉兵，现俱整备，必将穷追猛打，绝不中止！"

敕令虽然是那么写的，但康熙还是觉得噶尔丹太狡猾了，便命令都统瓦岱等率兵待命。随后，都统额赫纳等率部开始回撤，盛京、乌喇等处的兵马也同时回撤；福全及内大臣索额图、明珠、费扬古、阿密达断后，其余将官返京。当然，康熙对噶尔丹还是很有防范之心的，他让大同、宣府古北口、张家口等处增兵以防备噶尔丹。八月二十七日，噶尔丹上疏请罪，康熙才命福全率全军撤回，之后，出征乌兰布通的诸王大臣回京，首次征战噶尔丹之事告一段落。乌兰布通之战后，才有了上一节所介绍的多伦诺尔会盟。

第三节　御驾亲征　穷追猛打

乌兰布通惨败之后，噶尔丹部众牲畜已尽，无以为食，极其穷困，而且其部众内还流行瘟疫，不少人相继死亡，而且劫掠也没有收获。在这万般无奈的情况下，噶尔丹向朝廷请求赐给白银，以解燃眉之急。理藩院和议政王大臣等觉得没有赏赐白金的先例，便一口拒绝。但宅心仁厚的康熙还是批复，

赠给噶尔丹部白银千两。同时，康熙还多次派遣大臣前往噶尔丹处，劝其归降，还许诺从优抚养，断不致所失。

不过，噶尔丹并不因为康熙的羁縻怀柔政策而真心归顺，在康熙三十四年（1695年），养精蓄锐后的他又率骑兵三万，从土拉河出发，继续向东进犯，现在的噶尔丹已经今非昔比，他在乌兰布通之战后变得更加狡猾，他决不贸然深入内地，而是以流寇的方式在外蒙地区忽东忽西地到处骚扰。当年八月十七日，康熙率皇子巡视塞外，突然听闻噶尔丹率兵前来，便立刻命令京城预备兵八千余人快速前行护驾，盛京、宁古塔预备兵三千多人也得令前往。之后，康熙驻跸乌里雅苏台，召见科尔沁土谢图亲王沙律。因为噶尔丹曾致书沙律，试图策反，康熙便将计就计，诱敌深入，于是密授沙律属下鄂齐尔，以沙律的名义告诉噶尔丹，说："我科尔沁十旗俱已附属尔等，尔可前来，我当以此接应。"可是未等到鄂齐尔到达彼地，狡猾的噶尔丹就不再继续深入，而是率部到克鲁伦河畔的巴彦乌兰草原肆意抢掠之后，就向西窜到土拉河了。

康熙三十五年（1696年）春，康熙决定御驾亲征，便调集十万士兵，分东、西、中三路出师进剿噶尔丹。其中东路由黑龙江将军萨布素率领东三省所部沿克鲁伦河进征；西路军由抚远大将军费扬古以及振武将军孙思克、扬威将军舒恕和安西将军傅霁等率领陕甘宁官兵出宁夏，向土拉进发，康熙则自为中路军统帅，出独石口北进，同费扬古会师于土拉。

在行军途中，康熙又发挥他细心谨慎的本性，事无巨细都要过问，很多时候还要前去亲身考察，然后作具体指示。出征塞北大漠，寻找水草关系到人畜的生存，可以说至关重要。有一次户部侍郎思格色奉命去寻找挖井的地方，事情完毕后，便向康熙报告，康熙问他："一口井能够供多少人马饮用？"思格色目瞪口呆，一时间竟答不上来。康熙就当众责怪他，说："你是负责此事的人，居然会不知道，你这个官是怎么当的？"之后，康熙就下令让议政王大臣将其撤职，下放到士兵队伍中，继续在军中效力，以儆效尤。

后来，康熙派遣副都统阿迪去汛界视察水草情况，阿迪回奏说："冰雪凝

第五章
御驾亲征　平定漠北

冻，不能挖井。"康熙则认为："兵贵神速，大兵前行，断不能缓慢，如果一旦缺水，势必拖延行军速度。"康熙思索一阵，觉得现在快到春季，冰雪快要融化，即使冰冻也可以凿冰挖井，于是他又派副都统阿毓玺前去率众找水源挖井，阿毓玺等赶到巴尔几乌兰河，带领士兵挖井数处，都是刨开几尺冰雪后井口才有清泉涌出，得到这一消息，全军皆大欢喜。

为了方便人马饮水，康熙还特意交代议政王大臣等人，军队扎营时必须以井口为中心，大营和镶黄旗两营互为犄角，士兵们从不同方向取水饮马，这样就不会拥挤，也可以避免因为取水而发生争执。而且康熙还下令，每口井都得派官兵看守，前队士兵拔营，就交付给后队官兵接替，也是为了防止井口坏掉或是出现其他状况。

康熙每天清早起床后，常常见到军营炊烟袅袅，官兵们正在进食，军队的帐房行李迟迟不能运载起行，所以康熙就一面勒令领侍卫内大臣、内务府、武备院总管将向导及骆驼等稽迟的原因查明后再禀报。领侍卫内大臣也是国舅的佟国维等请罪说："这些都是臣等庸碌无为才导致这样，还请皇上严加处分。"康熙只是命令他效力赎罪，尽早解决这种影响大军行程的事项。

在辽阔无边的草原沙漠中，可谓征途漫长，康熙也为此作诗一首来表达自己亲征时的心境：

　　四月天山路，今朝瀚海行。
　　积沙流绝塞，落日度连营。
　　战伐因声罪，驰驱为息兵。
　　敢为黄屋重，辛苦事亲征。

康熙一心一意想早日底定大漠，也不顾路途有多辛苦，在大军行至科图时，据传闻说是噶尔丹已逃离远去，佟国维、索额图等大臣再三请求康熙回京，还说只让西路军进剿就行。但康熙还是召集诸位大臣集会，表示自己已经下定最大决心，务必剿灭噶尔丹才回去，大有一种"黄沙百战穿金甲，不

破楼兰终不还"的气概,而且康熙还当众告诫诸位大臣,说:"含朕在内,若有不奋勇向前,逡巡退后者,人人得而诛之!"当然,康熙也向大臣们解释说:"此次出征,务必剿灭噶尔丹,谁也不能产生怯弱退缩之意,倘若只让西路军出战,噶尔丹必将以重兵围剿西路军,这岂不是让他们全军覆灭。"

清军渐渐逼近噶尔丹驻地,但状态不是很好,尤其是西路军进入戈壁沙漠后,人畜相继死亡,尤其是原来有水草的地方都被噶尔丹给烧断,绵延数百里全是一片灰烬,使得部队不得不绕道前行,去另觅水草,因此行期被耽误,不能如约同中路军会合。这样,康熙身边的近侍大臣们产生意见分歧,有人认为中路军应该缓慢行军,等待西路军的到来,然后两面夹击;有人则认为西路军到,必将拖延时日,这样就担心噶尔丹会闻讯逃窜,所以他们建议中路军直接剿灭敌寇也就行了,西路军来了可以去追击噶尔丹残部。

康熙听取各方意见后,又经过自己的深思熟虑,便遣人传谕费扬古急速赶到土拉,同时命令大臣们说:"噶尔丹原来只是行劫的小寇,没有什么远见卓识,喜欢诳言。侵略喀尔喀时,以为我军不会出兵,所以敢窜伏在克鲁伦,现在我军已经逼近噶尔丹,西路军也快到土拉,等我们两军相距甚近时,就遣使邀请噶尔丹前来会盟,噶尔丹只要知道朕亲自前来,必将连夜奔逃,那时我军即行追杀。如果噶尔丹向土拉退去,必定会碰到费扬古,如此,噶尔丹必亡。"

随后,康熙命令公主长史多禅、中书阿密达等带了敕书以及帽子、蟒袍、妆缎褂、金钩以及十匹布帛和银子二百两等前往噶尔丹的驻地巴彦乌兰。在敕书中,康熙明确告诉噶尔丹:"朕大军已与尔等逼近,西路军也都到了土拉,东路军也沿克鲁伦河而来。朕实在不忍生灵涂炭,于是遣使前往,朕与尔等当面定议,指示地界,尔等照旧贡献贸易,则你们部众安生乐业,而我边民亦安。"

可是等到多禅、阿比达一行行至克鲁伦河时,遇到了厄鲁特丹济拉带领的上千人前来劫取马群。侍读学士殷扎纳让同来的厄鲁特人迎上前去,殷扎纳斥责丹济拉道:"尔等真是无礼,皇上亲率大军前来,西路大军费扬古也从

第五章

御驾亲征　平定漠北

土拉赶来。"厄鲁特人俄齐尔也上前告诉丹济拉，说："皇上真的来了！"丹济拉顿时大惊失色，然后急忙领了敕书，匆匆收兵，而且飞快地去转告噶尔丹。噶尔丹确认康熙御驾亲征的消息后，也是恐惧万分。当时，康熙率大军已抵达克鲁伦河，噶尔丹亲自到孟纳尔山遥望，只见对方的御营挂着龙旗，旁边还摆放着皇帝的御座，而且康熙大军军容如山林立，威武壮观，噶尔丹不禁失声惊呼："真是天兵从天而降！"稍后，噶尔丹就传令部队，丢弃器械甲冑以及羸弱病幼者，当夜就逃走。

康熙得知噶尔丹逃窜，立刻命令领侍卫内大臣马思哈为平北大将军，着其率领轻骑飞速向巴彦乌兰疾行穷追，又密令费扬古领兵速进，截断噶尔丹的退路，康熙本人则亲自率领大军追赶噶尔丹到拖诺山下，没有赶到就停下。

噶尔丹知道是康熙亲率大军在追赶，率众狂奔五昼夜，直到特勒尔济口。抚远大将军费扬古所率西路军也到了昭莫多。昭莫多在蒙古语里就是"大森林"的意思，该地处于肯特岭之南，土拉河之北，汗山之东，这一带有一片广阔的大草原，回望大岭，壁立千仞如万千大屏障，自古以来就是漠北的著名战场。费扬古在距此地三十里的地方下营，该地有小山，三面临河，林木茂盛，正好可设伏兵。

费扬古在部署战略方针时，还很有讲究，他先遣前锋统领硕岱、副都统阿南达等率兵四百，奔赴敌阵前教唆挑衅，然后且战且走，将敌骑兵诱惑到昭莫多。费扬古本人则率左右翼步骑兵在小山上，在东边列阵，其余的军队沿土拉河在西边列阵，将军孙思克带领绿旗兵捷足登上小山顶峰。就在这时，噶尔丹率领精骑万余人，向山上奔驰，企图抢占顶峰，可是清军居高临下，进行俯击，将噶尔丹军逼退到东崖下，举枪发射，而且藤牌兵随后前进，并将拒马木列在阵前，阻挡敌骑兵冲击突围。

此时此刻的噶尔丹被逼到悬崖末路，但他还是和他的妻子阿努连同全部骑兵一齐下马，冒着枪林弹雨向前猛冲，攻势非常凌厉。清军也遵行康熙的方略，让一个士兵牵制五匹马，其余士兵全部下马作战。狭路相逢勇者胜，这时两军拼死厮杀，伤亡相当，鏖战到日暮也难以分出胜负。费扬古遥望敌

后人马不动,估计是妇女牲畜,便急速指挥沿河伏兵分成两路,一路冲入战阵作为有生力量,一路去断其后袭击其辎重粮草。山上的清军见伏兵源源不断地出动,便趁势呼啸奋进,上下夹击,声震九霄,敌军仓皇溃逃,一时间,噶尔丹士兵坠落崖底的把河沟都快填满。清军乘胜跟踪追击,遇到被丢弃的驼马辎重、军器全都没有取获,而是一心一意追击逃兵,披星戴月追击噶尔丹余部三十余里。

在这次战役中,噶尔丹所部被斩杀两千余人,被生擒士兵和妇孺共三千人,清军后来所获的驼马、牛羊、帐篷及军器不计其数。其中,噶尔丹的妻子阿努也被炮火击中身亡,噶尔丹仅仅带着数十人逃跑。昭莫多之战,全歼噶尔丹精骑,基本上是击溃噶尔丹主力,此战成了清廷彻底平定噶尔丹的决定性战役。

康熙得到昭莫多战役的捷报后,立即命令费扬古留防科图,保护喀尔喀游牧地。同时,康熙还亲自撰文刻石碑于拖诺山及昭莫多,碑文上写道:"天心洪佑,翦逆摧凶,困兽西窜,膏我军锋,一鼓而歼,漠庭遂空,摩崖刻石,丕振武功!"班师回到归化城后,康熙亲自犒劳西路凯旋大军,到六月,才返回北京。

第四节　四处堵截　统一漠北

噶尔丹遭到两次惨败,精锐基本丧失,牲畜和财产也所剩无几,他的根据地也被其侄子策妄阿拉布坦所占据,也是树倒猢狲散,阿尔泰山以西诸部、天山南麓的回部,青海、哈萨克各地的部众都先后摆脱了噶尔丹的控制。噶尔丹想西归伊犁,又怕被其侄子吞并;想南投西藏,又觉得路途遥远,夜长

第五章
御驾亲征 平定漠北

梦多；想北投俄罗斯，又担心沙俄不敢接纳，只得像无根的野草一般在塔米尔河流窜。

完全没有了昔日的顾盼自雄，但噶尔丹也并不气馁，还一连遣人收集阿拉布坦、丹济拉、丹津鄂木多以及伊拉克三胡图克图等各地的部属，最后集齐五千多人，但是驼马不多，牛羊有限，而且又大多没有庐帐，所以噶尔丹决定再度扩张，以解自身燃眉之急。他打算到哈密去，如果能够得到哈密部族的资助，还是可以暂渡难关，如果不能与哈密和好如初，只能将其地攻取而占为己有。

噶尔丹所集齐的部属都各自去找牧地，其中还有部众企图劫夺清军储备在翁金的军粮。当然，康熙早就料到厄鲁特会来翁金劫粮，于是赶快通知当地驻军将军粮给烧了。当时前去劫粮的丹济拉扑了个空，还被清军副都统祖良璧所部猛击，丢盔弃甲，落荒而逃。噶尔丹得知这一消息后，十分悲怆地叹道："我将他们看成命，他们现今却这番样子，日后将如何存活？"寒冬将至，噶尔丹所部粮草将绝，衣服单薄，呈灭亡之态。在这万般不得已的情况下，噶尔丹只能前往哈密，但侦察到清军在嘉峪关外设立的哨所和重兵后，却又不敢贸然前往。

噶尔丹的处境越来越困难，跟着他的人越来越少，有时候捕不到野兽，只好杀驼马为食，甚至挖掘草根充饥。因为粮食奇缺，军器火药全部丢失，冻死饿死的越来越多，很多部落都各自去谋生，不少部众不得已都向清廷投降。直到康熙三十五年（1696年）九月，噶尔丹的部属以及依附噶尔丹的势力头纷纷归顺清廷，总计共有七千四百余人。

在众叛亲离、粮草断绝的危亡关头，噶尔丹走投无路，只好派遣格垒沽英等二十来人向清廷乞降。康熙命格垒沽英一人入朝相见，还当着他的面历数噶尔丹屡次挑起边衅，抢掠他部民众，与朝廷作对等等诸多罪行，还说噶尔丹穷蹙败亡，完全是咎由自取，说到最后，康熙就直接让格垒沽英毫无隐瞒地坦陈奉使而来的真实意图。格垒沽英回答道："皇上仁厚无私，谁不倾心悦服，噶尔丹如果仍然执迷不悟，不归仁化，只不过自取灭亡而已。"

康熙深知噶尔丹狡猾多端，不可轻信，便一面交代廷臣与驻外诸将说"噶尔丹已到穷途末路，现今正好乘胜追击，速行剿灭断不可缓"；一面又以最大的耐心继续采取招抚的办法，希望用和平的方式来解决清廷同噶尔丹之间的矛盾。此外，康熙还专门对诸王大臣说过："天下专以仁感，不可徒以威服，向来都是仁者无敌，今噶尔丹穷迫已极，还遣格垒沽英等人前来乞降，朕仍准备招抚他。"于是康熙就命员外郎和笔帖式随格垒沽英持敕书前往告诫噶尔丹，让他亲自来降，如果真心归降，绝不念及旧仇，而且还以七十日之内为限，不然康熙将再次亲率大军进剿。

噶尔丹仍然是一根筋的犟，或者说是个天生就有反骨的人，一个劲地想要反到底，噶尔丹将敕书拿走后，就让两名武士拽着，然后冷冷地说："听闻皇上如此大恩大仁，不胜欣喜，自今圣上凡有所谕，惟遵旨以行而已，我的言语在我的上疏之内，我的意思也已经派人上奏给他，如果非要我亲自去投降，那就没什么好说的。"说罢，挥手示意武士们放开员外郎，自己就乘马而去，态度十分傲慢。

穷途末路的噶尔丹仍然想着要硬扛到底，但是他的部属大都主张归顺清朝，而且越早越好。吴尔占扎布曾劝过噶尔丹，说："我等自去年冬天发现萨克萨特呼里克的野兽多，所以才选择住在这里，现如今野兽多惊骇逃散，生计都非常困难，如果早点向清廷投降，还可以获得清廷规划的一片牧地，如果不投降，何不另做打算，怎么能够在这里首鼠两端，自取灭亡呢？"对于吴尔占扎布的劝告，噶尔丹沉思良久，但没有回复。

格垒沽英也曾多次劝说过噶尔丹，让他尽早降清免得最后自取灭亡，丹济拉也曾劝说过，但噶尔丹都没有允诺，而且丹济拉眼见噶尔丹毫无降清的意图，还多次私自去会见清廷来使，说自己愿意归顺。格垒沽英明知噶尔丹无意归顺朝廷，便趁着出使的时候带着妻儿投奔清廷。后来噶尔丹派遣喇木扎卜随清朝使者和笔帖式前往清廷求和，喇木扎卜向康熙转达了噶尔丹的口奏，说："我等居无定所，出无骑，食无粮，圣上有体恤臣民之意，所以臣属大多归降，还望圣上能够加恩，将其遣还，并赏赐流离失所之人，以活其

第五章

御驾亲征　平定漠北

命。"在这里，噶尔丹没有提及一个"降"字，却要康熙遣还归顺的人，哪有这么好的事，康熙自然没有同意，便问喇木扎卜："你还愿意回去为这样的人卖命吗？"喇木扎卜回答得很干脆："我的妻儿都已经安置在其他地方了，我不能再回去了。"而最后，噶尔丹的这位使者也携全家投靠清廷。

但是康熙还是没有放弃对噶尔丹的招抚策略，而是再派曾被捕的噶尔丹乳母的亲生儿子丹济扎卜送敕书给噶尔丹。在敕书中，康熙揭露了第巴桑结嘉措隐瞒达赖喇嘛去世长达十六年之久一事，而且还以达赖喇嘛的名义诱骗噶尔丹对抗清廷的罪行，以促使噶尔丹的觉悟和趁早归顺。而且康熙还再次警告噶尔丹，说："尔愿归降，应及早来，否则，今岁不擒你，来岁当再发兵追讨，绝不中断。"康熙给了噶尔丹很多次机会，而且还不计前嫌，可以说是仁至义尽，但噶尔丹依然不肯归降。

康熙除了细心谨慎之外，还是一个非常有耐心和爱心的皇帝，他非常注意妥善安置被俘的或是归降的厄鲁特部众，而且还特派一位大臣留驻在归化城主持接受和安置厄鲁特俘虏或投降的人，让离散的夫妻破镜重圆，让走散的家庭重新和睦起来，并赏赐许多衣服和食物。在康熙三十六年（1697年）二月，康熙命户部、理藩院各拨一位官员去安置俘虏或降者，除了这些之外，还要负责解决他们沿途的衣食住行等各方面的问题。

当副都统阿南达带着来降的厄鲁特六台吉见康熙时，康熙便指示，说六台吉都是投诚有功之人，交到山西巡抚送至大同善养他，而且还要让其父母妻子与其团聚。康熙这样细心周到地对待俘虏和来降的人，对分化瓦解敌人起到了非常明显的作用。噶尔丹的亲信吴尔占扎布的母亲被俘后返回时就对噶尔丹说："清朝兵强马壮，兵精粮多，中华皇帝真是活佛，即使是敌人的母子都能叫遣使完聚，尔等从前亦曾听闻此事，圣上非常之举，大仁大恩言之不尽。"在这些事情之后，噶尔丹属下的大小台吉等归顺清廷的人越来越多。

面对仍然冥顽不灵的噶尔丹，康熙决定彻底根除这股顽固的分裂势力。在康熙三十五年（1696年）九月，康熙再次前往归化城，驻跸在鄂尔多斯，还召见大将军费扬古策划第三次军事征剿噶尔丹。与此同时，康熙还谕令策

妄阿拉布坦以及青海诸台吉，让他们协助清廷围捕噶尔丹，并且还派遣使者分赴厄鲁特各部去做劝降工作，并命令边地将领和蒙古诸部密切注意噶尔丹的动向，一有情况，立刻上报。

经过两次御驾亲征，康熙对于漠北蒙古的地理环境以及风土人情都有大致的了解，正如他所说的那样："塞外荒漠，虽然辽阔，但蒙古所引之路，所居之地，俾依水草而生，这样才有定所，朕于蒙古等经行路径——洞悉，所以遣发官兵数道围困，皆扼制住敌人之要害。"所以，在康熙三十六年（1697年），康熙亲赴宁夏，命令费扬古、马思哈两路进军，扼住噶尔丹向外流窜的必经之地，迫使噶尔丹只能龟缩在塔米尔河的萨克萨特地方。噶尔丹想要率众逃到西藏，但听闻甘肃有清廷重兵把守，走到萨哈萨免呼鲁时就不敢继续前行，因为路资缺乏，他还派儿子赛卜腾巴珠去哈密征集军粮，可是在赛卜腾巴珠到巴尔思库时，被哈密的维吾尔族首领杜拉达尔汗伯克之子郭帕伯克擒住。

走投无路至此，噶尔丹又两次召见丹济拉，但丹济拉不予理睬；派人去召唤另一亲信杜哈尔阿拉布坦反而被他夺走来人的马驼。其他的厄鲁特喀尔喀各部或者是争先恐后地给前来的清军充当向导；或者是搜集噶尔丹的动向，及时上报给清廷；更有甚者直接出兵配合清军的征剿行动，如喀尔喀贝勒戴青还直接向康熙表示："愿擒杀噶尔丹并献上其头颅自首。"噶尔丹的侄子策妄阿拉布坦与阿玉哥分别发兵会集于阿尔泰山以南驻扎，四面设立关卡或作埋伏，并向清廷保证："噶尔丹若逼近我土，必竭力擒剿。"

噶尔丹已经众叛亲离、四面楚歌了，正如康熙所预料："噶尔丹无处可逃矣，或降或自尽，不然必被我擒。"不久，噶尔丹就仅仅一个人率领很少的亲信四处飘荡，惊闻清军到来，寝食难安，反复思索着逃跑之策，却又无计可逃，在当年闰三月十三日在阿察阿穆塔台饮鸩自尽。

丹济拉等人焚毁噶尔丹的尸体后，率领家属七十九人并携带噶尔丹的尸骨及其女儿钟齐海去清军营地投降。可是在途中，噶尔丹的尸骨和钟齐海被大策凌敦多卜抢去，丹济拉和他的家属驰赴哈密，拜托维吾尔族首领杜拉达

第五章

御驾亲征　平定漠北

尔汗伯克恳求面见康熙。杜拉达尔汗伯克遣子郭帕伯克送丹济拉等人到康熙驻跸之地罕特穆尔岭，当时康熙立刻派大学士阿兰泰及郎中阿尔法将其引至行幄。可是当丹济拉见到康熙时，还没开口说话就胆战心惊，六神无主。康熙便屏去左右，将丹济拉单独留在那儿，也就这样缓解了当时紧张尴尬的气氛。康熙与丹济拉交流片刻，就授予丹济拉为内大臣的职务，授其子多尔济赛卜腾为一等侍卫。丹济拉满怀喜悦，轻松愉快地离开了行

三战噶尔丹

幄，出来后就对诸大臣说："我乃叛逆罪人，穷困的时候才想到来归顺，皇上不但一点也不怀疑，而且屏退左右召见我，还蒙恩授爵，现在才真正知道圣主至仁至勇如此，令我诚心感戴，永不敢有异心矣！"

随后，康熙召见阿兰泰，对他说："你们将丹济拉带来这里，是因为想以防不测，尔等所见虽是，朕思凡人无不可以诚感，丹济拉虽然来降，其心不无疑畏，朕推诚如此，他必感激，喜出望外，断无妄动之事，倘妄动，数百人朕也不以为意，何况只有他一人。朕令你们都出去，就是不让丹济拉生疑。"

经过三次深入沙漠的御驾亲征，康熙终于平定了噶尔丹这股分裂势力，而且还以和睦亲善的民族政策，妥善地处理了清廷同蒙古诸部的关系，实现了统一漠北蒙古的目的，使得北方边境得到安宁。当然，平定噶尔丹势

力之后,对于蒙古诸部的善后事宜也非常重要,毕竟是关乎北方的安宁和国家的统一,康熙为了对蒙古各部进行有效的管辖与治理,采取了一系列的措施:

一、对蒙古各部施行旗盟制度,以便加强管理和统治,令理藩院管理蒙古各部,而且各旗盟都得定期参加朝会。

二、整顿当地的社会秩序,建立相关的法律制度,对于偷盗牲畜、抢占牧地等都有严格的法律禁令。

三、康熙还让朝廷给蒙古诸部各级王公固定的俸禄和各种赏赐,除了保证蒙古贵族的优厚待遇之外,还让朝廷经常以粮食、马匹、牛羊等来赈济蒙古牧民,而且还避免蒙古贵族以进贡为名,大肆搜刮牧民。

四、以黄教安定蒙古诸部,尊奉蒙古喇嘛,创建喇嘛寺庙,但不许喇嘛以广修庙宇来侵占民田。

五、以联姻为纽带,加强对蒙古族的政治控制,在入关之前,满蒙就联姻,康熙又承继这种政策,继续加强与蒙古的政治关系。

六、设立站、台,施行巡边制度,以沟通内地与蒙古各部的联系,加强边防,设立邮政、驿站和军台,保障当地的安定和边疆地带的和平。

总之,康熙为加强清廷对蒙古的凝聚力,颇费心思,不但承继先前的制度,而且还能大力度对蒙古诸部进行优抚,使得清朝几百年间都很少因为蒙古族而引发重大的民族矛盾或边疆动乱。

第六章

改革政务 抚平西藏

第一节　西藏的棘手难题

　　康熙年间，渐渐形成的一系列西藏问题还得从元明时代说起。自元代以来，西藏就受到中央政府的直接管辖，基本上都实行政教合一的统治方式。在西藏的佛教体系中，除了势力较大的萨迦派外，还有噶举派、宁玛派和本布派（分别俗称为白教、红教和黑教），到明初的时候，原来信奉噶举派的僧人宗格巴创立格鲁派，俗称黄教，而且还施行了宗教改革。从明代中叶起，黄教势力极盛。

　　当时受明朝册封的青海蒙古顺义王俺达汗，特邀西藏政教首领格鲁派的索南嘉措前往青海，兴建仰华寺，还借此影响力大会蒙古诸部以加强自己的权威、巩固自身的权位。索南嘉措还为俺达汗受戒传法，俺达汗则赠予索南嘉措"达赖喇嘛"的尊号。"达赖"是蒙古语，意思是智慧之海的意思，"喇嘛"大致是藏语得道高僧的意思，可见俺达汗对其尊崇之高。在这之后，俺达汗派兵保护达赖到西藏，藏区红教的大宝、大乘诸法王也都向达赖喇嘛自称为弟子，并从此改从黄教。于是，渐渐的黄教发展得越来越快，不仅在西藏取得了支配地位，而且还影响到青海、蒙古和新疆等广大地区。

　　与此同时，格鲁派上层集团将俺达汗所赠予索南嘉措的尊号作为格鲁派首领转世传承的固定尊号，并建立起达赖转世活佛的一套系统。原来，西藏是由红教教派掌权，红教是允许喇嘛娶妻生子的，所以其地位一般都是父子相传，世代不绝，所以当时还没有活佛转世的说法。自从宗喀巴建立黄教后，禁止喇嘛娶妻生子，这就产生了衣钵继承的问题。在明朝成化十四年（1478

第六章

改革政务　抚平西藏

年），宗喀巴去世前，曾留下遗言，让他的弟子去寻找自己转世的化身，也就是寻找在宗喀巴去世时所诞生的幼童，选择其中之一作为活佛，这样就产生了确立转世活佛的制度。接替活佛的幼童被称之为转世"灵童"，灵童是按照达赖临死时所指示的地点、方向以及达赖逝世时同时出生的婴儿等条件，由达赖的弟子寻找、确认。

灵童到达一定的年龄，就要施行坐床典礼，一般是到十八岁成人后，才正式承袭达赖的职位。当时，索南嘉措被指定为第三世达赖喇嘛，同时追认哲蚌寺前任主持根敦嘉措为第二世达赖喇嘛，追认宗喀巴弟子、扎什伦布寺的创建者根敦主巴为第一世达赖喇嘛。

在明清改朝换代之际，虔信喇嘛教的青海厄鲁特蒙古和硕特部首领固始汗举兵进入西藏，支持五世达赖建立噶丹颇章政权，五世达赖成为政教合一的首领。同时，固始汗又特设班禅活佛系统，尊奉班禅罗桑确吉坚赞为师。罗桑确吉坚赞是格鲁派中一个非常重要的决策性人物，他主持了格鲁派内外的许多重大事务，五世达赖喇嘛就是他确认的。顺治二年，固始汗又赠罗桑确吉坚赞"班禅博克多"的尊号，"博克多"蒙古语是对睿智英武者的尊称。从此班禅开始成为扎什伦布寺的专有称号，罗桑确吉坚赞被确认为四世班禅，往前分别追尊为一世、二世、三世班禅。此外，固始汗又将后藏部分地区规划给班禅管理，居日喀则扎什伦布寺；达赖管理前藏，居拉萨布达拉宫。由此，固始汗完全控制了西藏的政局，西藏实际上成了和硕特蒙古的势力范围。

早在清朝入关前，西藏连同蒙古一样，与清廷的关系就很好，从崇德二年（1637年）开始，彼此就不断遣使通信。崇德四年，在固始汗的促动下，达赖、班禅等西藏高层人物就遣使到关外贡献方物和丹书，称清朝皇太极为"曼殊师利大皇帝"（意为吉祥皇帝），而且还受到皇太极的盛情接待。在清朝入关后的顺治年间，达赖、班禅都各自遣使进献金佛、念珠，表功颂德。

在顺治九年（1652年），达赖还受邀进京朝觐，清廷派和硕承泽亲王硕赛等率五千八旗兵前至代噶（今内蒙古凉城县）迎接。五世达赖抵京后，顺治帝以"畋猎"为名，与五世达赖不期而遇在京城南苑猎场，这就让皇帝既

皇太极

能出城迎接五世达赖表达敬意，又使得达赖心生感戴，而且顺治帝也不失皇帝的尊严。顺治帝还赏赐五世达赖丰厚的物品，先是达赖抵达的当天，就下令户部拨给白银九万两，后来在达赖临别前，户部又赐给他黄金一百五十两、白银一万两千两、大缎一百匹以及其他贵重礼品多种。

顺治十年（1653年）二月，清政府又在五世达赖返藏途中，派以礼部尚书觉罗郎秋和理藩院侍郎达礼为首的官员，携带着刻有满、蒙、藏、汉四体文字的金册、金印赶到代噶，正式册封五世达赖为"西天大善自在佛所领天下释教普通瓦赤喇怛喇达赖喇嘛"。同年，清廷又正式册封握有西藏军政大权的和硕特部领袖固始汗为"遵行文义敏慧固始汗"。通过两次分别对达赖和固始汗的册封，清廷确定了西藏地区的宗教领袖和政治领袖，也间接控制了西藏。

可是在册封达赖和固始汗的第二年，由于固始汗去世，其后继者达颜汗由于生性孱弱，格鲁派逐渐摆脱蒙古那边的控制，取得了西藏的政治权力。在康熙七年（1668年），达颜汗和第巴（又称第悉，即西藏地区的最高行政长官）陈列嘉措同年去世后，任命第巴的权力也转到五世达赖手中。在康熙八年（1669年）八月，五世达赖任命自己的亲信却本罗丧图道为第巴，接替却本罗丧图道为第巴的桑结嘉措也是由五世达赖提名。

西藏问题就出现在桑结嘉措的身上，原来桑结嘉措力图与崛起的准噶尔部的噶尔丹拉拢关系，以达到彻底驱除和硕特蒙古在西藏的势力。噶尔丹早

第六章
改革政务　抚平西藏

年曾在西藏出家，而且又与桑结嘉措同为五世达赖的弟子，也就是说二人是同门师兄弟，这也是二人得以合作的渊源。

康熙二十一年（1682年），五世达赖在拉萨圆寂，为了独揽西藏大权，桑结嘉措采取秘不发丧的手段，选了一位与五世达赖相貌相似的喇嘛江阳扎巴充当五世达赖，对外则宣布五世达赖入定修行，西藏一切大小事务都由桑结嘉措处理。桑结嘉措操纵西藏大权后，就一再假传五世达赖的命令，反对和硕特部对西藏的控制，甚至还对抗清廷中央，暗中勾结噶尔丹，支持其侵犯喀尔喀蒙古，而且还派遣所谓的达赖喇嘛的使臣济隆活佛作为噶尔丹的助手。

康熙曾对济隆做出过严厉的指责，说："凡奉使之人，不得悖旨行事，应当多加劝诫；悖旨行事，则严加惩罚，此是国家一定之大法。如或不然，则善人何以为劝，恶人何以惩乎？"为了骗取康熙的信任和掩盖自身的政治野心，在康熙三十二年（1693年）冬，第巴桑结嘉措以达赖名义遣使向清廷进贡，并上疏为自己请封，还奏称："西藏之事，皆第巴为主，乞皇上给印封之，以为光宠。"当时康熙不知道五世达赖本人已不在人世，出于对达赖的尊敬，便在次年四月册封桑结嘉措为土伯特国王，并授予金印，印文上书写"瓦赤喇怛喇达赖喇嘛教弘宣佛法王布忒达阿白迪之印"。印文上的大致意思是让桑结嘉措管理黄教事务，还尊称黄教为佛海。

但桑结嘉措根本就不满于仅得的封号和权力，还遣使向康熙进言，让康熙不要革去噶尔丹的汗位，还公然要求清廷撤走青海等处的重兵。康熙对桑结嘉措这一越权多事的举动非常不满，还特意指出："第巴为什么还敢奏请我朝兵戍事务？这分明就是在为噶尔丹说话。"而且还明确宣布："我朝既不罢兵，而且还当增兵，如果噶尔丹来犯，即行剿灭。"

康熙三十五年（1696年），清军打败噶尔丹于昭莫多，从缴获的文件中发现第巴桑结嘉措与噶尔丹往来的文书，又从投降的战俘那里得知五世达赖早已圆寂。康熙当即派人持谕去告知班禅达颜汗的后继者达赖汗，向他们揭露桑结嘉措勾结噶尔丹、欺骗西藏教民和朝廷的阴谋，而且还表彰并策励他

们要与清廷同心同德，与违反宗格巴之道的罪行划清界限并谕旨作坚决的斗争。康熙在谕令上说："朕尊重佛教，以道法归一为要务，尔胡土克图道法不二，勤修不倦，诵经行善，特往召尔胡土克图，朕将与尔同化导悖乱，使中外道法归一。"此外，康熙还对达赖汗说："自固始汗以来，同心专尚宗喀巴之道，与本朝和协，益诚心恪守成规，顷者以噶尔丹阳奉宗喀巴之佛教，阴主悖逆之邪行……夫第巴者，乃达赖喇嘛下司事之人，理应笃敬道法，今反不遵达赖喇嘛而欺凌众人，而始终不渝，甚坚且笃，是以特遣使以褒善贬恶之意，并发伴敕礼币八端。"

当然，对于第巴桑结嘉措对达赖喇嘛和班禅教义的阳奉阴违，而且与噶尔丹朋比为奸之事，康熙前后两次派理藩院主事保住送去诏书，深加责备，并勒令他迅速奏报和处理以下诸项事宜：

一、责问桑结嘉措：为什么五世达赖早已去世的消息一直不向清廷报告，必须得迅速将五世达赖去世始末的情况奏报上来。

二、为何要与噶尔丹朋比为奸，还帮助他兴兵作乱；为何还派济隆活佛前去助纣为虐；为何在噶尔丹战败之时又行缓兵之计帮助噶尔丹逃脱；应该迅速将济隆活佛送到北京听候处置。

三、为何不在五世达赖去世后请五世班禅主持格鲁派的事务；当清廷邀请五世班禅进京时，为何恐吓班禅，还说噶尔丹要将其杀害；应该迅速请五世班禅主持格鲁派事务，并让五世班禅进京。

四、迅速将嫁给青海和硕特部博硕克图济农之子的噶尔丹的女儿押送到北京。

除以上的各项质问与要求外，康熙还在诏书中警告："如上所列数者或缺其一，朕必令诸将发云南、四川、陕西等处大兵，如破噶尔丹之例，或朕亲行讨伐，或遣诸王大臣讨伐尔等。尔向对朕上奏称四厄鲁特为尔护法之主，尔其召四厄鲁特帮助尔，朕将观其如何助尔也。尔其速办此事，及正月星速来奏，否则后悔无及矣。"

康熙在诏书上表现出非常强硬的态度，当时由于蒙古各部归顺清朝，削

第六章
改革政务　抚平西藏

弱了西藏地方政权的军事依靠，五世达赖的圆寂和桑结嘉措的倒行逆施，也使得西藏本身及其对蒙古的宗教凝聚力大受削弱，所以康熙才对桑结嘉措有如下最后通牒一样，旨在敦促桑结嘉措痛改前非。桑结嘉措得知躲得过和尚躲不过庙，便对康熙的诏书迅速作了逐条逐句的答复：

一、五世达赖的确已经圆寂十六年了，只是因为当时西藏时运维艰，为防止西藏地区发生变故，所以未敢发丧，现在六世达赖已经十五岁，将在康熙三十六年举行坐床典礼，恳请皇帝在六世达赖坐床前对此事保密。

二、济隆活佛有罪，西藏地方政权已经革去其主持大喇嘛的身份，而且将其抄家，现已遵旨将他解送到北京，希望皇帝开恩，请勿将其处死。

三、五世班禅迟迟未赴京，是因为来使口出恫吓过激之言语，为安全与稳定起见，所以才不前往。现今班禅约定赴京之年，定议完毕再上奏。

四、噶尔丹之女与博硕克图济农之子实在康熙二十六年噶尔丹攻打喀尔喀之前订婚，故请求皇帝勿将噶尔丹之女押送到北京，以免其夫妻离散。

随后，桑结嘉措又派尼玛唐胡土克图进京，向康熙密奏五世达赖圆寂经过以及六世达赖转世和即将坐床等详细情况，以求获得清廷的谅解与认可。

康熙审时度势，觉得为了团结蒙古各部以及稳定西藏局势，都应该对表现得可圈可点的桑结嘉措做出让步，于是他便对议政大臣说："自古以来，好勤远略者，国家元气都不亏损，所以朕意唯以不生事为贵。达赖喇嘛，蒙古等尊之如佛；第巴者，即代达赖喇嘛理事之人。噶尔丹叛逆皆第巴之故，因朕遣主事保住严颁谕旨，第巴悚惧，悉遵朕谕，奏词甚恭，自陈乞怜，畏罪矢誓，此亦敬谨之至矣……第巴既如此奏恳，事亦可行。即此可以宽宥其罪，允其所请，第巴必感恩，而众蒙古亦欢悦矣！"

康熙说到做到，也没有强求桑结嘉措践行全部要求。在康熙三十六年（1697年），康熙派遣理藩院主事保住等人进藏宣慰第巴，并将转世的小达赖喇嘛看清楚了再回奏，以免以后又发生这种的情况。同年，康熙还在保和殿接见来朝的固始汗之子青海扎什巴图尔台吉，表示充分认可他对清廷的忠诚，康熙在玉泉山阅兵时，还邀请他共同前往，一睹天朝兵威。次年正月，诏封

扎什巴图尔台吉为亲王,同他一道前来的其他台吉也被册封为贝勒、贝子,还让他们随御驾巡游五台山,之后还赏赐金银、马驼给他们,还派官兵护送他们回青海。在这之后,青海台吉戴青和硕齐察罕丹津和土尔扈特台吉阿拉卜朱尔先后率众归附清廷,并也得到了康熙的册封。以扎什巴图尔为首的青海众台吉从此逐渐摆脱了对蒙古和西藏的依附地位,并且在要冲之地的青海为清廷安定西藏做出了重要贡献。

第二节　真假达赖之争

不光青海要摆脱西藏方面的影响和控制,连蒙古各部也纷纷要求与第巴桑结嘉措划清界限。康熙三十七年(1698年)正月,曾与噶尔丹决裂的策妄阿拉布坦便向康熙上疏:"第巴将达赖圆寂之事匿而不宣,还诈称达赖喇嘛之言,以混乱七旗喀尔喀、四厄鲁特,好事乐祸,正未有已,请皇上明鉴,使法门之教无玷,使终生争自濯磨。第巴监禁班禅,不使人见,奉事红帽两喇嘛名德尔端、多尔济扎布者,诡称是现世达赖喇嘛的化身,也是依照先前的喇嘛之言,说他是达赖喇嘛,并非班禅之言,是以可疑。第巴坏法门之教,罪不可容。"同年九月,策妄阿拉布坦再次向康熙参奏第巴"凡事越理而行",表达出对第巴的不满,希望终止第巴对其蒙古部落的影响。

桑结嘉措独揽西藏大权,往往倒行逆施,与在西藏的蒙古和硕特部的汗王之间的矛盾日益尖锐。康熙四十年(1701年),达赖汗去世,其子旺扎尔继位,但两年之后,旺扎尔的弟弟拉藏汗取而代之,而且与同年退位的桑结嘉措发生冲突,并于康熙四十四年(1705年)在拉萨直接交锋,结果桑结嘉措兵败被杀,拉藏汗重新夺回了和硕特蒙古在西藏地方的权力地位。当然,

第六章

改革政务 抚平西藏

拉藏汗非常注重争取清廷的支持与认可，便立即派人进京，向康熙报告了事变经过，从而得到了康熙的信任与支持。

西藏问题其实不单是西藏一地的政局稳定，而且还涉及西藏内部教派间的矛盾，以及对西藏地方产生深远影响的蒙古各部之间的矛盾。长期以来，西藏地方统治集团与和硕特蒙古汗王之间，存在着争夺西藏统治权的矛盾；固始汗去世后，青海众台吉与西藏的和硕特诸汗王之间为争夺当地的权势而有着尖锐的矛盾；青海众台吉之间在西藏问题上也有很多政治分歧。以上各派政治势力都力图挟达赖以号令西藏，执掌当地大权，于是真假达赖之争便拉开了序幕。

真假达赖之争的始作俑者便是和硕特蒙古的拉藏汗。康熙四十四年（1705年）七月，拉藏汗向康熙陈奏假达赖的缘由，还说桑结嘉措确立的仓央嘉措六世达赖不是真的达赖转世的灵童，他耽于酒色，违背清规，请求康熙皇帝将其废黜，另寻五世达赖的转世灵童。康熙觉得拉藏汗所说对于稳定西藏局势很有必要，便派遣护军统领席柱、学士舒兰赴藏，册封拉藏汗为"翊法恭顺汗"，赐其金印，同时执行拘押六世达赖仓央嘉措的使命。

康熙四十五年（1706年）十月，仓央嘉措在清廷官兵的护送下，启程赴京，但在青海湖畔时染病去世。拉藏汗因此取得了重新寻访六世达赖的机会，他遵旨另选意希嘉措为六世达赖，还将其迎至布达拉宫坐床，可是这激起了拉萨附近喇嘛教格鲁派三大寺院即哲蚌寺、色拉寺和甘丹寺僧侣及青海众台吉的反对，拉藏汗企图在西藏的统治一开始就面临巨大的危机。

康熙分析了当时西藏的实际情况，一方面积极支持拉藏汗作为中央统治西藏的代理人，一方面又派内阁学士

仓央嘉措

拉都浑率青海众台吉的使者赴藏，对意希嘉措进行察看和验证，最后初步确立了意希嘉措的地位。康熙四十八年（1709年），清廷又以达赖喇嘛年龄尚幼，青海众台吉与拉藏汗不和，西藏事务不便由拉藏汗独理，于是派侍郎赫寿管理西藏事务，其头衔为"前往协同拉藏汗办理事务"，开启了清朝设置驻藏大臣的先河。次年，由拉藏汗、班禅、赫寿共同奏请，康熙正式赐给意希嘉措为六世达赖的册命，并赐给金册、金印。在康熙五十二年（1713年）正月，康熙又派人赴藏，正式册封五世班禅罗桑意希为"班禅额尔德尼"，并赐金册、金印，通过确立班禅的宗教领袖地位来暂时缓解西藏内部的宗教危机。

当时，除了意希嘉措之外，拉萨三大寺的上层喇嘛在里塘找到一位名叫格桑嘉措的转世灵童，并联名奏请康熙承认格桑嘉措为六世达赖的地位。康熙为了避免拉藏汗与青海众台吉之间因为各自支持的达赖喇嘛而发生冲突，所以在康熙五十四年（1715年）下令将格桑嘉措送往北京，同时派人赴藏询访辨别格桑嘉措的真假，后来经班禅确认，里塘的格桑嘉措是假，后经青海和硕特部诸台吉的呼请，康熙同意让格桑嘉措留在青海西宁附近的塔尔寺居住。

但是清廷废黜仓央嘉措而重立意希嘉措，遭到了拉萨众僧人以及青海众台吉的抵制，清廷所支持的管理西藏事务的代理人拉藏汗也因此陷入更深的政治危机。在西藏内部，蒙古诸部又开始寻求准噶尔部的势力来取代拉藏汗。青海诸台吉与拉藏汗的矛盾也未就此缓和，以至于最后不得不兵戎相见。

西藏各方势力的矛盾日趋白热化，而且策妄阿拉布坦又对西藏觊觎已久、垂涎三尺，而且还趁乱出兵侵犯西藏，企图夺取当地的权力。康熙先前为了稳定西藏局势，对青海、西藏的各派势力基本上是采取调和的方式，以尽一切可能消除或缓和各派的矛盾，但是这一切努力都终究未能避免一场战争的爆发。

第巴桑结嘉措兵败被杀后，其部下都寄希望于新疆准噶尔部的策妄阿拉布坦，有的逃往该部投靠，有的直接给策妄阿拉布坦写信，劝促他趁机兴兵为桑结嘉措复仇。面对西藏复杂的局势，策妄阿拉布坦蠢蠢欲动，也想率军入藏，窃取西藏大权。

第六章
改革政务　抚平西藏

早在康熙三十六年（1697年），清廷消灭噶尔丹势力之后，因策妄阿拉布坦对朝廷敬畏有加，而且还曾奉命助剿，康熙便让噶尔丹的余众归属于他，还承认他为准噶尔部的首领，令其部在阿尔泰山以西的草场游牧。但事过不久，策妄阿拉布坦便效仿噶尔丹，收集旧部，陆续蚕食周边各部，还企图进犯哈密、青海和西藏等地；现在桑结嘉措的余部向其求援，倒是激起策妄阿拉布坦对权力和领地的无限贪欲。

策妄阿拉布坦利用拉藏汗与西藏地方势力和青海诸台吉之间陷入深刻的矛盾之中，而深怀孤立之感而亟须寻求外援的心理，便向拉藏汗建议儿女联姻。在康熙五十三年（1714年），策妄阿拉布坦将拉藏汗的长子噶尔丹丹衷约到伊犁，与其女儿博托洛克结婚。正因如此，拉藏汗便放弃了对策妄阿拉布坦的戒备。对于他们的联姻，康熙非常担心，还对领侍卫内大臣等人说："拉藏汗一子前往策妄阿拉布坦处娶亲，一子在青海地方驻扎，他身旁无人，岂不孤危？他（拉藏汗）真倾心内向（朝廷），不但朕知之，即各处人亦皆知之。但他们厄鲁特秉性猜疑，又很急惰，倘若事有不测，朕虽怜悯他，他也倚仗朕，但此间地方甚远，相隔万里，救之不及，事后只有后悔。"

第三节　进军西藏　初战失利

但康熙担心的事情终于还是发生了，在康熙五十五年（1716年）十一月，策妄阿拉布坦派其表弟策零敦多布等，谎称护送噶尔丹丹衷夫妇归藏省亲，率兵六千从伊犁取道叶尔羌，绕过戈壁，远涉大雪山，昼伏夜行，向西藏进发。次年七月，策零敦多布所率军队突至藏北地区，还抢掠波木宝一部，后来又经过腾格里海直趋达木。

　　拉藏汗把主要精力用来防备青海，藏北一带空虚，而且对自己的儿女亲家又没有戒备之心，在六月初一时，听闻儿子正在归途中，便准备到达木迎接。正要出发与自己阔别多年的儿子重逢时，拉藏汗的次子突然赶过来，悲痛地向其父诉说策妄阿拉布坦所设下的陷阱。拉藏汗得知这一消息后，仓促间调集军队，向达木一带派出，以图阻击进犯之敌。拉藏汗所部在达木坚守三个月，双方互有伤亡。由于拉藏汗大军大多仓促招募，而且又受准噶尔人的挑拨，蒙藏将领多有不和，两族士兵间又不断有摩擦，常常有叛逃士兵，因此战斗力大为削弱，在无法继续抵抗的情形下，不得已才于十月初八退守拉萨，还立即派人向清廷求助。

　　拉萨城内人心惶惶，士气低落，而且又大兵压境，可谓危在旦夕。策零敦多布于十月二十八日夜里围攻拉萨，战至次日，在内奸的接应下占领全城，并且进入布达拉宫。拉藏汗被杀害，他的幼子及其亲属被送往伊犁，关押在扎克布里庙。拉藏汗次子苏尔扎率三十人突围而出，但很快就被擒获，其妻逃出，并向朝廷报告此事的详情。

　　策零敦多布攻占拉萨得逞，便组成以达克咱为第巴的亲准噶尔政权，与此同时并发兵进攻前藏地区，企图占据整个西藏，并进一步觊觎青海、四川和云南等地。但是，策零敦多布的所作所为遭到广大藏民的抵制和反对，他们从拉藏汗手中抢去的意希嘉措被人们一直认为是假的达赖喇嘛，在蒙藏民众中没有任何号召力，而且他们烧杀抢掠和侵犯寺院利益的强盗行径，更使得广大僧俗民众深恶痛绝。青海诸台吉站在清廷一边，但他们既没有因为政敌拉藏汗的被消灭而感到欢欣鼓舞，也没有因为策妄阿拉布坦发兵进攻西藏而与之合作。总的来说，青海诸台吉的态度和康熙对他们进行的工作密不可分。

　　康熙得知策妄阿拉布坦派人侵藏的消息比较晚，直至康熙五十六年（1717年）七月，驻守巴里坤的靖逆将军富宁安首先向朝廷报告准噶尔率兵侵藏的消息。可当时康熙并不太了解策妄阿拉布坦的真实意图，认为他们或取拉藏汗，再攻取西边地方，或者帮助拉藏汗侵犯青海，虽然最后结局都没

第六章

改革政务　抚平西藏

布达拉宫

有预料到。但在这两种可能性中，康熙更为防备后者，他还说过："倘若征取拉藏汗，其兵去年十一月前往，今已成仇，我兵欲救援拉藏汗，恐地方遥远；策妄阿拉布坦之兵，若帮助拉藏汗，同来侵犯青海，则不可不备兵协助征剿。"也就是说，康熙还是防备拉藏汗与策妄阿拉布坦合力攻取青海，因为他考虑到这两股势力已经联姻，而且信使往来密切，而将青海台吉视为主要敌人，甚至怀疑朝廷偏袒青海一方。在给理藩院下达的文书中，康熙还对青海台吉说："部中若有不料理，我等除力争之外，别无他法。"

为此，康熙的确倾心于青海台吉，他曾谕令理藩院尚书赫寿以个人名义致书拉藏汗，向他提出质疑："尔等或侵戴青和硕齐、萝卜藏丹津，以引导策妄阿拉布坦之兵亦未可定。"而且还提出警告："尔诚受我主之封，食我主之禄，而侵我边疆之贝勒（青海诸台吉被封为贝勒），我四川等处所有兵力三万，与贝勒戴青和硕齐同在一处，又岂能坐视尔等侵犯青海？等到彼时，我兵助戴青和硕齐与尔等交战，我虽禁止之文亦无及矣。"

六十多岁的康熙变得有些多疑，也没有先前那样的果敢和雷厉风行，在他与拉藏汗的互相不信任中，虽然得知西藏有变，但在情况不明时，也没有派兵进藏援助拉藏汗，而是只能在青海等地备兵，以防不测。康熙先是将署

理西安将军湖广总督额伦特速从巴里坤调回西宁，料理军务粮饷；命令西宁总兵王益谦、侍读学士查礼浑在松潘做预备以防不测，此外，还派荆州满洲兵两千往成都，派太原满洲兵五百发往西安。九月初，康熙遣侍卫色楞等赴青海。临行前，康熙还再三嘱咐色楞："倘若拉藏汗被策零敦多布所败，尔等即与青海台吉等一体同心协力征讨，明白晓谕也当合而为一，使他们绝无猜忌，不致生变。倘若拉藏汗与策零敦多布之兵会合，如果打算征讨戴青和硕齐，须告知青海众台吉，策妄阿拉布坦与我大军为敌，今拉藏汗、策妄阿拉布坦合一，是与我显为仇敌。圣主始终仁爱，保护固始汗之子孙，直至于今，一则是圣主之恩，二则是尔等祖父所立之教。此时正当发奋报效，与我并力而行。"

直到十月下旬，康熙才接到青海亲王罗卜藏丹津的奏报，得知策零敦多布等侵藏，而且还准备灭掉拉藏汗的确切消息，这才派都统和礼前往云南，护军统领温普前往打箭炉，令青海台吉速行领兵防御，令内大臣策旺诺尔布、将军额伦特、侍卫阿齐图等统兵驻扎青海各处要地，万一有事，彼此相助，相机而行。

康熙五十七年（1718年）初，康熙收到拉藏汗的奏疏，报告准噶尔侵扰西藏实况，请求清廷立即发兵援助。奏疏上写道："臣世受圣祖洪恩，不意恶逆策妄阿拉布坦发兵六千，与我土伯特兵交战两月……臣现在率兵守护招地（拉萨）。但土伯特兵少，甚属可虑。若将喀木、卫藏等地，被他盘踞，将使黄教殄灭。为此恳请皇上圣鉴，速发救兵，并青海之兵，即来策应。"拉藏汗囿于成见，知道最危急的关头才向清廷求救，等上疏到北京之时，他已不在人世。康熙闻讯，立即召集议政大臣商议，最后决定派兵前往救援。随后，康熙又得知策妄阿拉布坦派兵进藏的目的在于剪灭拉藏汗，在得知拉藏汗阵亡的消息之后，康熙决定立即派兵进藏，并于二月十三日发布谕旨："朕意今即令色楞统兵征剿西藏。"

色楞所统满洲、绿旗、土司及从西宁调往的士兵共计只有两千四百名，当时朝廷官员认为这支军队量少力弱，不堪一用。可康熙对敌情把握不准，

第六章

改革政务　抚平西藏

对于战局过于乐观,虽然先前就有报告说策妄阿拉布坦所派出的进藏兵力达到六千乃至一万,但青海亲王罗卜藏丹津又疏报,说是策零敦多布所领之兵只有两千五百。康熙则认为策零敦多布所部因长途跋涉,而又遇到顽强的抵抗,肯定疲敝已极,除阵亡病死之外,未必满两千,又岂能攻取拉萨城,他们的处境进退维谷,一筹莫展,如果分兵攻取,则兵力不支,撤兵而回也无生路。此外,康熙还想到前几年,策妄阿拉布坦偷袭哈密,清兵曾以二百人打败两千余人,凡此种种,康熙非常轻敌,认为二百人就可以击败叛军,何况是二千四百人。

色楞由于受康熙的影响,也是一路上无所顾忌,率兵到青藏交界处时,接到将军额伦特的来信称应该诱敌深入,然后进兵将其歼灭。但是色楞并不谨慎地权衡利弊,而是盲目自信,急于求成。他上疏说:"准噶尔残害西藏,彼处人民悬望我师如望云霓,真乃刻不容缓。何况听闻准噶尔众兵,四散无纪。他们的雕虫小技不过夜袭营寨,偷窃马匹而已。臣所统率兵丁两千有余,器械尖锐,马肥饷足。如果一直驻留,等额伦特兵到,恐需迟些时日,而且粮饷容易用光,到时候进退两难,臣故不能延待。"于是色楞就根据以往相机进剿的旨意,一边将自己的情况报告给康熙,一边率军深入藏地。

色楞已经先行,朝廷便命额伦特等快速进兵策应,额伦特等接到朝廷命令,便主动于六月十八日自穆鲁乌苏一路追寻色楞,一直到七岔河,得知色楞已经自拜图地方前往,但很难追赶上,又从七岔河向库塞一路进兵,试图从近路找到色楞及其部众,然后再会同前进。等到七月二十日,色楞兵至喀喇乌苏(今西藏那曲)安营,等待额伦特。大约八月初,两军才会合,并准备渡河占领狼腊岭,然后进至达木地方。

色楞等部冒进轻敌,而准噶尔部自从色楞入藏之日就一直佯装失败,那才是真正的诱敌深入,而且他以精兵埋伏在喀喇乌苏严阵以待。策零敦多布都有数万人胁从,分兵一半据河以迎战色楞所部,此外还分兵潜到敌后去截断粮道。清军遭遇敌人伏兵后,突围不成,相持月余,最后弹尽粮绝,在九月中旬全军覆没,额伦特、色楞等人阵亡。

西藏那曲

对于清廷派兵进藏而初战失利的具体情形，意大利人 J. I. 德斯得利在《西藏纪事》中描绘了这场战争最后一幕的悲惨情景：

准噶尔人从西藏各地征集士兵，经几次轻微的小战后，便把清廷军队驱回到他们围起来的营地，并将其全面包围，断绝其粮食来源。当吃完所有牲口后，可怜的清军饿得被迫吃饿死了的同伴的尸体。迫于这样极端的困境，清军派出一些西藏喇嘛，祈求准噶尔人允许他们走出营地，平安地回到自己的家园。准噶尔人同意了，但条件必须是放下武器。这些可怜的人们空手离开了营地，而且羸弱到无法逃生，他们全被没有信义的敌人杀害。

初次派军进藏就遭遇如此惨败，康熙的心情是可想而知的，当然这主要是康熙作为最高负责任和战略部署人，责任是义不容辞的，不过康熙能够接受这次失败的教训，为再次派兵进藏取得胜利打下了基础。

第六章

改革政务 抚平西藏

第四节 稳定西藏局势

清军首次进藏的部队就遭到全军覆没的惨败,在清军同准噶尔军双方的心理上都产生了重要的影响。准噶尔部的诸位首领,气焰更加嚣张,野心更为膨胀,而且继续向东推进直达喀木地区,还想与清廷争夺巴塘、里塘,并进犯青海、云南等地。就在这样的情况下,青海王公(即先前的众台吉,后直接接受清廷册封而为王公)以及满汉大臣的畏敌情绪日益滋长,还说藏地险远,最好不要决定用兵了。康熙当时都六十多岁了,还是咽不下那口气,说:"西藏屏蔽青海、云南、四川,如果准噶尔部占据,日后该地都不会有宁日。"最后还是康熙果断拍板,继续对西藏的准噶尔部用兵,不过得好好吸取先前轻敌冒进的教训,在战前做了一系列的准备工作。

在康熙五十七年(1718年)十月初,就是第一次入藏作战刚刚遭遇全军覆没的惨败时,康熙决定增派京营满洲兵佐领五名,带兵前往甘肃等地驻扎,以备调遣,而且先派出两批部队,紧接着又任命皇十四子固山贝子胤禵为抚远大将军,率第三批部队在同年十二月十二日启程,开赴西宁前线。这在之后,康熙又增派荆州驻防满兵一千至成都,派大将军帐下护军统领噶尔弼率兵进川,管领满兵;调到江宁(南京)、浙江满洲兵,由都统武格等率领,开赴云南中甸一带驻扎。

当然,康熙还非常注重团结青海的蒙古王公。在康熙五十七年(1718年)九月,察罕丹津等进京请安,理藩院就奏议:"应照例赏赐鞍马银币。"康熙立刻批准,还认为察罕丹津虽在拥立里塘所出的胡必尔汗时有些过错,但最

巴塘景观

终还是服从朝廷,而且在准噶尔侵藏,拉藏汗被害之后,察罕丹津正当人心疑惧之际,委身效顺,非常可嘉,于是康熙还降旨晋封其为多罗郡王,让其率众稳定青海局势、派兵驻防要地,防止策妄阿拉布坦。

策妄阿拉布坦企图率兵东进,抢占川藏交界地带的里塘、巴塘等地,在这样的形势下,康熙提升四川巡抚年羹尧为四川总督,兼管巡抚事宜,除了管理民事之外还得肩负督兵进剿的重任。年羹尧,字亮工,号双峰,汉族,原籍凤阳府怀远县人,改隶汉军镶黄旗人,在三十岁时就是封疆大吏,而且熟悉边情,办事明敏,富有才干,与当地满族将领关系协调。现在年羹尧的主要任务就是为大军开辟由四川进藏的新路线,不过他先就主动建议满洲兵驻防成都,并及时设立进藏驿站,保证军饷供应。在武将中,永宁副将岳宗琪受到重用,他在招抚里塘、巴塘以及进军西藏时均为前锋,而且还善于团结土司头目,往往以番攻番,常常收到事半功倍之效。

在康熙五十八年(1719年)二月至六月,康熙令都统法喇率满汉官兵岳宗琪等先后招抚里塘和巴塘的武装势力。当地首领还亲自将喇嘛、民众户口的清册交给法喇。巴塘以外属于喀木地区的察木多(今西藏昌都)、乍雅(今

第六章

改革政务 抚平西藏

西藏察雅)、嚓哇等地也相继闻风归顺。康熙考虑到藏蒙民众非茶难以度日（西藏海拔很高，常常天寒地冻，需要炼制酥油茶来防寒避冻），便特意批准法喇的建议，允许当地人贩卖茶叶到西藏。察木多等三处为会兵取藏的必经之地，康熙对当地的归顺极为重视，还特派郎中鄂赖、游击将军黄喜林等持银牌、茶叶、绸缎等轻骑前往，除了下达谕令犒赏边地官兵外，还令他们详细查探当地的形势。

当年四月，康熙令里塘新出的达赖喇嘛胡必尔汗拟订告示，派人分三路向喀木、里塘、巴塘等处的首领宣谕："现在准噶尔人背叛无道，混乱佛教，贻害杜伯特（西藏的英语音译）生灵。上天圣主，目不忍睹，扫除噶尔丹部众，收复藏地，以大兴黄教，使得杜伯特众生太平如恒，特派皇子封为大将军，不分畛域，率领大军，至西宁驻扎，不日大军由各地进讨，大军所到之处，凡杜伯特民众，皆一致顺从，妥为辅助，仍旧安居，断不致有所骚扰。此举确为杜伯特众生，尔等尚不知此中情节，兹恐尔等畏惧，以致妄行躲藏天兵，故特遣使速为晓谕众生。"当地藏民深信胡必尔汗，故纷纷配合清军行动。

九月，派往西藏的胡毕图等返回上奏：策零敦多布及土伯特众喇嘛百姓，都说在西宁现有新胡必尔汗，才是真正的达赖喇嘛之胡必尔汗。康熙等到这样的奏报，便开始酝酿出一个护送达赖、两路进兵的作战方案，他对议政大臣说：

今将新胡必尔汗封为达赖喇嘛，赐予册印，于明年青草发时送往藏地，令其登达赖喇嘛之座。送往时，著大臣带满洲兵一千、蒙古兵一千、吐蕃兵两千、绿旗骑兵一千和步兵一千名前去。其行粮牲畜接续之处，令大将军办理。再由巴尔喀木带四川满洲兵一千名，绿旗兵一千名，吐蕃兵酌量派往，其行粮牲畜接续之处，令年羹尧办理。青海王贝勒等亦带领属兵或一万或五千前往。

康熙拟定这一初步的调兵遣将的方案后，不仅要传谕到各大将军等前线将领跟前会同确议，还要大将军传告青海王公，晓谕会盟，然后再将都统延

信、楚宗、公策旺诺尔布、侍读学士常授等军前大臣召至京城，再与议政大臣等反复商议。

次年年初，康熙对初步战略部署做了一些改动，除青海、四川两路进兵西藏外，新疆也要配合出兵，袭击吐鲁番、乌鲁木齐等地，以分散准噶尔部的兵力，使其首尾不能兼顾；增加兵力，最后决定除了青海、蒙古派兵外，清廷再出兵二万两千余人，其中青海一路一万两千，四川、云南一路一万，另外新疆二万五千；除了青海王公护送之外，其内蒙古四十九旗、外蒙古喀尔喀哲布尊丹巴呼图克图等也奉命遣使护送。

康熙在主持讨论作战部署时，发现部分满汉军官、大臣的畏敌情绪仍然相当严重。议政大臣及九卿等认为：藏地遥远，路途险恶，而且还有瘴气，不能急于进兵，宜固守边疆。对此，康熙不断进行指正，说："如果西藏被策零敦多布占据，自青海至四川、云南一带皆难保全，到时候既能支援，也不能取藏。何况我军进藏订立法教之后，则土伯特之众就像是我兵，策妄阿拉布坦发兵前来，都是劳师远征，我等以逸待劳，即可剿灭。"

康熙五十九年（1720年）正月初五，康熙向议政大臣等人介绍太祖、太宗时满洲兵是如何英勇善战，是如何所向无敌地建功立业，而且还阐述自己亲政以来是怎样底定蛮横顽固的吴三桂、反复无常的郑氏集团、凶暴残忍的俄军、狡猾多端的噶尔丹等英勇事迹，再三说明大清军队的确是很有能力的，只要决于进战，就会成功。讲到最后，满汉大臣受到康熙的激励，纷纷请战以定西藏，但还是有部分只为保身而不以国事为重的满汉大臣，仍然坚持不必进兵的主张。康熙也就不耐烦再听他们的意见，直接宣布："朕意此时不进兵安藏，贼寇肆无忌惮，或煽动沿边诸番部，将作何处理？故特谕尔等：安藏大兵，决宜前进！"

正月三十日，康熙命抚远大将军胤禵率军从西宁移驻穆鲁乌苏，著其管理进藏军务粮饷，居中调度；授侄子延信为平逆将军，出青海向喀喇乌苏进兵，为中路之师；授噶尔弼为定西将军，会合云南都统武格所率部队，从巴塘出发，为南路之师；又派将军富宁安、傅尔丹，分别从巴里坤、阿尔泰出

第六章
改革政务　抚平西藏

师，为北路之师，配合牵制策妄阿拉布坦。

二月十六日，册封新胡必尔汗为"弘法觉众第六世达赖喇嘛"，著派满汉官兵及青海之兵将其送往西藏。这也是康熙非常高明的一招，一方面护送达赖喇嘛，取得藏民的信任和亲近，一方面趁机进军西藏，剿灭准噶尔部。等到三月时，抚远大将军胤禵致书班禅额尔德尼，转达皇帝谕旨，详述护送达赖进兵安藏缘由。书中写道："策妄阿拉布坦无故授给策零敦多布一支军队，袭取招地、扰乱佛法，全藏民众闻之俱不心服。策妄阿拉布坦只不过是准噶尔的平常台吉，与拉藏汗不合，私行戕害拉藏汗，并将各寺庙喇嘛等经典教化全部旷废、毁灭法源。我皇父不忍漠视土伯特遭受扰害，余允青海哲布尊丹巴呼图克图、多尔济扎萨克、喀尔喀七旗各主官奏喇嘛，送往招地坐床，以师礼教训经典，俾使黄教广敷，众生安乐等大事，谕令本爵咨送等因。"

定西将军噶尔弼率领南路军，于康熙五十九年（1720年）四月十六日自成都拜疏启程，前往从古用兵所未到之险远绝域，经打箭炉、里塘、巴塘，六月进抵察木多。七八月之交就到达拉里。本来打算再次休整，并与平逆将军会合后再行攻取拉萨。不过噶尔弼并没有墨守成规地坐等，而是掌握敌情，准备主动进击。当时墨竹工卡（西藏中部县城，位于拉萨东部，现今属于拉萨市）的呼图克图准备前来归顺，策零敦多布派人带领两千六百人，想要抢占噶尔招穆伦渡口，还准备坚守墨竹工卡，再由一员大将来率兵抗拒清军。噶尔弼随机应变，与众人商议时就提出，与其坐等敌人占领要地，使想要来归顺的人受阻，还不如抢先将墨竹工卡噶尔招穆伦渡口攻取，然后再等西宁之兵一同前进。

正在这个时候，空布地方的第巴阿尔布巴率两千兵主动归附，噶尔弼派人接纳了他们。八月初六，噶尔弼带领满汉官兵从拉里起身，到工卡尔拉地方，墨竹工卡的呼图克图呈送人口册籍前来归顺，次日就将墨竹工卡顺利攻取。在渡口防守的第巴达克咱的两三千藏兵不战即行溃散，达克咱经过劝说而投降。噶尔弼探知准噶尔人所需粮食仍运自拉萨，便决意攻取拉萨，先断其粮源。

噶尔弼命令第巴达克咱搜集皮船，全军于八月二十二日渡过噶尔招穆伦河，随后队伍分为三路，于二十三日五更进兵，攻取拉萨。安营扎寨后，噶尔弼召集所有大小第巴、喇嘛、民众，宣谕皇帝广施法教拯救西藏民众之至意，封闭所有达赖喇嘛的仓库；派兵固守拉萨附近的要地，断绝准噶尔的交通要道，阻止其运送粮食，并以唐古特文字、第巴达克咱印章，致书策零敦多布等处所有的唐古特兵，将他们遣散。根据三大寺僧人揭发，逮捕一百多名准噶尔册封的喇嘛，将其中五名首恶处斩，其余的尽行收禁招地监内。

中路军方面，平逆将军延信在四月就率领陕甘满汉官兵，护送达赖喇嘛自西宁出口进兵西藏，虽然路途较近，但所到之处多是深山峡谷，瘴气很重，十分艰险。策零敦多布还率主力军迎击延信所部，共历几次大战。在这些战役中，延信率官兵击溃策零敦多布官兵数次，夺其马匹器械，击败来犯之敌，在八月二十二日，清军四面枪炮齐发，将前来劫营的敌兵击退。而就在这时，噶尔弼已经率大军进驻拉萨，截断敌军粮道，击散敌方援兵。策零敦多布等人力竭势穷，仅率数百人狼狈逃回伊犁。延信将大军留驻在达木，等到九月初八才启程，率轻骑跟从，护送达赖喇嘛向拉萨进发，沿途受到僧俗民众的热烈欢迎。

九月十五日，雪域高原上天朗气清，满汉大臣、蒙古各部首领、西藏黄教上层喇嘛、贵族，齐集布达拉宫，为迎送回来的达赖喇嘛噶桑嘉措举行了隆重的坐床典礼。与此同时，还将拉藏汗所立的达赖意希嘉措解送到北京，以防生变。

在北路军方面，新疆的清军也屡战屡胜，剿杀敌兵无数，还擒获不少人畜，也招抚数千准噶尔民众。康熙接到各路捷报，非常兴奋，特意谕令嘉奖，还宣布出征将军以下，兵丁以上都从优议叙，其中以噶尔弼等遵从皇帝授旨，首先进入西藏拉萨，大获封赏，而且还将四川、云南满汉官兵以前所借俸银全部免除，并每人赏银十两，以示体恤官兵劳苦功高之意。

蒙古贝勒、贝子等台吉及西藏酋长等，因为西藏平定，请求在拉萨建立丰碑，昭垂万世。康熙允其所请，于康熙六十年（1721年）九月二十七日御

第六章

改革政务 抚平西藏

制碑文，回顾自太宗以来班禅额尔德尼、达赖喇嘛和固始汗及其子孙与大清之间的亲密关系，揭露策妄阿拉布坦名为兴法，而实灭之，并且企图窃取整个西藏的罪行，阐明清廷进兵西藏，册封六世达赖是为了重新振兴法教，抚慰西藏民众，使其安居乐业。在碑文的结尾处，写道："朕何功焉？而群众勤请不已，奚纪斯文，立石西藏，俾中外知达赖喇嘛三朝恭顺之诚，诸部落累世崇奉法教之意。朕之此举，所以除逆抚顺，绥众兴教云尔。"

在康熙即位的倒数第二年，清廷中央决定对西藏事宜进行重大改革。康熙下诏封阿里三围首领康济鼐·索南杰布和工布地方的阿尔布巴·多吉杰布为贝子，隆布鼐·扎西杰布为辅国公，三人都受噶伦（三品官员，是藏语的音译）之职务，共同管理西藏地方事务。因为康济鼐拥兵阿里，切断了入侵的准噶尔军与策妄阿拉布坦的联系，功劳最大，所以被任命为首席噶伦。还有两人虽然没有被清廷正式任命为噶伦，但也经常参加噶伦会议，逐渐成为当地的决策人物之一。一个是达赖喇嘛的父亲索南达结，一个是康济鼐的主要助手—等台吉颇罗鼐。

为了保证西藏地区的安定，防止北方的准噶尔再度阴谋南侵西藏，清廷还在拉萨驻军三千，其中扎萨克蒙古兵五百，额驸阿宝兵五百，察哈尔兵五百，云南兵三百，四川兵一千二百，这三千驻军全由蒙古喀尔喀王公策旺诺尔布统一指挥。

可以说在康熙当政的倒数第二年里，清廷彻底结束了蒙古诸部对西藏的统治，而且还废除了第巴在当地地方政府中独揽大权的制度，任命西藏各地方首领担任噶伦，来共同管理西藏事务，从而通过他们来实现清廷中央对西藏的施政，这可以说是一个历史性的转折点。而且从噶伦成员的组成情况来看，清廷继续实行政教分离的基本政策，以集中制来代替当时的一元制，既能防止他们独揽大权，又能让其互相牵制。在西藏设置长期的驻军，更是亘古以来的首次尝试，对于维护西藏地方的稳定以及防止西藏被独占，都起着重要作用。

第七章

勤政爱民　整顿吏治

第一节 康熙的亲政岁月

从躬自亲政之日起,康熙便开始御门听政,而且对这一项制度执行得非常严格,每日必须听政,风雨无阻。康熙听政常常都在离内廷最近的乾清门,此外每个月的初五、十五、二十五便在太和殿。基本上都是春夏在早六时、秋冬在早七时听理朝政。有时候在盛夏季节,因为天气炎热,便移往西苑南海瀛台去,那里茂林修竹,又有很多亭台楼阁,非常适合避暑,不过在那里康熙仍不忘政务,没有一天懈怠过。

春季郊游时,康熙喜欢御临玉泉山,即使是驻跸数日,也是每天早晨在那里听理政务。如果遇到康熙出巡,朝廷中央各衙门的奏折全部集中到内阁,每隔两三天再通过驿站快马加鞭地送到康熙处,康熙就召集随行的大学士在行宫内商议、批阅奏折。秋季在南苑狩猎,康熙与众侍卫合围猎物四五次,或者自个儿骑马纵横上百里,

乾清门

第七章

勤政爱民　整顿吏治

晚上回去的时候也不觉得累,仍然要召集大学士在灯光下认真批阅奏章,哪怕忙到半夜都要坚持下去。要是哪天康熙生病疗养,他也尽可能挑选自己身体状态较好的时候在帘子外召集大臣,商议军国大事,然后再一如既往地批答奏章。康熙很会从史书中总结政治经验,在他看来,政通才能人和,像明朝后期就是因为皇帝不理政事,奏章堆积如山也没能及时处理,以至于与大臣产生间隙,不能通过奏折来了解民生,渐渐失去民心,这也是康熙非常勤政的原因所在。

康熙晚年,几乎每次盛夏都要去承德避暑山庄去,一是避暑山庄的修建已成规模,一是年迈的康熙有些受不了北京的炎夏。承德避暑山庄至今是国家五星级旅游景区,康熙当年兴致大发,为每个秀丽幽美的景点题词,一共有三十六处,如烟波致爽、松鹤清樾、万壑松风、梨花伴月、曲水荷香、泉源石壁、云山胜地、云帆月舫……光看这些景点的名字都已觉得美不胜收,如果亲临其境,自然会沉醉其间。当然勤劳务实的康熙也绝不仅仅是在这里避暑赏景,据史记载,康熙居住在那里的畅春园澹宁居听政,看来他实际上是度假、理政两不误。

康熙朝有如此亲政严格的皇帝,作为臣工的当然不会轻松到哪里去,要知道盛世可不是一个人就能开创的。康熙对每天参加早朝的大小官员也提出很高的要求,而且还亲自制定了早朝制度:"满汉大小官员,除有事故外,凡遇启奏事宜,俱著一同启奏。其无启奏各衙门官员,亦著每日黎明,齐集午门前,俟启奏完毕后同散。都察院堂官及科道官员,无常奏事宜,俱著每日黎明齐集午门。查满汉官员有怠惰规避者,即行题参。官员无故不到者,皆罚俸禄一月,诈称上朝者,罚俸一年。"

康熙对于御门听政如此兢兢业业,在最初当然是为了反对鳌拜为所欲为、倒行逆施,免得由鳌拜同他的一些亲信假意在朝堂上商议一番,然后又把奏折带回家去任意更改。再后来,康熙觉得御门听政能够与朝廷大臣有更多的接触,能够通过他们下通民情,也能及时发现某些权臣的擅权越轨行为,并加以批评制止,当然也能辨别出官员的优劣忠奸,以便升迁罢免。康熙在听

政时，一般是六部、都察院等衙门依次奏事，然后由皇帝批阅奏折，再将批阅后的奏折发给内阁、六部，由他们商议后再度上奏，等再次听政时，皇帝就奏折上的内容与大臣复议，再当面降旨裁决。

在康熙九年（1670年）八月，改内三院（清初辅助皇帝处理政务的枢要机构，分为内翰林国史院、内翰林秘书院、内翰林弘文院）为内阁，内阁成员多以大学士或六部主官充当，内阁因为"表率百僚""掌议天下之政"的最高辅政机关，因此有"宰辅"之称，其中内阁首席成员又有"首辅"之名，这样一来还恢复了大学士票拟奏章的旧制，也有利于纠正和防止昔日辅政大臣专权跋扈的局面。同年十二月，康熙考虑到翰林院应该有其独特又很重要的作用，便另设翰林院，其中成员有满汉侍读学士、侍讲学士、侍读、侍讲各三员，典簿、孔目各一员，待诏二员，习满字笔帖式和习汉字笔帖式各十六员。这些翰林院成员多是饱学渊博之士，平日里充任皇帝的学习和文学顾问，除此之外，他们还参与各种书籍如《古今图书集成》《康熙字典》等的编纂，主持乡试、省试、会试等等。

早年的康熙精力充沛，而且很想大有作为一番，每天坚持黎明时御门听政，不过有些朝臣难以适应，如果是晴天还好，要是碰到寒冷的风雪天气，很多远道而来的年老体弱者吃不消，于是一些大臣开始上奏建议，说不必齐集午门，分班早朝就好了；还有一些大臣建议应该效仿先制，将御门听政改为三日或五日一次，并将早起时间延迟，此外，他们还在奏折上直接说"自古君王从无每日亲御听政，即使定期视朝，也未如此糟的"；另外他们还说早朝时间应该定在辰时（早上七点到九点），而且还应该满汉官员轮流上朝，用不着上朝的闲散官员不用每天上朝，一个月去两三次就行了。

看到大臣们在奏章上的建议，康熙只是莞尔一笑，然后点点头，同意将早上上朝奏议的时间改为辰时，一些没有要事的官员也可以不必每天来上朝，不过康熙仍是每天黎明坚持到御门听政。如此严于律己、宽以待人，康熙年纪轻轻就受到大臣们的钦佩与尊敬，出于对他身体的考虑，先后有近十年的时间，不少大臣断断续续地上奏，请康熙大可不必每日御门听政，可以

第七章

勤政爱民　整顿吏治

隔三五日听政一次。对于广大臣工的一番好意，康熙每每都表示由衷的感谢，但他又考虑到自己身为帝王应该先人之忧、后人之乐，而且还直接对那些大臣们说："政治之道，务在精勤，励始图终，勿宜有间。"最后还是拒绝间断听政。

由于长期的御门听政，形成了固定的生活和工作规律，如果哪天不去御门听政，康熙就会觉得不安。等到了康熙三十年（1691年）时，他仍然说："朕听政三十余年，已成常规，不日日御门听政，就觉不安，如隔三四日，恐渐至倦怠，不能始终如一。"有时候在生病期间，大臣奏请皇上以龙体为重，当休息几日再行听政，可康熙还是回应道："朕每日听政，从无间断，闲坐宫中，反觉身体不适，诸大臣面奏政事，朕相当快意，身体也好很多，国政紧要，朕仍照常御门听政。"

如此不辞辛劳地听理朝政，恐怕在整个人类史上都属罕见。我们再来看看康熙如此勤政的效果：他自己极其注意提高听政的效率和质量，在康熙看来，听政的主要内容是君臣共同处理国家重大事务，因而在听政时，非常注重臣下的意见，也就是希望广开言路、从谏如流。康熙还经常鼓励群臣，说："诸臣各抒胸臆，直言无隐，但求事当于理，互相商酌，即小有得失，亦复何伤，朕焉有因议事而加罪者乎？"康熙还经常说自己不怕被批评，必能知错改错，他只是惟善而从而已。

除了御门听政之外，阅览处理各处衙门所上的奏章也是一项重要的政务活动。一般而言，每天呈上来的奏章大约都有几十、上百来本，这些奏章先是由内阁大学士先行阅览，然后票拟提出处理意见并呈给皇帝，由康熙最后裁决。对于由内阁票拟过的奏章，康熙也是不漏一字地看阅，而且在上面打钩画圈，非常认真，就算看到错别字，他也直接在上面改正过来，即使在病重时期，也坚持不辍。如果康熙出京巡查或者御驾亲征，他也要让内阁将票拟过的奏章派人送到康熙所在处，为了不造成奏章堆积、政务不通的局面，有时熬夜到四更也要将奏章批阅完毕。

康熙五十六年（1717年）冬，六十多岁的康熙大病七十多天，两脚浮肿，

右手也不能活动，但是为了坚持批答奏章，他仍然坚持用左手来批阅。几十年如一日的勤政生涯，让他饱尝艰辛，在康熙五十八年（1719年），他还特意为此向一些重臣倾诉衷肠。回想起前尘往事，康熙百感交集地说："我从亲政以来，一切重要政务都是亲自处理，从来不敢偷懒。在少壮时期，精力充沛，并不觉得辛苦，而今年迈，精力大减，办起事来都觉得十分疲惫不堪，就连批答奏章手都要发抖，真是大不如从前了，如果草率处理，心中又非常不安。从来读书人在议论历代帝王时，总是对他们多加指责，批评他们只图享乐，好逸恶劳，我多年来也是批阅史籍，对历代帝王的为人处世也颇有留心，觉得做一个国君特别是做一个勤政的国君真是很不容易。不说别人，仅就我而言，在位快六十年，昼夜勤政，即使是铁打的身子也要被磨穿，更何况我这血肉之躯。现在在朝的老臣，同我岁数差不多，在衙门办事，不过一两个时辰就可以回家安歇，有病的还可以告假，没病的还可以装病，反正他的同僚和下属也不会强迫他继续值班。"

晚年康熙帝

"往年考武进士，左都御史赵申乔竟然在考场上打瞌睡，侍卫们几次把他唤醒，有我在场都如此，在自己的衙门更不用说了。现在天下大小事务都由我一个人处理，不可有什么推诿，又不能随便交给别人去办。我昼夜劳累，须发皆白，虽然如此，也不敢偷懒，从早到晚，没有一点空闲，真是强打精神，硬加支撑。我如此勤政，你们臣下却没有一个人肯为我真心效力，不但如此，说不定还有不肖之徒趁我年老，精力不够，还趁机徇私舞弊，这都

第七章

勤政爱民　整顿吏治

是你们需要十分留心的。你们也知道我百般勤劳，只会在口头上说要我静养，要不就是搬弄一些俗套的颂词，说什么'励精图治''健行不息''圣不自圣，安愈求安'之类的话，如果是一些不读书的皇帝，也许他们爱听，我读书这么多年，明白些事理，这些粉饰之词，我听了快六十年，耳朵都长茧了。所以我还是奉劝你们，多办实事，少说空话，这样才对国家治理有所裨益。"

由以上两段话，可见康熙在老年思维都比较清晰，可能人一上年纪都会有很多唠叨的话，但他说来说去无非是让百官多学他的勤劳务实的精神，不要偷懒。由于长时期的勤政，康熙养成了反对虚夸的务实作风，对于各地上陈祥瑞，他也毫不热衷，也不会让史官去记载。对于那些不劳作的僧侣道士，康熙在早年登基的时候就没什么好感，认为他们都是一些游手好闲之辈，在看史书的时候，还直接用年少轻狂的口吻指责秦始皇、汉武帝迷信神仙方术，梁武帝、唐宪宗迷信佛教都是愚蠢的行为。在后来，他接触到一些得道高僧，年轻时的偏见有了些改观，但还是敬而远之，从来未加提倡。因而，终其一生佛道势力都没有得到发展。

康熙是一个非常笃行务实的人，没有秦皇汉武甚至是他的孙子乾隆那样好大喜功，更不喜欢搞一些无益于实政的庆寿大典或上尊号等等。他在位期间，如果有寿辰，他一般下令停止朝贺，更不会大摆筵席。三藩叛乱和噶尔丹叛乱被平定后，群臣们想给他加尊号，他都推给孝庄太皇太后和母亲孝惠章皇后。在康熙五十岁寿辰期间，臣下们又想搞庆典、上尊号，还要进贡宝马绸缎，都被康熙严词拒绝。康熙还说，如果在京的官员都如此，地方官员也会效法，这样又会劳民伤财，无益于国计民生。后来，群臣合起来进献了一个万寿无疆的围屏，结果还是被退了回去。之后，康熙又颁发长篇谕旨，其中还指出自己当政几十年"亲历饥馑者不知其几，南北用兵者不知其几，人心向背者不知其几，天变地震者不知其几"，也就是说他这几十年来也遇到过不少兵荒马乱、天灾人祸的情况，告诫臣工们要居安思危。

在康熙五十一年（1712年）十月，恰逢康熙六十大寿，文武百官都上奏请求为其举办庆寿大典，康熙看过群臣联手上奏的折子，就言辞恳切地对群

臣们说:"我自即位以来,一心盼个天下太平,好在历史上留个好名声。几十年来夙兴夜寐,无不勤勉力行,心血耗尽,人们都不知帝王的辛苦之处,我的才能和品德本来极其平凡,只是祖宗的荫庇才使我在位五十多年。我现在只想始终如一地简朴务实,免得一生勤俭的名声弄得晚节不保、付诸东流。我只希望诸位做臣下的能够清廉自律,做儿子的能够孝敬父母,兄弟之间人人友爱,人人都读正经书籍,各自尽责,国家太平,百姓安居乐业就是送给我最大的寿礼了,此外一切仪式就都别弄了。"

古人云"历览前贤国与家,成由勤俭败由奢",做皇帝勤俭到康熙这样的地步,岂能不干出一番事业来?一个文治武功的盛世,正等着康熙去开启。

第二节 整顿吏治 惩恶扬善

在亲政之初,康熙就在祖母孝庄太皇太后和几位师傅的教导下,立志澄清宇内,让大清太平兴盛,但他也意识到吏治工作应当为重中之重,毕竟治天下还需要清官能臣。

年轻的康熙便能够认识到清朝吏治的积弊,他认为部臣议事,不肯作决断语,喜欢空谈或是转移话题,而且喜欢一味地推诿卸责;至于百姓疾苦也不闻不问,并不为百姓谋福利还自矜夸饰,沽名钓誉,根本就不务实。正因如此,国家制定条例,本来期望章程尽善尽美,长久实施,对上有益于军国,对下有益于民生,必借内外臣工精白乃心,恪其详端营私,巧为掩饰,或推诿卸过,冀免处分,或包庇徇情……而且很多官员为了博得上级的欢心来求取升迁的机会,常常置百姓安危于不顾,鞭笞剥敲,无所不为。

康熙还发现在外的文武官员也因循陋习,巧立名目、剥削兵民,然后将

第七章

勤政爱民　整顿吏治

盘剥所得馈送给督抚、提镇、司道官员，然后督抚、提镇、司道等官员苛索属员，馈送在京的各部大臣。当时的官员还喜欢拉帮结派、结党营私，他们为了扩大势力，便极力推荐自己的亲朋、同乡、门生，然后再互相包庇，徇私舞弊，有时候就连国家修筑水利工程甚至是赈灾的钱财都要贪污。

三藩之乱平定后，康熙便可以比较从容地来对当朝吏治进行整顿。康熙在很多公开场合谈起自己严饬吏治的意向，在此我们来盘点一下他主张整顿吏治的言语：

"每念民生之休戚，由于吏治之贪廉。"

"朕以统御寰区，莫不以国计民生为首务，其时人才蔚起，吏治澄清，府事修和。"

"朕唯治天下之道，必期柔远能迩，察吏安民。"

"当今凡事皆可缓图，惟吏治民生最难刻缓。"

清初承袭明朝的制度，对文职官员实行"京察""大计"等考核制度，京察便是对京官和督抚的考核，大计则是对外任官员的考核。但是在顺治、康熙之际，这些考核都流于形式化，也没有定期，常常因其他事情而耽搁。康熙元年，朝廷颁布谕旨："内外官员历俸三年考满，即可分别去留。此外，又有京察大计，史书繁文，仍停京察大计，专用考满，以五年分别勤惰，一二等称职，加级记录，平常者留任，不及者降调，不称职革职，以后升转，一等先用。"康熙三年（1664年），御史张冲翼考虑到考满的结果一定是一等者甚多，无法显示官员的真实优劣，反倒激起他们的竞技钻营之心，于是他上疏说："请申严推荐名额，皆以详核事迹，使名实相符。"

朝廷对考满制度进行了调整，但季振宜又发现新的弊端，他上疏道："自行考满以来，大臣上疏自陈，不过铺张功绩，以此博得朝廷给予的羊酒之赐。至于堂官考核司属，朝夕同事，孰肯破情面秉至公？其中钻营奔竞，弊不胜言。"再后来，由于三藩之乱以及郑氏滋扰等重大事件的发生，考满虽形同虚设，也没有进行调整。

直到康熙二十三年（1684年），康熙开始认真整顿吏治，总结以往各朝

各代的经验,严格考核官吏,在之后三十多年的时间里,大多不称职的官吏受到处理:有一千五百多人因才力不及或是浮躁怠慢而被降职调用,还有一千五百多人因为官不谨慎以及无所作为而被革职,因贪污或滥用酷刑而被惩处的有五百多人,当然因为廉洁受到表彰的官员也有七百多人。康熙按照制度定期考察官吏,严格实行奖惩,对整顿吏治起到了重大作用。

当然,整顿吏治不能仅靠考察,在其他制度方面,康熙也做了不少的调整改动。在清代,做官有"正途"和"杂途"之分,正途是指由科举或贡监而做官的,这算是当时官僚的主体。此外,还有捐纳、荫袭、吏胥(相当编外小职)迁秩而进入官场的成为杂途。相比之下,杂途人员的来源比较复杂,素质也是参差不齐,所以康熙认为要澄清吏治,重视对录取官员品质的提高,就必须对杂途人员做适当的限制,后来还规定:汉官非正途,虽经保举,也不能参与吏部的考试,捐纳、贡生不得与正途出身等同选考。为了避免在考试中徇私舞弊,规定京官三品以上及总督、巡抚弟子等不准参加考试。

针对上级官员在推荐保举属官中请托、结党事件的频繁发生,康熙让吏部议定:凡督抚滥将属官保题留任补用,或在京九卿等官保举人员有贪污受贿等事件发生的都将原保举官纠察处分。并且还规定:凡定为卓越优异者,必须符合"无加派、无滥刑、无盗案、无钱粮拖欠、无仓库亏空银米,境内民生所得,地方有起色"等条件。此外,对任官回避制度以及对招徕民户、劝垦荒地、钱粮赋税、民刑盗案等一套传统的考核方法都做了不少调整。

再者,康熙深受儒家思想影响,坚信"有至人,无至法"的信条,他多次对文武百官说:"朕惟致雍熙,在于大小臣工,悉尚廉洁,使民生得遂。内外满汉文武官员,各守职责,必律己结清,屏绝馈遗,乃能恪共职业,副朕任使","人臣服官,着重廉耻之节","人臣服官,惟当靖共匪懈,一意奉公","从来有治人无治法,为政全在得人……若诸臣肯洗心涤虑,公而忘私,国而忘家,和衷协恭,实尽职业,庶务何患不就理?国家何患不治平哉?"

第七章

勤政爱民　整顿吏治

康熙总是这样言之谆谆，而多数官员却听之藐藐，贪赃枉法、徇私舞弊的官员还是屡有不绝。

仅靠谆谆教导是很难改变官场陋习和贪腐作风的，为此，康熙的办法还有很多，包括微服私访、御史等监察官密奏、亲自询问等等方法，来明辨官员是否贤明清廉。这些方式都是细心的康熙在日理万机的实践过程中逐渐学会并加以利用的，往往都会收到不错的效果。

此外，康熙还会从官员的奏本中来发现问题、整饬吏治，以提高行政效率，他曾说过，"奏章关系国政，最为紧要"，便要求奏章切忌浮饰之言，奏章不得超过三百字。对于繁文缛节式的套语，康熙非常反感，写得过火肉麻的还要被严加治罪。

康熙还利用出巡的机会考察官吏，他的一生不仅有六次南巡，而且还有北巡、西巡，对于一些怠政的官员都要给予撤职的处分。有时候为了解政务的实际情况，康熙也非常注重与民众接触，只要能充分了解民生、民情，也就能大体了解当地官员是否称职。

为了准确大体地掌握官场的实情，康熙曾对官职并不太高的部院司官委以察治僚属的重任，后来甚至还有"汉官每遇奏事，派六员引见"的规定。康熙也希望能够得到一批亲信之人帮他执行监察官吏的任务，而且这个办法逐渐演变成密奏制度，这样的密奏虽然有时候会引发官员的互相攻讦，但对于吏治的清廉建设还是起到过很多积极作用。

值得着重交代的还有"重开风闻言事之例"的办法，康熙认为科道官员的设置并不能切实履行他们应有的职责，明白一点说就是对于那些权高位重的奸臣贪官，科道官员不容易得到切实的证据，就算得到证据也很难"扳倒"他们，于是康熙便援引明朝的"风闻言事之例"，让六科给事中等科道官员直接在朝堂上公开纠察、弹劾所有大小官员的错误、罪行。当然，也有官员上疏指责这些科道官员直言谠论，大多都是一些徇私好名者。但康熙一再对科道官员做出限制，让他们要言之有据，不能信口开河。通过这种制度，不少封疆大吏甚至朝堂上的大学士等权臣都有被弹劾革职的可能，可见这一制度

于成龙

还是起到过不少作用。为了鼓励科道官员纠察参劾，秉公办事，康熙还允许他们可直接到畅春园面奏。

在整顿吏治中，费力颇多而且颇具特色的当属康熙扶植清廉官员的措施。康熙认为"世风浇漓（浮华薄情），人皆不能洁己自爱，故今日求操守廉介之人甚难，或仅能自守，而其才不能有为，当理繁治剧之时，又苦于不能肆应，可见人才之难也"。康熙认为加强纠察、惩处贪官固然重要，但毕竟不是治本之策，有时即使惩办了贪官，但危害已经造成，民愤也难平息，所以得培养、扶持一批正直清廉的官吏。

在康熙的扶植提拔之下，涌现出了于成龙、傅腊塔、格尔古德、范承勋、王骘、陈鹏年、张鹏翮等一批清廉正直的官吏。当然，康熙也深知清官廉吏容易被别人排斥、构陷，因此也非常注重通达下情。

在康熙第五次南巡时，江宁知府陈鹏年就因为力阻总督阿山无故增加钱粮赋税，而被派到龙潭去主办接驾皇帝以及处理行宫等相关事宜，因为阿山知道刚直的陈鹏年肯定会得罪皇帝身边的人，自己也好来个借刀杀人。康熙的近侍按惯例向陈鹏年索贿，陈鹏年置之不理，因此有人暗中在康熙的卧榻上放置蚯蚓，来陷害接驾的陈鹏年。但是康熙在江宁织造府就问过织造的幼

第七章

勤政爱民　整顿吏治

子："江宁有好官乎？"那幼子毫不犹豫就回答出陈鹏年的名字来，后来康熙又微服私访，确定陈鹏年的确是老百姓交口称赞的好官，便知道的确是有人在陷害他。后来又有一次，陈鹏年被陷害下狱，江宁人痛哭罢市，并在督署击鼓鸣冤，质问为何将陈鹏年关押在牢狱；而且在当时参加科考的考生得知此消息后，纷纷焚烧诗卷离场以示抗议，最后惊动康熙，康熙便令人严查，最后查出陈鹏年的确是被诬陷，于是不但将他放出，还对其加官晋爵，予以极大表彰。

康熙不但积极扶植支持清官，而且还经常激励官吏们争当好官，他还对大臣们说："人能做好官，不仅一身显荣，而且能光宗耀祖，否则身败名裂，有何好处？"他在山东时，还对当地的各级官员说过："尔等为官，以清廉为第一，为清官甚乐，不但一时百姓感戴，即使离任之后，百姓追思，修建祠庙来祝祀，岂非盛事？从来百姓最实诚但最难欺骗，官员是非，贤与不肖，人人有口不能强之使加毁誉，尔等当各宜自勉。"在巡视陕西时，康熙甚至还说："尔等州县官员不可贪恋地方钱财，要存良心做好官，如此百姓才会感恩戴德，如此才会光耀门楣。"

对于清廉的官员，康熙不仅表彰甚多，并给予极大的荣誉，不断地对他们进行封赠，要么是尚书衔，要么是太子太保、太子少保之类的衔位，或是授予他们世袭的荣誉职位如轻车都尉、骑都尉等世袭爵位，而且还封妻荫子，可谓优待至极。

康熙在扶植提携清官方面做得相当成功，在他这一朝可谓人才济济、清官众多。正所谓惩恶与扬善需要双管齐下，对于贪官的惩戒和打压，康熙一样没少费功夫。在平定三藩之乱后，康熙便开始下令审理宜昌阿、金儁的贪污案，并以此作为突破口来严惩侵蚀兵饷和叛党家产的贪官，案件经过审理之后，朝廷便将宜昌阿、金儁以及共同作案的郎中、员外郎等官员，除王永祚被判为绞刑外，其他一律秋后问斩。

侵吞乱臣贼子家产的还有后来的云贵总督蔡毓荣，蔡毓荣是汉军正白旗人，在吴三桂叛乱时任湖广总督，后被授予为绥远将军，统领绿旗兵，同平

寇将军贝子章泰一同攻取云南、攻克昆明，后来调任云贵总督。康熙二十五年（1686年）底，蔡毓荣改任兵部侍郎，但康熙的侍卫纳尔泰向国舅佟国纲揭发蔡毓荣及其子蔡琳在云南侵没吴三桂家财，而且后来的正黄旗人文定国也告蔡毓荣将吴三桂孙女强占为妾，还收受逆党胡永宾的贿赂，并私自将他释放回原籍，康熙得知这些事后，便命三法司会议，对蔡毓荣等人严加惩治。

后来康熙发现，贪官污吏往往喜欢苛索民财、隐匿公产，于是，康熙便注意在这些方面上进行清理与核查。康熙二十三年（1684年），他派人清查各省库存钱粮，以防止督抚侵吞挪移库存银两。康熙在巡视途中，还对大学士明珠说："财赋出于闾阎，凡查核钱粮，必彻底澄清，不致额外科派，方对小民实有利益。"

在康熙准备第三次亲征噶尔丹时，发现"山（西）陕（西）民生甚是艰难，交纳钱粮，其火耗有每两加至二三钱不等者。至于山西，特一小省，闻科派竟至百万"。康熙实在看不下去，便以年老力衰、不能胜任为由，直接将陕西巡抚和按察使的职务给撤除。此后，又将山西百姓极为痛恨的巡抚温保及布政使甘度革职，还严拿至京，交与刑部。可是新继任的巡抚倭伦一上任就大兴土木，请求建龙亭。康熙便训斥道："何事建立龙亭？若果善，民自感念赞颂。大同田薄民穷，其建立龙亭一事立即停止。"

纵观康熙一朝，吏治始终放在重要的地位上，从奖励清官与惩治贪官两方面着手，的确还是颇有成效，以至于康熙朝中后期被人称颂为盛世。其整顿吏治之措施，廉政勤政之教育，不仅对当时的文武大臣起到了引导和警示作用，亦值得后世借鉴与深思。

第七章
勤政爱民　整顿吏治

第三节　重视民生经济

康熙虽然是清朝入关后的第二个皇帝，但实际上他面对的是许多开国皇帝都应该解决的难题。康熙之父顺治帝尽管在位十八年，也是入关后的第一位国君，可是他在位时期，清朝并没有对全国进行有效的统治，当时全国各地仍然烽烟四起，经济萧条，财政匮乏，民生凋敝，政局非常不稳定。

早在清朝入关那一年（1644年），清政府就命令将京畿田地分给入关以来的诸王勋臣、兵丁等，但是满洲贵族并不满足，除京畿之地以外，还不断地大规模圈地，而且在日后几十年的时间里建立了许多大庄园，很多王公大臣成为大地主，但是他们对佃农的压榨激起了许多地方的佃农起义。佃农起义，一方面是反抗经济压迫，一方面是民族对抗，当时的清政府没能有效地处理这些事情，而是一味地进行大规模的军事镇压，大肆屠杀，抢劫民财，焚烧民舍，使得人口锐减，一些耕地也因人手不足而开始荒芜。

后来，顺治朝又推行"逃人法"，并实行海禁，强令百姓"片板不许下水，粒货不许出疆"，也就是把百姓出海贸易的路都给堵死了，一系列强暴的措施连同圈地等种种苛政，使得百姓四散流亡，居无定所。当时清廷的军事镇压和统一战争有增无减，使得军饷奇缺，国库亏空，弄得清廷统治者焦头烂额，就像户部在三藩之乱前所奏："国赋不足，民生困苦，皆由兵马日增之故……今天下正赋止八百七十五万余两，而云南一省需银九百余万两，竭天下之正赋不足供一省之用。"

康熙登基后，还未来得及清除积弊，就爆发了三藩之乱，其间不仅军需

常常缺少,而且军队还到处掠夺,使得社会生产再度遭到摧残,全国财政濒临绝境,即使如此,一些贪官污吏还是会趁机中饱私囊,而民间不少饥贫者开始卖儿卖女,一些灾区基本上是十室九空,有些是一连几十里地的村庄都荒无人烟。

康熙亲政后,逐渐意识到安民为政务之首,必须使得百姓都能安居乐业,这样整个国家就能正常运转起来。为此,康熙采取了一系列措施:

一、将国家掌控的荒地划分给臣民使用。在康熙八年(1669年),将近十七万顷的明朝藩王的荒熟田地让督抚交给原来的百姓耕种,还赐名为"更名田"。在康熙十二年(1673年),康熙为了奖励开荒,还动用政府钱粮发给无业游民,并给他们置立房产,每户两间,并让政府给予口粮、种子、耕具等令他们开垦。在康熙十八年(1679年),还将满洲兴发之地的关外划给农民耕种豆子、谷米、高粱等粮食作物,先来解决他们最基本的生存问题。

二、康熙还明令禁止侵犯人民所有的土地,并释放奴隶为民。对此,康熙三令五申,多次下达谕旨:"民间田地,久已有旨,永停圈占,其部存地亩,分拨时或不肖人员借端扰害百姓,圈占民人良田,以不堪地亩换抵,或地方豪强隐占存部良田,妄指民人地亩拨给,殊为可恶,直隶巡抚可严察此情,指名纠参,从重治罪。"康熙认为:"为政者在足民,足民有道,在因民之力,而教以生财之方。"康熙在废除圈地之后,又竭力阻止"投充",投充即是达官贵族将百姓掠夺为没有人身自由的家丁,并且能被主人买卖,被打死也不算违法。此外,康熙还再三颁布谕令,禁止掠人为奴。

三、为了恢复生产,康熙还鼓励军屯。军屯,也就是让投诚的汉族士兵开垦荒地,还可以带着家人,政府则给予田地、耕牛和种子,这样一来,不仅能够解决军队的粮饷,而且有多余的还可以充实国库。

当然,除了解决人口与土地的问题外,康熙还实行轻赋、赈灾、抚恤商民等措施来与民生息,使得百姓能够安居乐业。

康熙提出:"修养民力乃治道第一要义,何利当兴,何弊当革,俱宜从实

第七章

勤政爱民 整顿吏治

详酌举行,惟时当承平,而常若民生未遂,民困未苏,则地方自然受福。若谓地方已经宁谧,不复时加体恤,则所失多矣。至一切事务,本可速结者自应速结,每见在外官员故意迟延,致滋民累,尔宜申饬所属各官实心任事,又在外官员行事,京师无不悉知,从来与民休息,道在不扰。"康熙的意思就是与民休息,不要专门弄一些苛政来压榨百姓,要让他们慢慢过上没有太多负担的好生活。

康熙也非常注意减轻农民的徭役,康熙十年(1671年),清廷将浙江的故钞银摊入田亩,十八年(1679年)又推行"均役""均田"政策,将差役折为银两摊入田亩。二十二年(1683年),康熙谕令湖广总督董安国:"今天下承平,修养民力乃治道之第一要义。"也就是让其不要随意差役百姓,要与民休息。康熙三十五年(1696年),朝廷依次将山东、浙江等省的班匠银摊入地亩。康熙四十一年(1702年),清廷又规定:凡军民人等七十岁以上者,免役一子,以后如果是朝廷要用劳力都得雇用民匠。当然,康熙也特别反对大兴土木,他认为兴作无益,所以即使是修京城的街道、御河及宫殿,都本着"少一事如去一病"的精神,讲求实效,不务奢华,把节省民力的事都放在心上。

他还认为安治天下,唯其民生得所,而欲民生得所,必以敷恩宽赋为当务之急。平定三藩之乱后,康熙便着手将其宽租轻赋的思想付诸实践,以减轻百姓负担,他还谕令大学士:"自用兵以来,百姓供应烦苦,朕前屡言,俟天下荡平,将钱粮宽免。尔等可同户部现将天下钱粮出纳之数通算启奏。"从此以后,康熙朝都一直实行宽减租赋。因为地主豪强喜欢隐匿田地的亩数,少纳赋税,往往把赋额摊在小农身上。康熙为了减轻农民负担,下令清丈地亩,量亩收赋。康熙五十年(1711年),朝廷又规定:"滋生人丁永不加赋。"在五十四年(1715年),朝廷还首先在广东实行摊丁入亩的政策,首开废除数千年人头税的先河。

康熙非常反对官员以各种名义征收苛捐杂税,还禁止满洲贵族、京城显贵之家滋扰百姓,而且自己常常做表率,每逢出行都要力避扰民,严禁随从人员和地方官吏借机苛索百姓。康熙巡视时,还说过:"朕视民如子,凡乘舆

所至……民间照常贸易，不必禁止，惟怀私挟诈冲突告讦者所告事不准理，仍严加治罪。"

在赈灾方面，康熙也非常用心，不管是何地何种灾害，总是要亲理赈灾事宜，除了令得力的官员去督办赈灾事宜外，还下令减免当地几年的全部赋税。在康熙十八年（1679年）七月二十八日，京城发生地震，康熙很快了解到情况，便对大学士说："地震倾倒民居，朕心怜悯。至于穷苦兵丁，出征在外，房屋毁坏，妻子露处，无力修葺，更堪悯恻，可敕该部，令八旗都统、副都统、参领亲行详查，毋致遗漏。"在七月三十日，康熙及时对当时的政局作了深刻的反省，还下谕吏部等衙门，就此以天意来惩示警告官员：

朕薄德寡识，愆尤实多，遇此地震大变，中夜抚膺自思，如临兵渊，兢惕悚惶，益加修省，仍宣布朕心，使尔诸大臣、总督、巡抚、司道有司各官咸共闻知，务期洗心涤虑，实意为国为民，斯于国家有所裨益，即尔等亦并受其福，庶几天和可致，若仍虚文掩饰，致负朕意，询访得实，决不为尔等姑容也。

一、民生困苦已极，而大臣长吏之家日益富饶，民间情形虽未昭著，近因家无衣食，将子女入京鬻（卖）者不可胜数，非其明验耶？此皆地方官吏谄媚上官，苛派百姓，总督、巡抚、司道又转而馈送在京大臣，以天生有限之物力，民间易尽之脂膏，尽归贪吏私橐，小民愁怨之气，上干天和，以致召水旱、日食、星变、地震、泉涸之异相。

二、大臣朋比徇私者甚多，每遇会推选用时，皆举其平素往来交好之人，但云办事有能，并不问其操守清正，如此而不上干天和者，未之有也。

三、用兵地方诸王、将军、大臣于攻城克敌之时，不思安民定难，以立功名，但志在肥己，多掠占小民子女，或借为通贼，每将良民庐舍焚毁，子女俘获，财物攘取，名虽救民于水火，实则陷民

第七章

勤政爱民　整顿吏治

于水火之中也，如此有不上干天和者乎？

四、外官于民生疾苦，不使上闻，朝廷一切为民诏旨亦不使下达，虽遇水旱灾荒，奏闻部复，或则赈民钱粮分数，或则给散银米赈济，皆地方官吏苟且渔侵，捏报虚数，以致百姓不沾实惠，是使穷民而益穷也，如此有不上干天和者乎？

五、大小问刑官员将刑狱供招不行速结，使是良民久羁囹圄（牢狱），改造口供，草率定案，证据无凭，枉坐人罪。其间又有衙门差役，恐吓勒索，致一事而破数家之产，如此有不上干天和者乎？

六、包衣下人及诸王、贝勒、大臣家人，侵占小民生理，所在指称名色，以网市利，干预词讼，肆行非法，有司不敢犯其锋，凡行财贿，甚且身为奴仆，而鲜衣良马，远甚仕宦之人，如此贵贱倒置，为害不浅。

以上数条，事虽异而原则同。总之，大臣廉，则总督、巡抚有所畏惮，不敢枉法以行私；总督、巡抚清正，则属下官吏操守自洁，虽有一二不肖有司亦必改心易虑，不致大为民害。此等事，非朕不素知，但以正在用兵之际，每示宽容。今上天屡垂警戒，敢不昭布朕心，严行诫饬，以勉思共回天意，作何立法严禁，务期尽除积弊，著九卿、詹事、科、道会同详议具奏，特谕。

在康熙即位初期，国家财用不足的情况下，赈灾免税的地区仅限于受灾严重的州县。但随着经济恢复，尤其是在康熙中晚期，因国库大量有积余，康熙从藏富于民的立场出发，把减免钱粮或漕粮列为清廷每年必须进行的工作，减免赋税的地区也随之扩大到整个府、整个省甚至是数省。

有人做过统计，说："自康熙元年至四十四年所免钱粮共有九千万两有余。"康熙五十二年（1713年），大臣张鹏翮就对康熙说："此数年因皇上所免钱粮甚多，今见动用至四十九年钱粮。上曰：即动至五十年钱粮，亦无妨。"康熙在位共有六十一年，而且屡颁诏谕，基本上每年都减免一省或数省的赋税。

当然，赦免赋税，在其中存有一个问题，就是康熙自己所说的："如果赦免地丁钱粮不过于田多富户有益，其无地穷民未必均沾实惠。"康熙四十九年十一月，兵部给事中高遐昌上疏有云："凡遇蠲免钱粮之年，请将佃户田租亦酌量蠲免。著为例。"康熙就回复："蠲免钱粮，但及业主，而佃户不得沾恩，伊等田租亦应稍宽，但山东江南田亩多令佃户耕种，牛种皆出自业主。若免租过多，又亏业主，必均平无偏，乃为有益。此本著交部议，寻户部议复：嗣后凡遇蠲免钱粮，合计分数，业主蠲免七分，佃户蠲免三分，永著为例从之。"总的来说，受惠更多的当然是有地和地多的地主。

为了有效地赈灾，康熙还主张从治标转向治本，除了蠲免赋税，指派官员直接赈济灾民外，他还下令兴办各种民生工程，提高民众的抗灾自救能力。

张鹏翮雕像

康熙十八年（1679年），他向户部提出："民以食为天，必有余裕，藏富于民才经久不匮，此乃国家之要务。"在灾荒之年，往往是贪利的商贾囤积投机之时，这个时候朝廷就平价粜米，为此，康熙还谕令通仓每月发米一万石，还要将米价降到比平时还低，只许贫民购买数斗，不许富贾籴米。

康熙也实行一些富民政策，他令朝廷在各地积极推广先进的耕种技术，而且还不断普及新的优质粮食种子，

第七章
勤政爱民　整顿吏治

还经常令各地因地制宜种植一些经济作物。康熙五十五年（1716年），他就对大学士们说："现在天下太平，人口增多，耕地未增，士商僧道等不从事生产的人也日益增多，或有言开垦者，不知内地实无闲地。今在口外种地度日者甚多，朕意养民之道，亦在相地区处而已。"他还特意举出陕西临洮、巩昌为例说："虽不可耕种，若有水草之地，能效仿蒙古牧养，则民尽可度日，而百姓只是限于种田，不能行此。"总的来说，康熙鼓励民众多方面地发展适合当地的经济。

中国是一个农业大国，历代稍微贤明一些的统治者都非常重视农业的发展，甚至还有重农抑商的倾向，但是康熙认为在中国的传统社会里，商业自始就是社会里不可或缺的一环，士农工商的分工是社会发展的需要，他说过："凡人处世，有政者政事为务，有家计者家计为务，有经营者经营为务，有农业者农业为务，而读书者读书为务。"在他看来，四民各安其业，整个社会才能正常运转。

在清初，由于战争频繁，商人承担着重要的税务责任，商民不但要缴纳商税，而且还要上缴关税、口岸税。在康熙二十五年（1686年），他认为对商民征收重税，有害于国家，必须改变。"重困商民，无裨国计，种种情弊，莫可究诘。朕思商民皆吾赤子，何忍使之苦累？今欲除害去弊，正须易辙改弦。所有现行例收税溢额，即升加级记录，应行停止。"这便是康熙亲口所说的要爱护商民，停止先前征收的重税。康熙三十八年（1699年）南巡后，康熙一方面下令永远削减两淮盐课，取消关征超额优叙的定例，一方面还另发谕旨，禁止关卡勒索过往商人，确可惠及工商业者。康熙在位期间，总是能够根据实情，来抚恤商民，对症下药地清除商业发展中不利于商民的因素。

第四节　移风易俗的努力

康熙不仅在经济民生上下了很大功夫，对于社会风俗习惯，他也非常看重，在他看来："自古帝王治定功成，尤加意于人心风俗之所尚，以图万世治安之本。维时礼教明于上，仁让兴于下，俗重敦庞，人多谨悫，国计丰裕，而比屋盈宁，四方清宴，而川岳效顺……夫淳厚以立德，节俭以足用，历俗之良规也。而民心日偷，浇漓益甚，何以使孝友之行笃于门内，奢淫之习绝于里闾欤？"也就是说他希望百姓能够有勤劳节俭、朴实良善的社会风气。

依康熙个人的理解，民风不仅是社会稳定的重要因素，而且还直接影响到官场的清廉之气，他亲政后，就力图根治明朝后期沿袭下来的奢侈风气，当然，他所做的也是两手工作，一方面从整顿吏治着手，做了大量积极有效的工作，另一方面又积极在民间倡导节俭的风气。在康熙二十三年（1684年），康熙自江宁（南京）回銮，御舟泊在仪凤门外，督抚、提督、总兵以下的大小文武官员及地方缙绅市民数十万，在两岸跪送，康熙当时就停舟谕曰："朕向闻江南财赋之地，今观市镇通衢，似觉充盈，乡村之饶，人情之朴不及北方，皆因粉饰奢华所致。尔等大小有司，当洁己爱民，奉公守法，激浊扬清，体恤民情，以副朕老安少怀之意。"当然，康熙也明确要求官民："务使敦本兴让，崇俭黜浮，兵民日益协和，风俗日益淳朴，词讼日益减少，积储日益丰盈，则教治化行。"

康熙还认为："帝王致治，首在维持风化，辨别等威，崇尚节俭，禁止

第七章

勤政爱民 整顿吏治

奢侈，故能使人心淳朴，治化休隆。近见内外官员军民人等服用奢靡，僭越无度，富者趋尚华丽，贫者互相效尤，以致窘乏为非，盗窃诈伪，由此而起，人心嚣凌，风俗颓坏，其于治化所关非细。"当他看到奢靡之风在汉族官员中颇为流行，便对大学士们直言："朕观时人，不敦本务实，轻浮奢侈者甚多，汉人为甚。今满官田舍俱在畿辅之地，人皆知之。汉官内或有自称道学，粉饰名节，而本乡房戏，若不禁止，则渐至于放纵。或身为大臣，沉湎之色行于颜面者，实非人类矣。著严行禁止。"令康熙不满的还有汉族官员在居父母之丧时，经常引朋聚会，呼炉饮酒，毫无居丧之礼。汉军外官赴任时，亦竭尽风光之能事。

在移风易俗方面，康熙把惩贪定例还在民间公布，让民众家喻户晓。与此同时，康熙竭力惩治害民敛财者，漕运总督恭顺侯吴维华密奏，请征各州县镇市房号银及江南三十余州，令民纳价领种。康熙觉得吴维华害民敛财，便让刑部将其议罪。当然，整饬官场风气与民间风气是密不可分的，像一些互相请托包庇之风、馈送之风、苛索民生之风、断狱不公之风等等都是能够弥漫在民间和官场之中的。到康熙四十二年（1703年），他还说："朕临御天下四十余年，宵旰不惶，勤求化理，凡吏治之淑慝，民生之休戚，无时无刻不切于怀。比年以来，利兴弊革，随事剔厘，蒸蒸然有治平之象、康乐之风

乾清宫

矣。然而官风犹未尽饬，习俗犹未尽醇，讼狱犹未衰止。"

当然，除了通过竭力倡导社会风气来保证官风清廉、民风淳朴外，康熙还希望通过节俭来扩大对灾民的赈济。亲政刚一开始，康熙住在清宁宫的保和殿，到康熙八年（1669年），其祖母孝庄太皇太后觉得他身为皇帝却以殿为宫，心中不安，便让他居住在乾清宫。当时乾清宫交泰殿因为年久失修，栋梁坏朽十分严重，太皇太后下令拆掉重建，以作为康熙寝宫，年轻的康熙不能违背其祖母的命令，便只好要求工部官员在修乾清宫时，不要求讲究华丽，只要质朴坚固就行。就连在修造仁孝皇后的陵寝时，康熙因为看到采取的楠木不光要从江浙押送，连包衣佐领的房屋都被拆掉，于是内心非常不安，便指示工部、总管内务府："修造地宫，但当谨慎坚固为之。"

康熙二十五年（1686年），四川松威道王骘奏请从四川运送到京城的楠木应当酌量减少，大学士们对此纷纷不同意，不过康熙却说："川民鲜少，移运楠木最属艰难，朕所深知。"而且他还再次征求大臣们的意见。明珠等人便回奏："楠木生于深山穷谷之中，山路崎岖，移运实属艰难。如果停止采取，岂是川民受恩，就连海内外无不感戴矣。但殿工关系重大，臣子又不敢言，只得听皇上裁断。"康熙便明确表态，何必非要用楠木，就地用松木也行。

康熙还很会从历史的事例中学习治国之道，他在总结亡明奢侈腐化的教训中时刻提醒自己要加倍注意节约宫中的开支。康熙二十九年（1690年）初，他还让大学士们明察明朝宫中的开支费用，而且还与当时做比较：明朝光禄寺每年用木柴两千六百八十六万斤，红螺等煤炭一千二百零八万斤，而清廷当时分别只用六七百万斤和百余万斤；明朝各宫的床帐、舆轿、花毯等每年共用二万八千二百两，现今基本上没有什么开销；明代宫殿楼亭门数共七百八十六座，而现今不及十分之一，而且在宫中服役的太监、宫女不过数百人，比明代更少。

不只是提倡节俭，康熙还能够身体力行，处处都爱惜人力物力财力，每次出巡时，总是要对随从人员都提出严格的要求，如不得践踏庄稼，如道路狭窄，就要卫士分列而行，在秋收之际出巡，就要求不得践踏禾苗。有一次

第七章
勤政爱民　整顿吏治

畅春园

南巡时，从江宁到苏州途中，当地百姓扶老携幼的数万人拥道欢迎康熙。康熙深受感动，还不忘告诫督抚，说人多路窄，菜蔬麦苗弥漫田野，不无践伤，朕甚惜焉，便当即出示谕令，万勿踏坏禾苗。在康熙准备西巡山西时，当地官员大修道路，康熙觉得劳及百姓，便通令禁止，还说西巡本来是为了安民，怎么可能反而耗费民力呢。

康熙三十六年（1697年），当时在宫中担任官制的法国传教士白晋给法兰西国王路易十四写了一封信，详细地介绍了他眼中的康熙，就从白晋这部著名的《康熙皇帝》一书中，人们都可以看到康熙日常生活的简朴：

中国皇帝，或者因为他拥有的无穷财富，或者因为他疆土的广阔富饶，说他是世界上一位最有势力的君主也许是没有人会反对的。尽管这样，他真正用于自己身上的一切远远谈不上奢侈……就其个人有关的方面看，那种恬淡朴素简直是没有先例的……除了循例供奉的东西外，他毫无奢求，他满足于最普通的菜肴，从未有过丝毫的过度，他的淡泊超过了人们所能想象的程度……即使是皇帝所居住的，也只是几幅书画，几件描金饰品之列，简单朴素就几乎是那

里的全部装饰……康熙皇帝在北京近郊造了一座他很喜欢的苑囿（指畅春园），每年要在那里度过相当一段时间。里面除了他命人开凿的两个大水池和几条河道外，再也没有什么世人感到与一个既富有又强盛的君主所应有的豪华气派相称的东西了……他的衣着，除了几件宫廷里极为常见的过冬的黑貂、银鼠皮袄外，还有一些在中国算是最普通、最常见，只有小百姓才穿不起的丝绸服装。逢到雨天，人们有时看到他穿一件毡制外套，这在中国被视为一种粗制的衣服。夏天，我们看见他穿普通的麻布短褂，这也是一般人家常穿的衣服。

除了节日大典的日子，我们从他身上发现的华丽物品就是一颗大珠子，那珠子在夏天便照满族人的风俗佩在他的帽檐上……他在皇城内外不骑马时用的那顶轿子，只是一件类似担架的东西而已，木质平常，油漆上有几处包有铜片或者点缀镀金的木雕……总之，在他周围的一切，人们丝毫感觉不到那种其他亚洲君主处处都要摆出来的穷奢极侈的排场……他不为个人枉费分文完全是出于贤明的节约，以便把金钱用于帝国真正的需要。康熙深信君主的威信和真正伟大应当较少地借助于外在的好话，而更多的是在于他道德的光辉。

康熙非常推崇古人所说的一句话："以一人治天下，不以一人奉天下。"他几乎把这句话当作自己的座右铭，时刻警醒自己，而且纵观他的一生，大体实现了自己的诺言。他也非常讲究德治，在他颁发的《圣谕十六条》中，就明确提出："敦孝悌以重人伦，笃宗族以昭雍睦，和乡党以息争讼，重农桑以足衣食，尚节俭以惜财用，隆学校以端士民，黜异端以崇正学，讲法律以警愚顽，明礼让以厚风俗，务本业以定民志，训子弟以禁非为，息诬告以全良善，诫窝逃以免株连，完钱粮以省催科，联保甲以弭盗贼，解仇忿以重生命。"可见这十六条圣谕里面大多都与教化风俗而形成一种健康向上的社会风

第七章
勤政爱民　整顿吏治

气有关。

除以上所讲的崇尚、力行节俭外，康熙还倡导一种务实的作风，他说："朕孜孜图治，亦皆崇尚实政，不贵空言，督抚系地方大吏，凡关系民生，兴利除弊，有裨风化，鼓舞士子，果有真知灼见者，即应殚精竭虑，见诸躬行，以利地方。"当然，康熙还反对在巡行中前呼后拥，反对大操大办的迎送仪式，反对官吏在辞任时搞一些大场面的送别仪式，也反对搜刮民力以树碑立传。

康熙还积极倡导宗族制度，也提倡各类民间社会组织的发展，包括乡约、会社、会馆等组织，以便通过集体的力量彼此督促和制约，以实现社会的有效治理，以免引起动乱，造成社会的不安。

不管是垦荒、轻赋、赈济还是恤商和移风易俗等各项工作都可以说与社会民生紧密相关。凡是与民生息息相关的事情，康熙都细加筹划，凡是有害民生的事情，他都极力反对；他把民生的兴衰作为政治得失的重要尺度。正因为康熙竭力把保民、安民、恤民、重民等思想理念付诸实践，使得清初的政治局面和社会经济发展状况有了很大的改观，从而开创了维持一百多年的康雍乾盛世。

第五节　任重道远的治河工程

治理黄河、淮河是贯穿康熙执政生涯的重大事件，而且黄、淮的治理关乎着经济大动脉——漕运与治河密切相连，为此康熙也倾注了大量精力。他在政务繁忙之中，时刻都关注着淮河与黄河的治理，而且又能在实践中不断地总结治理黄淮的经验，最终在治河方面取得显著的成就。

民间早就有"天下事,三大虞,一河二路三官吏"的民谣。由于泥沙淤积,黄河、淮河经常泛滥,造成严重的水灾,常常给两岸民众带来巨大的损害。在清朝初年,河患仍然频频发生。据历史记载:"自顺治十六年(1659年)归仁堤(江苏宿迁东南的白洋河口)冲溃之后,睢、湖诸水患由决口侵淮,不复入黄刷沙,以致黄水反从小河口、白洋河二处逆灌,停沙积渐,淤成陆地,至康熙六七年间,各处大水,黄淮并涨……淮河之水由高、宝诸湖直射运河,冲决清水潭,下淹高、江等七州县(高邮、江都、山阳、盐城、宝应、泰州、兴化)之田者多,而赴清口会黄入海者少。海口淤,而云梯关亦淤,而清江浦、清口亦淤矣。"根据后来学者的统计,清代从顺治初年到康熙十五年,黄河水患日趋严重。顺治元年至十八年(1644—1661)内决口十五次,康熙元年至十五年(1662—1676)决口四十六次,仅康熙即位那年就多达六次。

频繁的河患使得黄淮流域的广大民众生命财产都遭到巨大的危害,农业生产也受到难以挽回的破坏,清廷在华北的税收也没有着落,而且黄淮溃决,运堤崩溃,漕粮无法按期运往京师,这都直接关乎国库财政的收入。康熙在亲政之初,就意识到治河也是治国的当务之急,于是他把治理黄淮当作朝政的纲领之一。康熙觉得治理河务得选拔专业的人才,便说:"河道关系重大,必得才能熟练之员,始能胜任厥职。"

清军入关以后,为了确保粮运安全顺利,特意设置河道总督,简称"总河",是为治理黄河的最高行政长官。总河管辖军队,并称之为"河标",负责河工的调遣、守汛和防险之事。除了河道总督外,又设有漕运总督(简称"总漕"),这是从明代沿袭过来的。总漕也有自己的军队,叫作"漕标"。在清朝除了八九名地方总督外,还专设有管理河道和管理漕运的总督,他们同为二品大员,职务显赫重要。

康熙十六年(1677年)二月,经过吏部商议,决定由曾经担任过河职,又能尽心河务或是才品优长的官员,都能被提名为总河的储备官员,总之基本上确立了唯才是举的既定政策。经过慎重选择,升任安徽巡抚靳辅为河道

第七章
勤政爱民 整顿吏治

总督,并遣吏部侍郎折尔肯、副都御史金儁前往会同新任总河靳辅审察河务。

靳辅之所以被康熙和吏部看中,因为这人曾是内阁学士,在安徽巡抚任上政绩优著,虽然刚开始不通水务,但他办事踏实稳健,又能博采众长、积极进取、知人善任,是值得信任的官员。传说靳辅有一次经过邯郸县郊的吕翁祠时,看到墙壁上一首七言绝句:

四十年中公与侯,虽然是梦也风流。
我今落魄邯郸道,欲与先生借枕头。

诗人借用唐代传奇里卢生在邯郸道上遇到吕翁、梦中突然发迹的典故来表达自己的怀才不遇。靳辅是性情中人,非常欣赏诗人的豪情壮志,也很同情他壮志难酬的苦闷,看着新写的诗句,猜想诗人应不会远去,便立即派人寻找,便把这位诗人找了出来。此人正是浙江钱塘人陈潢,人称奇士,年轻的时候不喜欢科举八股,反而爱好读天文地理、农田水利之书,还到宁夏、河套等地进行过实地考察,精研治理黄河之术。靳辅在与他的一番交谈之中发现此人胸中的确有治河谋略,而且又一见如故,干脆与之结为朋友。靳辅的勤劳与陈潢的专业相互配合肯定能够在治河方面取得不俗的成绩,所以康熙授予靳辅河道总督之后,陈潢也被编为靳辅的幕僚。靳辅上任后,康熙还对亲近说:"近简命河臣监理河务,辩其水势,疏其故道,严察下吏,重其考成,果能实心行之,庶或一劳永逸。"可见康熙对靳辅、陈潢的期望之高。

靳辅感激皇帝的知遇之恩,一心想要报答,在康熙十六年(1677年)四月,就迅速赶到宿迁河工署就任,到青浦江时,正值黄河泛滥,河堤溃决,运河的河道也被阻塞。靳辅当下就同陈潢在黄淮堤上察看水情,还访问当地的农夫。陈潢冒着险风恶浪,乘着轻舟就到黄河上行驶,上下数百里都是如此,但他记录了河患的第一手资料。在这之后,陈潢又同靳辅搜集历代治理黄河的资料,从中总结先人治河的经验教训,最后主张采用明代河臣潘季驯"筑堤束水,以水攻沙"的治河策略,把治沙作为治河的关键。靳辅提出

了全盘又周密的计划,包括五项工程和三项保证措施,在最后估算工程所需的时间、人力和财力时,估计首期工程须费时二百天,河工十二万三千人,经费二百一十四万八千两,为此他还建议向直隶、河南、江南、浙江、山东、江西、湖北等省预征康熙二十年田赋的十分之一,等到工程完毕后,利用黄河两岸涸出来的田亩,让民间屯田,屯田就不需纳赋银,可以算作是过去的征银。

如此规模宏大的工程,不管是从所需时间、人力、物力、财力来说,都是耗费巨大,当然这样庞大的工程也含有康熙所谓"一劳永逸之计"的治河理念,但清廷财政在当时还并不丰厚,政局也不太稳定,而且十多万河工聚集在黄河两岸,万一被挑动起来,又不免让清廷统治者为之担心,元朝末年可是有"石人一只眼,挑动黄河天下反"的结局,他们对此也非常敏感。因而,靳辅的奏疏呈上去之后,议政王大臣等大多不同意马上动工兴修如此庞大的工程,还提出在紧要之处酌量修筑,等事平(三藩之乱的平定)之后再大为修治。

康熙则不同意议政王大臣等人暂缓实行的主张,劝令靳辅、陈潢等人继续论证,而且他还对诸臣说:"河道关系重大,应否缓修,并会议各本内事情,著总河靳辅等再行确议具奏。"后来靳辅上呈《敬陈经理河工八疏》,对先前的方案进行了一些调整和补充。康熙十七年(1678年)正月,在康熙的敦促之下,议政王大臣复议此疏,由此,靳辅、陈潢根据自己的实践、理论,答复诸大臣提出的质疑,并将整治黄淮方略的可行性当庭论证。最后康熙同意靳辅治理黄河的工程,靳辅便连同陈潢等幕僚一同去开启一个盛大的治河工程。

原本计划使用两百天的时间来完成整个浩大的工程,但由于期间有大水冲击,也有河道淤塞,甚至还有来不及修筑的新工程就出现决堤的问题,使得靳辅的大修计划并没有如期完成,他便主动请求辞职并领罪,最后得到康熙的旨意却是令靳辅戴罪立功,继续去督修工程。靳辅更加兢兢业业,很多时候披星戴月,竭力将决口处修筑完毕,但过了几个月又有地方决堤,他只得赶着去抢修。

第七章

勤政爱民　整顿吏治

康熙三十一年（1692年）二月，靳辅在清河至蒙泽沿线运输粮食以赈济西北时，竟然死在任上。康熙得知此消息后，扼腕叹息，赐祭葬，谥为"文襄"，追赠太子太保衔，并封其子赏骑都尉的世袭爵位。

靳辅去世后，康熙希望有人才既能保护上河的漕运，又能疏通下河的海口，使得下河的州县不被水淹，以达到保运（保证运河畅通）与安民的双重目的，这也是康熙力求达成的治河目标。在靳辅之后，于成龙被选为总河，康熙对他信任有加，但于成龙却自恃清廉，对康熙的谕旨大多都不执行。此后，康熙还重用过董安国，但董安国并不熟悉河务，也很不称职，以至于几年来都没有收到功效。

于成龙不久也病故了，康熙立即将时任江南江西总督的张鹏翮调补为河道总督。张鹏翮长得英俊潇洒、玉树临风，又通情达理，在康熙面前表现得非常恭谦，几乎唯命是从。康熙对张鹏翮面授机宜，多次耐心地吩咐他，该注意哪些事项，该修筑哪些工程等等。此后，张鹏翮觉得康熙对于治理黄河用心良苦也颇有心得，便按照康熙的治河方略，提出在黄河经常发大水的地方建造石闸，在临河处造草坝，防止黄河水倒灌，在归仁堤造矶心石闸，这些建议都得到康熙的支持。

浑河

到康熙四十年（1701年）底，康熙与张鹏翮君臣二人合作得力，完成一批水利工程，加固了防水的高家堰，堵闭了坏旧的唐埂六坝，还让淮水流向清口；而且还将淮河引入故道，使得黄河、淮河合流而下，为了防止中河离黄河太近而出现倒灌现象，又改北岸为南岸，另外修筑北堤，让旧有的中河水入流，并称之为新中河。张鹏翮治河功绩显著，康熙对其更加信赖。

"朕此番南巡，遍阅河工，大约已成功矣。"对于张鹏翮取得的成绩，康熙予以充分肯定，而且还指出于成龙、董安国不遵其旨，所以不能成功，在康熙四十三年（1704年），又嘉河道总督张鹏翮太子太保衔。

在康熙四十四年（1705年）的第五次南巡中，康熙发现张鹏翮有恃功自傲的苗头，便对他提出警示："河工大体已告成功，但善后方略更为要紧。"张鹏翮回奏道："必能保固，断然无害。"康熙还耐心举出先前的例子劝导他，总之叫他千万疏忽不得。之后，康熙坐在河堤上，对诸臣谈了一些他视察黄河水情的一些感想，为现在取得的成绩感到欣慰，还鼓励张鹏翮继续勤修河务，临走之际，康熙还将自制题诗的御扇送给张鹏翮以资鼓励。

可康熙刚一回到北京，就接到洪泽湖溃决的消息，经调查才得知今年伏汛水涨，冲溃古沟等处堤坝，但这都是张鹏翮平日徇庇延缓、固执己见才导致这样的后果。吏部也参劾张鹏翮在河工事务上不尽心筹划才导致堤坝被冲决，失职至极，应将其革职。康熙念及张鹏翮过去的功绩，便给予其革职留任、以期后效的处分。

在张鹏翮之后，接任河道总督的是赵世显。赵世显悉心防务黄河、淮河的各段堤岸，从上任之后就到处勘察河道，做了一系列疏浚、加固、裁弯取直的工作，使得河道基本处于正常的运行状态。对此，康熙还满怀喜悦与自豪的心情说道："今年河道平稳，所报黄水、清水势力相当。其先清水不能抵黄水，每每倒灌。自朕指示作堤，引清水由北岸流去之后，黄水才不倒灌。"康熙还是不敢大意，便又说："朕以河道关系紧要，故将河图置于左右，不时详阅，即小处各地亦皆留意。"

康熙在治理黄淮的实践中，越来越深刻地认识到，治河实际上是一项长

第七章
勤政爱民　整顿吏治

期性的工作，他认为黄河的水势汹涌，而且水性迁徙不定，南岸稳定了则北岸淤沙堆积，北岸稳定了南岸又淤积。康熙也曾让漕运总督施世纶由河南孟津反溯上探黄河，以求从根本上解决黄河泛滥成灾的问题。后来，经过署理河道总督陈鹏年的再接再厉、悉心经营，使得黄河水灾才得以缓解，这时都已是康熙六十一年（1722年），也就是康熙在位的最后一年。

除了治理黄河、淮河之后，康熙的政务还涉及同样被称为"无定河"的浑河。浑河发源于山西太行山，上游叫桑乾河，流经北京的一段叫卢沟河，河流虽然不大但却流速湍急而多带泥沙，淤塞非常严重，有些类似黄河，所以也有"小黄河"之称，在卢沟河的下游经常改道迁徙，所以被称为"无定河"，这条河流可是威胁着北京的对外交通，而且又给附近州县带来严重的灾难。

在康熙三十七年（1698年）二月，康熙便谕令大学士们商议如何治理浑河，也就是说整治浑河工程建设从此就开始了。之后，康熙就令于成龙在六月雨季到来之前完成挑浚和筑堤的工作，以保证百姓能够正常地耕种。于成龙得到命令后，就加紧修筑河堤，开辟河道，引导浑河从天津西沽入海。这

永定河

项工程一共疏浚河道一百四十五里,修筑南北堤坝一百八十里,当时因为在霸州等地段挑浚新河完成,于成龙上疏请求康熙赐名。康熙便赐浑河为永定河,还建立庙碑以作纪念。

康熙三十八年(1699年)二月,康熙又谕令直隶巡抚李光地等,说:"漳河与滹沱河故道,原各自入海,今两水合流,所以其势泛滥,尔等往视,如漳河故道可寻,即可开通引入运河,如虑河运难容,即于运道之东另挑一河,使之入海。"到八月,李光地便上疏:"直隶滹沱河、漳河迁徙不定,臣遵旨饬治河州县官,相视故漫淤浅处,速行疏浚,今大名、广平、真定、河间四府属州县,凡滹沱河、漳河流经之处,开浚疏通,由馆陶入运,老漳河与单家桥支流,合至鲍家嘴归运,又分子牙河之势。"

康熙四十年(1701年),李光地上疏,说永定河一带的水利工程竣工。康熙得知此消息后,非常高兴,得知永定河在很长时间内基本没有发生大的水灾,康熙还想着将治理永定河的方法应用到黄河、淮河上去。直到康熙五十五年,永定河依然堤岸坚固,并无泛滥,沿河民众捕捉鱼虾的也有不少,甚至还有不少人在两岸修筑房屋、种植粮食作物,可见治河的成效持续了很多年,康熙的耐心谨慎以及亲力亲为,的确给两岸民众带来很大的福利,也为后人治理河务留下了宝贵的经验。

第八章

博采众长　学以致用

第一节　推崇儒家之学

　　一般来说，思想文化是施政理念的核心内涵。在康熙执政生涯中所形成的一套治国理念离不开他所吸收的儒家思想，尤其是理学（形成发展于宋代的"新儒学"），更是影响着康熙一生的思想根基和决策指南，当然这也与康熙钻研儒家经典，并求得融会贯通的努力是分不开的。康熙深谙敬服朱熹对儒学的注释和阐发，当然也厌弃那些伪道学，而且他还坚持不懈把理学的理想原则进一步付诸实践。当然，这些理学理念在康熙那里并不能完全起到"包治百病"的效果，而能解决国计民生的诸多问题，但这些对大清王朝统治的稳定以及社会生产力的发展都起到过一些积极的作用。

　　在幼年时候，康熙就开始接受汉文化，他从小就在宫外成长，接触到大量汉族的传统文化知识，平时与康熙朝夕相处的乳母孙氏也是正白旗汉人包衣曹玺之妻，太监张某、林某也是前朝所遗，他们给康熙讲述的都是一些汉人的传统礼仪习俗，还有一些汉人的掌故，据说这两个粗通文墨的太监对康熙接受传统汉文化的影响很大。康熙从五岁起就开始读书，十三岁就能下笔成文，可见他的勤奋之深和资质之优。康熙自幼苦读不辍，其祖母孝庄太皇太后就关切地劝他："你贵为天子，如此勤苦，难不成想成主考官？"但康熙还是嗜读不止，亲政之后，康熙便在上朝时的空闲时间里，于宫中批阅典籍，而且还觉得义理无穷，乐此不疲。他还说"一刻不读书，便觉得心中不安"，因此终日手不释卷。

　　康熙读书所涉及的范围也非常广泛，举凡史籍、诸子百家、佛教经论等

第八章
博采众长　学以致用

等无不涉猎，他对史籍尤为感兴趣，他还有"儒家经籍记载帝王道法，关切治国之理"的心得，而且史书事关前代得失，甚有裨益于治国之道。在回忆年幼时的读书经历，康熙还说道："朕八岁登极，即知黾勉学问，彼时教我句读者，有张、林二位内侍，此二人皆是明代善于书法之人，其教书唯以经书为要，至于诗文，则在所后……有翰林沈荃，平日学明代董其昌字体，曾教我书法。张、林二内侍俱见及明代善书法之人，亦常指示。"而且他还说："朕自八岁，雅好典籍，无论细旃广厦、讽咏古训，日与讲臣共之。即至銮车帐殿之间，罔费图史，寻味讨论，弗敢畏其艰深而阻焉，弗敢骛于外物而迁焉，盖初始为一日也。"这些话都能表明，康熙勤学不辍，遇到学问艰深处也能钻研，就算外物也不能让他分心。康熙从小就将尊孔重儒、研读史籍视作帝王的本分，这就为后来他制定、实践其施政理念打下了坚实的基础。

在康熙身边，也有一群儒学知识分子如张英、高士奇、杜讷、李光地等人，他们通过与康熙讲读、研讨，使得康熙对儒学更为了解和笃信，而且还准备全面接受儒家治国的学说理念。康熙二十三年（1684年），康熙路过曲阜孔庙，还亲行拜谒大礼，场面非常隆重。康熙又谕大学士曰："至圣之德，与天地日月同其高明广大，无可指称。朕向来研求经义，体思至道，欲加赞颂，莫能明言。特书'万世师表'四字，悬额殿中。非云阐扬圣教，亦以垂示将

康熙御笔"万世师表"匾

来。"这还不够,没过多久,康熙又谕曰:"历代帝王致祭阙里,或留金银器皿,朕今亲诣行礼,务尊崇至圣,异于前代。所有曲柄黄盖,留供庙停,四时飨祀陈之,以示朕尊圣之意。"

除了御制《过阙里诗》外,康熙还制《至圣先师孔子庙碑》,长篇大论地称赞孔子承继尧、舜、禹、汤(商汤)、文(周文王)、武(周武王)、周公的道统,并将其发扬光大,最后还说道:"朕忝作君,启沃下民。深惟夫子师道所建,百王治理备焉,舍是而图至隆,何所依据哉?因勒文于石,彰朕尊崇圣教,以承天治民之意。"当天,他还对大学士明珠说:"周公,大圣人,制礼作乐,垂示万世。今庙在曲阜,应行致祭。此系重大典礼,其遣恭亲王常宁及礼部尚书介山偕往,以示朕尊崇元圣(也就是至圣孔子)之意。"

康熙二十六年(1687年),朝廷特颁《孟子庙碑》,把孟子放在亚圣的地位。二十八年(1689年),康熙又颁御制《孔子赞序》及颜、曾、思、孟《赞》,命翰林官缮写,国子监摹勒,分发直隶各省。三十二年(1693年),康熙以阙里圣庙落成,特命皇三子、皇四子前往致祭,御制重修阙里孔子庙碑,其文曰:"朕惟大道昭垂,尧舜启中天之圣,禹汤、文武绍微精一之传,治功以成,道法斯著。至孔子虽不得位,而赞修删定,阐精义于六经,祖述宪章,会众理于一贯,为往圣继绝学,为万世正人心。使尧舜、禹汤、文武之道灿然丕著于宇宙,与天地无终极焉。"康熙三番两次为孔庙御制碑文,还屡次派皇子、亲王前往致祭,可见他对孔子的尊崇真是不一般。

当然,康熙对朱熹及其理学也是推崇有加,在康熙五十一年(1712年),他就对大学士们下谕说:"朕自冲龄,笃好读书,诸书无不览诵。每见历代文士著述,给一字一句于义理稍有未安者,辄为后人指摘。惟宋儒朱子注释群经,阐发道理,凡所著作及编纂之书,皆明白精确,归于大中至正。今经五百余年,知学之人,无敢疵议。朕以为孔孟之后有裨斯文者,朱子之功最为宏巨。"而且专为此事,康熙还将朱熹升到大成殿东序为第十一哲,之后,各省、府、孔庙都照此办理。次年,康熙便颁布命令,把刻成的《朱子全书》

第八章

博采众长 学以致用

《四书集注》发行全国,同时还下令将有真实留心性理正学之人推荐上来。

等到《朱子全书》编纂完成的时候,康熙还欣然作序,并且还在序中给朱子很高的评价,说:"朱子集大成而继千百年绝传之学,开愚蒙而立亿万世一定之规。穷理以致其知,反躬以践其实……皆内圣外王之心传,于世道人心之所关匪细。如务精则因经取义,理正言顺,和平宽宏,非后世浅见而轻义者同日而语也。至于忠君爱国

朱熹

之诚,动敬语默之敬,文章言谈之中,全是天地之正气,宇宙之大道。朕读其书、察其理,非此不能知天人相与之奥,非此不能治万邦于衽席,非此不能仁心仁政施于天下,非此不能内外为一家。"在序中,康熙还谈了他读朱子之书的一些心得以及编纂此书的由来:"读书五十载,只认得朱子一生居心行事,故不能粗鄙无文,而集各书中凡属朱子一句一字,命大学士熊赐履、李光地素日留心于理学者汇而成书,名之曰《朱子全书》,以备乙夜勤学。"当然,康熙也曾说过他读书的目的:"朕一生所学者为治天下,非书生坐视立论之易。"

对于孔子学说之后的各种为儒家经典所作的注释,康熙常常表示出鄙视的心态来,而独对朱熹却推崇备至,而且清廷还命令将朱熹所注的四书五经作为科举考试的必备内容。不过,在把理学确定为官方学问之后,社会上出现许多假道学,他们背离、歪曲朱子学说,有些人表面上大讲理学,实际上却又是另行一套,这些当然都是康熙深恶痛绝的。康熙希望人们能以朱子学说作为行动指南,来以此完善自我,改良社会。康熙二十五年(1686年),康

熙就对大学士们说:"世间全才未易得,但能于《性理》一书稍加观览,则愧怍之处甚多。虽不能全依此书以行,亦宜勉强研求,明晰义理。若只拘泥辞章字句,有何裨益?"康熙始终觉得读书应该知行合一,"凡人读书,宜身体力行,空言无益也。"

对于朱熹理学的理解,康熙也是感悟颇深,他对明代永乐时编纂的《性理大全》(宋代理学著作及理学家言论汇编)做出评价:"朕尝加翻阅,见其穷天地阴阳之蕴,明性命仁义之旨,揭主静存仁之要。微而理数之精意,显而道统之源流,以致君德圣学,政教纪纲,靡不大小兼该而表里咸贯,洵道学之渊薮,致治之准绳也……"在康熙所著的《理学论》中,写道:"夫理,语大乾坤莫能载,语小乾坤莫能破。散之万物,归于一中,无过不及。日用平常见于事物者,谓之理。天命而有性,率性而有道,此性命之自然也。圣人修之明之,推之教之,不齐者齐之,太过者抑之,皆循乎天道而尽己之性。非格物致知穷其理之至当者,即理在前而不识也……有一事必有一事之理,有一物必有一物之理。从此推去,自有所得。求之而失于过,不得其理也;求之而失于不及,亦不得其理也。惟一中即是无私,无私而后得其理之正也乎。"

程颐

康熙还说过:"人心一念之微,不在天理,便在人欲。是故心存私,便是放,不必逐物驰骛,然后为放也,心一放,便是私,不待纵情肆欲,然后为私也。唯心不为耳目口鼻所役,始得泰然。故《孟子》曰:'耳目之官不思而蔽于物。'物交物,则引之而已矣。心之官则思,思则得之,不思则不得也。此天之所以与我者。先立乎其大者,则其小者不能夺也。此为大人而矣。"完全可以说,康熙对朱子理学的认识与理解达到了相当的高度,并且还希望能够付诸实践。

第八章
博采众长　学以致用

当然，康熙还竭力宣传孔孟之道以及后世儒家学者所提倡的三纲五常等传统伦理教条，千方百计地为其统治政权的稳定来寻求理论依据，以达到长治久安的目的。康熙本身就深爱读书，也是被朱熹之学所吸引的一个重要原因。康熙二十五年（1686年），他为程颐、程颢、朱熹、张载、周敦颐等宋代大儒各个专设祠堂，并钦赐御书匾额，对他们的后裔都一一授以五经博士的世职。康熙曾与当时的一些理学大师朝夕相处，并与李光地、熊赐履亦师亦友，他还延请张英、熊赐履教授性理诸书。在康熙当政的六十一年中，他精心培植了一批心腹官僚，除了李光地、熊赐履、汤斌之外，还有张伯行、陆陇其、张廷玉、蔡世远、魏象枢等等，都是显赫一时的理学名臣，当时理学也作为满汉统治者之间的精神桥梁，使得他们能够同在一朝为官而共创盛世。

第二节　汇集文才以资治辅政

在康熙亲政后，便接受熊赐履的建议，开始学习历代帝王，例行经筵（为讲经论史而特设的御前讲席）和日讲，也就是说精选讲官为皇帝讲授经史文学，在讲课时，以经书（古代经典著作）为本，以历史为鉴，学习治国安邦之道。

在对待日讲与经筵方面，康熙的态度非常严肃认真，希望自己和大臣都能笃行务实，以免流于形式化。自开讲以后，康熙一大早就在乾清门御门听政；辰时（早上7点到9点），就到弘德殿听讲官讲课，除非有非常特殊的情况，否则从不间断。酷暑季节，燥热难耐，有人好心奏请暂停日讲，康熙却说："学问之道，必无间断，方有裨益，以后寒暑，不必辍讲。"即使在出巡、狩猎甚至是在平定三藩之乱的繁忙紧张期间，康熙仍令讲官每日进讲如常。

康熙深明"学而不思则罔,思而不学则殆"的道理,不光只是听讲官讲,而且自己也去读书并思考,他读起书来也是持之以恒,兴趣越来越浓。"朕自八岁即笃好读书,至今更觉旨趣无穷。甚矣,书之不可不读也。"讲官张英都被康熙孜孜以求的学习精神所感动,他由衷地说道:"前代帝王读书经筵日讲间断举行,仅是做做样子。现今皇上圣学勤敏极意精研,经筵日讲既已寒暑无间;深宫之中,手不释卷,诵读讨论,每至夜分,求之史书,诚然罕见。臣能入侍左右,甚是荣幸!"

有一次,康熙对讲官张英讲:"读书当有恒心,积累越多,每一天所得的意蕴都不同;每每见别人期望读书在旦夕之间就能有效,常常导致精神误用,终究也无益处。"张英非常赞同持之以恒的读书方法,就进一步回答:"所以人们学习,日计不足,月计有余,绝无旦夕就有成效。只有持之以恒,才会有益处,所谓日进无疆也。"

在讲学的内容方面,他要求经筵讲官要以帝王之道、治世之法以及修身养性的儒家经典为主。对于一些儒家经典,康熙也有很多自己独到的见解:"《尚书》记载帝统道法,关切治国之理","帝王之政要,必以经史为

弘德殿

第八章
博采众长　学以致用

本"，"《春秋》者，帝王治世之大法。史外传心之要典也"，"天德王道之全，修己治人之要，俱在《论语》一书"。也就是说，康熙认为帝王治国之道要以《尚书》《春秋》为借鉴，修己治人则要以《论语》为蓝本。康熙对于讲官，也希望他们务实，不能只靠一些陈词滥调来敷衍，所讲的文章要发挥义理，内容要关系世道为贵。在教学方法上，他也反对过去只由讲官敷陈、拘泥于一些章句的讲课方法，而是提倡讨论式的启发性教学。为此，康熙还说过："日讲原期有益身心，增长学问。今起讲官进讲，朕不复再讲，但循例，日后将成故事，不惟学问之道无益，亦非所以为法于后世也。讲官讲完，朕乃重复讲，互相研讨，都有启发。"

康熙本人非常强调教学相长，总是希望在讲授过程中，讲官和他本人都能够有相互间的思想交流，并能有所启发、感悟和收获，他曾说过："帝王之学，以明理为先，格物致知，必资讲论，向来日讲，惟讲官敷陈讲章，与经史讲义，未能研究印证，朕心终有遗憾……今思讲学之道，必当互相阐发，方能融会义理，有裨身心。以后日讲，或应朕亲自讲朱子对儒家经典的注解，或解释讲章，但仍令讲官照常进讲。"

从儒家经典中来体会、阐发古代帝王孜孜求治之道，是康熙好学敏求的最大动力，他与讲官在弘德殿讲论儒家经典时，常常以帝王治国之道来作为切入点，然后涉及修己治人的内容，竭力吸收其中的合理、可用成分，力求付诸实践。在研习儒家经典时，康熙的确能够从往圣先贤的教诲中学到了不少为君之道和治国之要。康熙在总结自己的学习心得时说："朕自五岁，就知读书，八岁践祚，辄以学庸、训诂，询问左右，求得大意，而后愉快。日所读书，必使字字成诵，从来不肯自欺。等到读四子之书，既已贯通，乃读《尚书》，于典、谟、训、诰之中，体会古帝王孜孜求治之意，期望施行于政。读《大易》，观象玩占，于数圣人扶阳抑阴，防微杜渐，垂世立教之精心，朕皆反复探索，必心与理会，不使纤毫扞格，实觉义理悦心，故乐此不疲耳。"由此可以看出，康熙在儒家经典中吸纳贯通其中的思想理念，使得自身头脑充实，智慧见长，才能信心满满施展满腔韬略。

除了研习讨论儒家经典外,康熙还与讲官讨论了人与法的问题,他说:"古来任人而不任法,故常原情轻重,未尝胶于一定,所以宥过无大,后世人情巧伪,日滋轻重大小,不得不断之一定之法,此亦势之不得已也。"张英便接着康熙的话来发表议论:"后世法有一定,所以使人不得任情高下,以防法吏之私,但亦须人与法相辅相成而行,然后能施法中之仁,而得古帝王钦恤之意。"见机行事,人治与法治交相并用,这才是康熙在执法施政过程中的一贯思想。

在读《论慎刑》篇的时候,康熙就说:"国家刑法之制,原非得已,然而惩儆奸佞,又不可无。朕每于刑法,必反复详慎,期于至当,未尝一事有所轻忽。"对此,高士奇也做过说明:"圣上秉承天地好生之心,民知慕化,数些年来秋后处决不过几人,即使用刑,特命更定律例,斟酌损益,诚乃万世成宪。"康熙还说过"现行律例尚得考虑研习,全在临时审察得宜也","与其绳以刑罚,使人怵惕(恐惧警惕),苟幸无罪,不如感以德意,俾民蒸蒸相喜,不忍为非作歹",可见康熙在用刑法方面还是很慎重的,都是秉持宽刑的思想,而且他还是倾向儒家以教化为先、以德服人的思想理念。

康熙非常期盼在他的王朝中,君臣关系能够融洽和睦,达到真正的大臣忠心进谏,君主虚心听取的良好合作状态,他信奉"三人行必有我师"的儒家古训,恪守"君君臣臣"的信条,认为古代贤明帝王比如尧舜虚心听从部下意见,唐太宗更是纳谏如流,君臣上下好比父子家人,都能坦然相对,而不是相互猜忌,堵塞言路。在听取别人意见方面,康熙非常钦慕唐太宗与魏徵这一代开创大唐盛世的明君贤臣,当他读到《论纳谏》的时候,不禁感叹道:"人臣进言,固当直切无隐;人君纳谏,尤当虚怀悦从。若勉强听其言,后又厌弃其人,则别人心怀顾忌,不敢再言,朕每阅览唐太宗、魏徵之事,感叹君臣遇合之际,千古为难。魏徵对唐太宗之言'臣愿为良臣,不愿为忠臣',朕尝思忠良原无二理,惟在人君善处之,以成全其始终。"

虽然康熙对理学推崇有加,但是他并不盲目信从,而是发扬经世致用的

第八章
博采众长 学以致用

理念，给理学注入一丝丝新的生机。因为在理学形成发展之后，社会上也开始流行"伪道学"，其标榜的理论往往与其实际行为不相符合，很多道学先生只是用"理学"来粉饰门面，私底下却欺男霸女、胡作非为；还有一种是阿谀奉承、吹嘘拍马之辈，媚上欺下，互相哄抬身价并以此来谋取名利；当然还有一些墨守成规之人，只会寻章摘句，开口"穷物格理"，闭口"性即理也"，是只会读书的书呆子，却在实际工作中没太大作用。其实明末清初的大学者如黄宗羲、顾炎武、王夫之等人掀起的一股实用思潮，早就将批评指正的矛头直指这空疏之学，呼吁人们讲究经世致用，康熙也深受他们的影响。

从王阳明"知行合一"的观点出发，康熙竭力主张学以致用，言行一致，他的一些言谈也表明了他的这些理念："学问无穷，不徒空言，惟当躬行实践"，"读书鉴古"，"读书穷理"，"探索源流，考竟得失"，"要讲求治道，付诸实践，不能仅仅空言"。在读书、明理与实践中，他也有自己的一套看法，他说："明理是最要紧，朕平日读书穷理，总是要讲究治道，见诸措施。故明理之后，又须实行，不行，徒空谈耳。"此外，他还说过："理学之书，为立身根本，不可不学，不可不行，若以理学自任，以致固执己见，所累者多。凡人读书，宜身体力行，空言无益也。"

康熙是一个非常讲究实用的人，对于一些讲官，或是一些理学名臣，如果他们空谈理学口若悬河、滔滔不绝，康熙便会问一些实际问题，结果一些人却一句也答不上来，像这种平时读书，满腹经纶，遇到实际生活中的大事，却毫无办法。对于这些名不副实的行为，不管是谁，只要

王阳明

被康熙发现，他便毫不留情地揭露批评。任江苏巡抚的张伯行平时就喜欢大谈理学，而且还享有清官之名，康熙却指责他："刻书（印书）甚多，刻一书非千金不得成，此皆从何处来？"他还挖苦河道总督张鹏翮："从来大儒持身接物，当如风光霁月，你平时也讲理学，而且一味苛刻严厉，也可谓风光霁月？"对于亲近讲官熊赐履，康熙还说他著的一书《道统》："朕观此书过当之处甚多，凡书果然好，虽不刻也能流布四方，否则，虽刻何益？道学之人，又如此务虚名，而实事有何用？"

康熙虽然喜欢与讲官一同探讨理学，也喜欢延请理学大师为其讲学，但他始终能够将所得的理学与实际相结合，而且又能从谏如流地听取臣下的谏议，他集思广益、博采众长，将生平所学付诸治国安民之中。

第三节　编修群书　以史为鉴

康熙酷爱中国古代的传统文化，而且还留意古代典籍，并有编修群书的志向。在康熙在位期间，他除了派人编修《实录》《圣训》《会典》《一统志》以及赋役、漕运、盐法等书之外，还组织文人、学者编纂经、史、文学等方面的书籍不下数十种。康熙对每部书都给予认真、具体的指导，无论是从编辑体例、指导思想、资料来源等各方面，他都会做周密详细的考虑，甚至还亲自动手，处理编纂事宜，批注读书心得，为书作序等等。康熙整理我国古代文化典籍的种类大致可以分为以下几种：

一、文字方面的书籍

早在康熙十二年（1673年），康熙就提出编修一部满文字书——《清文鉴》。他对侍臣说："此时满洲，朕不虑其不知满语，但恐后生子弟渐习汉语，

第八章
博采众长　学以致用

竟忘满语。且满汉文字义照字翻译,可通用者甚多。今之翻译者尚知辞意,酌而用之,后生子弟未必知此,不特差失大意,而且言语失当,关系不小。"康熙特意将这一任务交给通晓满汉文字的翰林院学士傅达礼,令他将满语照汉文字汇翻译,每个字该如何用,集成一书,方便满族后人学习,而且还再三嘱咐,不要急于求成,一定要讲究实用和质量。而且在编修过程中,康熙还亲自执笔,逐一审订,对一些疑难之处还专门询问满族老人。经过三十多年的努力,全书才编纂完成。当时,满蒙两族关系密切,康熙又命编修《满洲蒙古合璧清文鉴》,对蒙古字也做了编纂,使得满文、蒙文和汉文都能对照使用。

在编修完《清文鉴》之后,康熙又倡导编纂汉文字书——《康熙字典》,因为当时虽然全国统一,但在使用语言习惯以及南北音调上,各地都有很大的差异,所以说要在一部大型字典中将这些差异全部反映出来,而且还规定对照的文字,使得不同地区之间便于联系和交流;再者,研究古代经传典籍的人越来越多,对其中的音义解释也越来越深入细致,不能仅"据一人之见,宗一家之说",而应该吸收当前最新的研究成果,对不同意见也应兼收并蓄。很大程度上,还是大一统的思想在促使康熙觉得有必要编修一部大型字典。

在康熙四十九年(1710年)三月,康熙向南书房大学士陈廷敬提出编修汉文字书的初步设想,康熙觉得先前命令学者所编修的《朱子全书》《佩文韵府》《广群芳谱》等等都已经完成,关于文字方面的书籍,也非常重要,所以商定好了再准备编纂一部大字典。为此,康熙还专门去了解明代所编修的《字汇》《正字通》,说这两部书都有缺陷,应当取长补短,另外再行编纂。康熙当时就命张玉书、陈廷敬为总阅官,凌绍雯等二十七人为编修官。《康熙字典》博采众多字典词汇之所长,并加以补充发挥,使得古代字典的编纂达到一个顶峰。

二、分门别类的书籍

此类书也称之为类书,相当于近现代西方的百科全书一样。在众多康熙年间编纂的大部头书中,《古今图书集成》不得不提。在隋、唐、两宋时代,就有大部类书如《唐类函》《北堂书钞》《太平御览》《册府元龟》《玉海》等

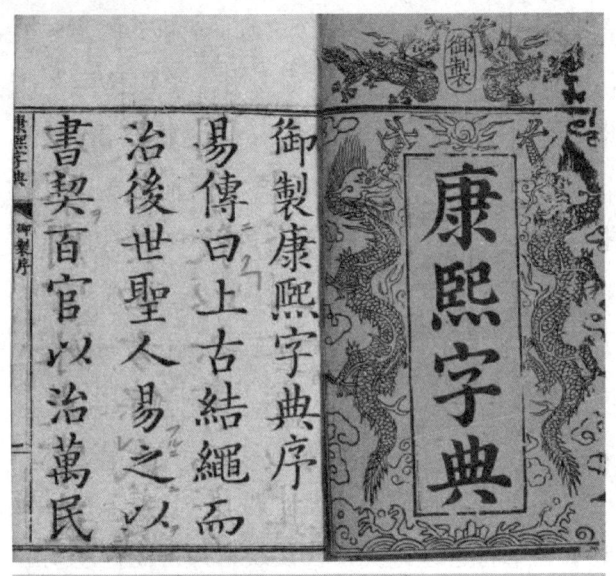

张玉书、陈廷敬等编著的《康熙字典》

等,但康熙又发现这些类书都不太理想,便决定编一部新的大型类书,于是就有了编纂《古今图书集成》(初名《汇编》)的想法。这部书的主编是陈梦雷,陈梦雷由于卷入康熙晚年的诸子夺嫡之争,使得这部书也没能按期完成,康熙去世后,皇四子继位,也就是后来的雍正帝。雍正继位后,陈梦雷因为与几度被废的先太子和皇三子有密切关系,七十二岁的高龄还被贬谪到关外。雍正也没能遵照康熙的谕旨,对此书进行删改。不过总的来说,《古今图书集成》在雍正六年得以完成,这部恢宏浩大的书共计一万卷,分订五千册,总字数达到一亿,仅次于明代的《永乐大典》。雍正虽然对此书进行过删改,但也不得不肯定地说:"《古今图书集成》能贯穿古今,会合经史,天文地理,皆有图记,下至山川草木,百工制造,海西(西方)秘法,糜不具备,洵为典籍之大观。"

三、文学方面的书籍

康熙自幼就非常喜欢读古人文选,还曾将秦汉以及唐宋各代的名作汇成一书,逐篇亲加评论,汇成的集子叫作《古文渊鉴》,还刻印颁发,广传天下。康熙还要求诸臣对此书多加学习,他认为其中有很多治国之道,应当随时翻阅。在一次北巡塞外途中,康熙发现随从的内阁、翰林院、参事府官员都将这部书以及其他书籍带在身边,便很满意地说:"但凡做官者,无论文武,皆须读书,探讨古今得失加以研究。尔等携带诸书,以备问答,甚善!"

康熙很喜欢读唐宋诗赋,特别是对于唐太宗和欧阳修的作品,更是情有

第八章
博采众长 学以致用

独钟。康熙在《讲筵绪论》中说:"诗以吟咏性灵,如唐太宗诸篇,未有不以天下黎民为念者。欧阳修《憎苍蝇赋》,题虽小,喻谗人乱国,意极深长,每喜读之。"康熙四十五年(1706年),康熙命令江宁织造曹寅在扬州天宁寺设立刊刻《全唐诗》的书局,还派庶吉士俞梅到扬州做筹备工作,除此之外,还大派文人从事校订、编辑《全唐诗》的工作。最后全书修编完成,搜集唐诗四万八千九百多首,诗人两千二百多人,而且此书还按照正史中的时间顺序编排,易于查找唐代各个时期的诗人及其作品。除此之外,康熙还命人编有《历代题画诗》《历代诗宗》《四朝诗》《全金诗》《御选唐诗》等书,就连康熙所写诗歌都被臣下整理成《圣祖仁皇帝御制文集》共一百七十六卷。

四、古代的经典书籍

康熙在经筵日讲时听过的经书,都令臣下刊刻颁行,并亲自为之作序,如《日讲书经解义》《日讲易经解义》《日讲诗经解义》《日讲四书解义》《日讲春秋解义》《经筵讲章》《日讲通鉴解义》等等。这些书籍全部都是满文、汉文同步刊行,而且康熙还喜欢将一些书颁赐给诸王、贝勒、贝子等王公大臣。

总之,在康熙的主持和直接参与下,康熙在各类书籍的编著、整理、出版方面可谓硕果累累,其著作、出版书籍的积极严谨的态度,对于清代经学训诂的繁盛发展,开了良好的先例,对当时朝廷形成的一股严正、繁盛的文风起了重大的推动作用。

唐太宗在魏徵病逝时,伤心流泪地说道:"以铜为镜,可以正衣冠;以史为镜,可以知兴替;以人为镜,可以明得失。魏徵没,朕亡一镜矣!"康熙崇敬唐太宗,对于这段后人熟悉的历史典故也是知晓的,所以他也非常重视历史。康熙从广义的理解出发,认为《尚书》《春秋》等经传就是史书,他还说过:"自古帝王御世,大经大法莫备于史,唐虞三代之史,《尚书》所载典谟训诰皆是也。自仲尼因鲁史作《春秋》,始编年系月,记载其中褒贬寓意。"后来康熙还主动提议让讲官给他讲《资治通鉴》,而且还规定选择切要的事实进行讲授,在听完讲授之后,康熙觉得自己很有收获,而且还意犹未尽,便将《资治通鉴》《资治通鉴纲目》《纲目大全》三书详细地通读、批注,花了

近两年时间将这些书看完,其所作批注达到一百零七则,后来都由起居注馆记注,以便将来编入史书。

说到康熙朝的历史,就不得不谈《明史》。《明史》在顺治二年就开始准备编写的工作,到乾隆四年(1739年)才定稿,历经顺、康、雍、乾四朝共计九十五年,在这期间内时断时续,但主要的编写工作是在康熙朝完成的。康熙一直把编写《明史》视作清朝不可推卸的责任,而且还必须修好,使得后人心服。所以,康熙也说过:"明史关系极大","不畏当时而畏后人,不重文章而重良心"。而且,康熙觉得自己的责任尤其重大:"若明史之中,稍有一处不当,后人将归责于朕,不可轻忽也。"

对于编写《明史》,康熙非常重视,所定的标准很高,要求也极为严格,他专门为《明史》写了一篇文章,晓谕编修大臣,还在其中提出:"明史不可不成,公论不可不采,是非不可不明,人心不可不服。"基于这种想法,他经常询问《明史》的编写进度,还亲自逐册审阅原稿,如果发现其中的问题,便召集编修大臣进行商榷。经过前后几次增删,到康熙六十一年(1722年),完成三百一十卷的全稿。后来经过雍正朝的修订,到乾隆初年,便形成后来通行的三百三十二卷本的《明史》。

当然,康熙也不仅仅只是令人修史,在长期主导编修明史的过程中,他也逐渐形成自己的治史思想。他一直认为历史当以写实为第一要务,反对空言文饰。在修《明史》过程中,康熙一再谕令地方官广泛搜集前朝遗书,并令及时送到京城,而且还告诫纂修官,当注重利用《明实录》等原始史料,但后来发现《明实录》有谬误时,他又提出在采用资料时,务必精致地考核。此外,康熙还主张秉公论断,反对讥贬前朝,强调《明史》必须使后人心服,为此,做史之人必须排除各种偏见,他曾特别提到:"有明二百余年,其流风善政,诚不可枚举。"

对康熙来说,修史最为直接的意义莫过于正确总结历史经验,以利于后世。康熙治史,总是处处以前朝为借鉴,极为注意总结明朝灭亡的真正原因。史官都认为明朝亡于太监,康熙也认为明朝的败坏就在于太监专权,但经过仔

第八章

博采众长　学以致用

细分析后,他又感到朋党纷争对明朝的危害更不能被忽视。他看到朋党之争对明朝的危害后,便受到历史经验的启发,对现实的党争极为警惕。后来他还训斥大学士:"明时臣工不能秉公,颠倒是非,挟仇弹劾,此风不可不戒。"

除了让史官编修前代《明史》外,康熙也主持编纂当代史的工作,比如在康熙二十一年(1682年)开始编著的《平定三逆方略》以及后来的《平定海寇纪略》《平定罗刹方略》《平定朔漠方略》,编写康熙一朝分别荡平吴三桂等人的"三藩之乱"、平定郑氏集团收复台湾、抗击黑龙江一带的俄罗斯侵略者、剿抚噶尔丹集团的叛逆等重大事件,而且还做了经验总结。在康熙二十九年(1690年)四月,康熙采纳山东道御史的建议,决定编修清朝太祖、太宗、世祖的《三朝国史》,还成立"三朝国史馆"负责编修事务。

第四节　倾心西方科技

康熙最初对科学技术的兴趣,并不是出于科学家对科学事业的那种热爱,而是为了用科学治理国家而引发的。当他看到科学技术对农业、工矿业、军事、治理河道、防治自然灾害以及医治疾病有着极大的帮助时,他就决定对科学技术多加了解,并对科技加以利用和发展。

用法国传教士白晋的话来说:"因为他(康熙)本来就对新奇东西感兴趣,所以,自从他有了某些欧洲的科学知识之后,就表现出了学习这些科学的强烈欲望。"康熙在亲历了杨光先与南怀仁(比利时人,精通天文历法,擅长铸炮)的争执后,便宣布他本人赞成欧洲的天文学以及一些其他的科技。从此,他也就热衷于学习西方科技。一些外国的传教士曾有过这样的记载:"他连续两年如此专心致志,以致把处理其他事务以外剩下的几乎全

部时间都花在数学上,同时他把这种学习当作他最大的乐趣。"南怀仁也记述道:"每日破晓,我就进宫,立即被引入康熙的内殿,并经常到午后三四点钟才告退。我单独与皇帝一起,为他读书和讲解各种问题。"

在两年多的时间里,南怀仁给康熙讲解了一些主要数学仪器的运用,还讲解了几何学、静力学、天文学中一些有趣又容易理解的东西给康熙听,而且还专门编写了一些最通俗易懂的书籍送给康熙。为了遵照康熙要求把《几何原本》译成满文的嘱托,南怀仁还特地花时间去学满文。除了南怀仁之外,葡萄牙人闵明我、徐日升也曾进宫为康熙讲过西方科技。

平定三藩之乱后,康熙更加勤奋地学习西方科技,而且还专门让传教士住在京师,甚至让他们住在顺治曾经住过的地方。康熙还让比利时的安多神父用汉语来给他讲解数学仪器的运用以及书写几何和算术的知识,他非常刻苦地学习欧几里得的几何学知识,还用"令人钦佩的耐心和注意来听讲"。学完几何学,康熙还学习生理学,甚至还让传教士在宫廷里建立实验室,制造许多中药丸、散剂、药膏、丹丸等等。

康熙也致力于科技事业,无论是在北京皇宫,还是在出巡的行宫内,康熙都让侍从带着仪器,当着朝臣的面专心致志于天体观测和几何学的研究。有时候,康熙还用自己学得的天文学方面的知识和仪器来观测太阳子午线的高度,有时候还像学生一般测量两宫地点之间的距离或是一座山峰、一个宝塔的高度。此外,康熙还经常让人携带日晷,并通过自己的计算,在日晷处找到某日正午日晷针影子的长度,而且他的计算结果往往同随行的神父所观测的结果一致,这让满汉大臣惊叹不已,康熙本人也觉得十分自豪。

康熙还向法国传教士洪约翰、刘应两神父学习观察天体所用的秒钟、水平仪和其他一些仪器的使用方法。有一次,康熙得疟疾,御医都束手无策,满城张贴皇榜来求医问药,同样患有疟疾的人还被请到宫中做实验。恰巧洪约翰、刘应也在北京,他们携带一英镑的金鸡纳(一种原产于南美洲的名贵草药),在一般病人身上试用后,得到了立竿见影的效果,康熙也在服用后,不久就恢复健康,从此,这便更加坚定了他对西洋科技的迷恋。

第八章

博采众长　学以致用

康熙认为人的身体上的任何微小部分都得详加分析和研究，所以他命人翻译《人体解剖学》，他还说过："世上无论何物，当利用之。盖上帝既以万物赐我，则善为利用，理亦宜也。"从康熙五十二年（1713年）开始，康熙还命人编修一部天文历法著作《律历渊源》，全书的基本内容来源于汤若望的《西洋历法新书》，并根据南怀仁的《灵台仪像志》和《康熙永年历法》以及许多实测数据作了修正和补充。

康熙朝另外一项重要的科学成就便是测绘《皇舆全图》，这项工作从康熙四十六年（1707年）开始，到五十六年（1717年）结束，历时十一年才得以完成。这部地图有总图一幅，还有各省的分图，共有十五省及关外满洲、内外蒙古，而且这些都是经过准确测定，东抵大海，西越西藏，期间的关隘塞口、海汛江防、城堡戍台、驿站津关等扼冲险要之地应有尽有。这部地图集就当时的世界水平而言，堪称地理学方面的最高成就。后来的西方学者李约瑟都说该图"不但是亚洲当时所有地图中最好的一幅，而且比当时所有的欧洲地图都更好、更精确"。康熙说自己和官员为了绘制这幅地图总共耗费了三十多年的艰辛努力。

每每出巡，康熙也都很留心当地的山川道路以及地形、气候、物产和民族状况等等，可以说到了了如指掌的程度。有一次，康熙对臣下讲述自己详察天下山川地理的情况时说："凡古今山川名号，无论边徼遐荒，必详考图籍，广询方言，务得其正。"所以，康熙曾派人到昆仑、西藏各地，只要是长江、黄河、黑水、金沙江、澜沧江等水流的发源之地都要勘察仔细，然后再载入舆图。康熙在绘制《皇舆全图》过程中，大胆使用外国科技人员和设备，还进行科学的测量；在每次巡行之时，他都让随从带着仪器陪从，随时测量纬度。康熙二十年（1681年），他在巡视辽东时，就指定南怀仁随行，还专门委派一个官员负责仪器的安全运输，因而得以完成地理大测量和全图的绘制。

此外，在康熙的影响和指令下，南怀仁还绘制了《坤舆全图》，这是对晚明时期利玛窦的世界地图进行了补充和修改，是在中国第一次把世界地图绘

制成两个半球图。南怀仁还对这幅地图进行了解说,为此还撰写成《坤舆图说》一书,书中分上下两卷,上卷相当于地球概述,共包括十五个部分,涉及地球形状,南北极、地震、山岳、海水运动、潮汐、江河、风雨云转化等等;下卷则分别介绍五大洲和各国地理、物产、风情,书后附录记载了各种奇异动物和世界七大奇观,而且还反映出西方科学技术的发展,同时也纠正了过去在中国士大夫阶层认为天朝乃天下之中,而其他地方都是小夷国,加起来的总面积还没有中国零头这样的偏见。《坤舆图说》这本书可以说让康熙和朝臣都眼界大开。

康熙也不是一味沉溺于西方科技中,他还非常注重培养和发现国内科技人才,希望能够融合中西学说。像梅文鼎、陈厚耀、何国宗、明安图等人就是康熙竭力罗致并培养的杰出科技人才。

梅文鼎可以说是清代最负盛名的数学家了,他学识渊博,所做的研究工作也非常深刻,一生著作等身,是不可多得的人才。在康熙四十一年(1702年)南巡时,康熙驻跸德州,大学士李光地给康熙看了梅文鼎的《历学疑问》。两天之后,康熙就说那书写得详细,用心很深,还说要带回宫中好好细读。后来,当李光地问康熙这书怎样时,康熙说写得没有任何瑕疵和谬误的地方,但可惜没写完。其实康熙在看《历学疑问》时,这书本来就没写完,过了三年后,康熙还记得此事,便在南巡途中特意召见了梅文鼎,

利玛窦

第八章
博采众长 学以致用

二人谈得特别投机,在临别之际,康熙特意御书"积学参微"四字相送。此后,康熙对李光地说:"历学算法,朕最关心,此学今鲜知者。如文鼎,真少见也。"当时梅文鼎已经七十多岁,康熙还感慨人杰已老,又马上注意到应培养一批中青年学者。

康熙五十一年(1712年),为了编纂大型数学、天文、乐律百科全书《律历渊源》,康熙听闻梅文鼎之孙算法颇好,特下诏江西巡抚,叫梅文鼎的孙子梅谷成到北京入侍。次年,康熙六十大寿,康熙便于当年成立算学馆,地点就设在畅春园的蒙养斋。蒙养斋除了精选部分八旗子弟、世家子弟,由钦天监洋人教授之外,实际上就是康熙召集学者研究科学、编纂书籍的场所。梅谷成就是在这样的环境中实现了中西方数学知识的融合。李约瑟对梅谷成评价很高,他说:"明代数学家没有一个通晓宋元的代数学,而宋代的代数学完全废置不用,直到耶稣会传教士及其他人引入欧洲代数学以后很久,梅谷成等人才认识到隐藏在不常见语言下的中世纪中国代数学,并重新对它进行研究。"

康熙四十五年(1706年),李光地向康熙推荐了泰州学者陈厚耀,陈氏很快被康熙授为"内阁中书"。四十八年(1709年)五月,康熙驾幸热河,命陈氏随从。到密云的时候,康熙给陈厚耀出了一道算学题,而他自己也用更为简便的方法同时计算这道题,然后把计算稿给陈厚耀看,问他是否知道那种方法。陈厚耀却说:"皇上此法精妙,极为简便。"一路上,康熙还同陈厚耀谈论了仪器的使用方法、地理学、数学等等。二人回京后,也经常见面讨论一些天文历法、数学、地理等等知识。陈厚耀与梅谷成一道在蒙养斋参与《律历渊源》等书的编纂工作。后来参与《律历渊源》的还有何国宗,他们几人经过近十年的努力,终于完成当时的巨著《律历渊源》。

康熙也在科技方面取得了杰出成就,《康熙几暇格物编》就是他本人的科技著作。在这部书中,记述了许多康熙自己或其他人了解到的自然现象,主要涉及地理和生物方面的知识。除此之外,康熙还比较注重科学实验,凡属有条件证实的物理、生物、化学等现象,他都能亲自去实地验

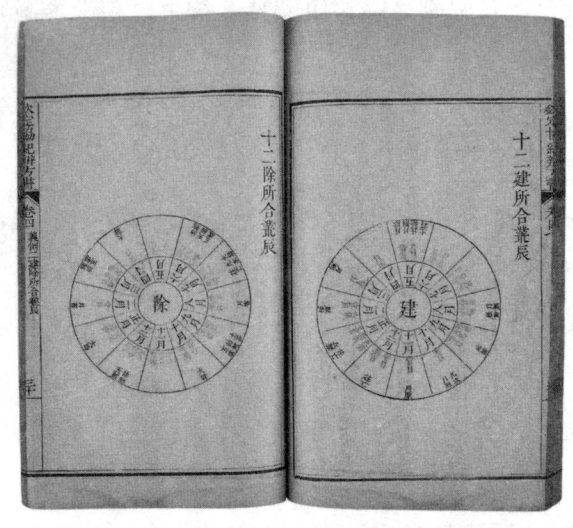

何国宗、梅瑴成、允禄等合写的《律历渊源》

证。在康熙的这部书中，也有讲到他自己到山海关、天津、长江、钱塘江等处去观察潮汐来去的时间，还询问当地居民，如果时刻有不同的便令人记录下来。

对于其他实用科技，康熙也表现出了浓厚的兴趣。他在宫中设有天象观测台，还有化学实验室。从《康熙几暇格物编》中，可以看到，康熙对多种树木、药材以及全国各地的物产资源、居民风俗、地理水质、风云雷电、潮汐汛期、地震火山等等都有留心的探究。

难能可贵的是，康熙一直秉承笃行务实的作风，较少有迷信观念，而且较为开明地对待西方的科学技术。当然，康熙由于过于追求个人兴趣，也有较大的局限性，西方传教士在宫廷所讲的内容完全是以皇帝的兴趣为转移，因此使得康熙对西方科学技术始终缺乏系统的了解。而且，康熙有些喜欢在朝臣面前卖弄自己的博学，借以加强他的君主权威，有时还要故意出几道难题为难一下群臣，甚至在接见外交使节时也如此。不过，康熙终归比较注重西方科学技术的实际作用，并且力求在实践中开拓科研之路，所取得的研究成果也不同程度地得到了应用。

第九章

储君之争　立嗣风波

第一节 康熙的教子之方

一个成年人在教育子女方面，难免会以自身的成长经历或受到的教育经验作为参考。来看康熙的教子之方之前，不妨先看看康熙本人的成长环境。

作为一个游牧民族的后代，康熙是非常不情愿放弃祖辈流传下来的骑射本领，而且他的父亲顺治也下过这样的谕旨："我朝原以武功开国，历年征讨不臣，所至克捷，皆资骑射。今仰荷天休，得成大业。虽天下一统，勿以太平而忘武备。尚其益习弓马，务造精良，嗣后满洲官民不得沉湎嬉戏，耽误丝竹，违者即拿送法司治罪。"在康熙十二三岁的时候，他就几度前往南苑射猎，为八旗子弟做表率，鼓励他们重操旧业，再展马背雄风。但是后来贪图安逸的八旗子弟完全没有先前的锐气与武力，以致在三藩之乱时全无招架之力。为了扭转八旗官兵渐渐腐化的恶习，更是为了建立一支能骑善射的剽悍骑兵军旅，便用都统赵景处在塞上射猎来训练骑兵。

在康熙二十年（1681年），朝廷还专门开辟木兰围场，让满洲八旗子弟训练骑射，而且康熙也注重训练他们负荷重物、长途跋涉、吃苦耐劳、严守纪律的素质，培养他们行军野战、摧锋挫锐、协同配合、攻击取胜的能力。后来，就是康熙培养出来的一支杰出的骑兵队伍，北抗沙俄，西追噶尔丹，以及后来的多次战役中克敌制胜。在训练满洲官兵的过程中，康熙练得一手好武艺，当然也在其中培养出坚韧不拔的毅力。

在康熙办事和休息的宫殿里，就经常陈列着鸟枪、弓箭和各种健身器材，而且康熙本人的武功素质也非常不错，他能够左右开弓，无论是骑马还是快

第九章

储君之争 立嗣风波

跑、立定射击、骑马射击都有板有眼，箭法也相当精准。他本人用的强弓，整个宫里没有几个人能够拉开；他的骑术也非常精湛，无论是缓行还是疾驰，都能收放自如。

当然了，康熙不是一味地沉迷于骑射这样的武事，在文学、科技方面他都很有爱好（上些章节有所谈到，此处就不再赘述），可以说他是个注重文武双修的皇帝，在教子方面，他也能够注意到不要让那些未来皇朝的统治者偏废哪一方。

康熙一共有三十五个儿子和二十个女儿，可以算得上历代最为多产的皇帝之一。皇长子胤禔为惠妃纳喇氏所生，康熙不大喜欢他，也没对他抱有太多期望，所以在教育方面对他没有下太多功夫。而孝诚皇后赫舍里氏所生的次子胤礽却深受康熙钟爱。胤礽生于康熙十五年（1676年），出生时母亲就因难产去世，在一岁时就被孝庄太皇太后和皇太后立为皇太子，四岁时，康熙便亲自教这个皇太子读书、写字，六岁时，康熙就请了自己的讲官大学士张英和李光地为皇太子的师傅，对其孜孜教诲。皇太子是未来帝国的国君，所以其为人的好坏关系到朝廷的宗庙社稷，康熙还认为自古帝王无不悉心教导皇储，还将其视为国家未来之根本，他生怕皇太子学艺不精，所以常常耳提面命，督以礼节，勤加教诲。

在京城西郊海淀西边的丹陵片，康熙还专门命人在那里建造过一座"避喧听政"的畅春园。在那

胤礽

园里有个无逸斋，典雅幽静，有些与世隔绝，那便是皇太子胤礽读书的地方。胤礽十四岁时，该出阁读书了，有一天，康熙在畅春园对他的老师尚书达哈塔、汤斌和耿介说："古代帝王教训储君不得其道，以致颠覆，往往有之。"而且还援引李世民的事例作为教训，说："唐太宗也是英明神武，而不能保全储副（储君），朕深意其故。"于是，康熙就让那些太子的师傅继续耐心教导，不得怠慢。此外，康熙还告诫胤礽读书、写字要勤奋，不许有一天贪图安逸，所以将胤礽读书的地方赐名为"无逸斋"。

胤礽作为皇太子，身负重望，来看看他某一天的读书安排，便知道其受教育的大体情况：

卯时（早上五点到七点），满文师傅达哈塔、汉文师傅汤斌和少詹事耿介进入无逸斋，向皇太子行礼完毕后，就开始记载皇太子的言行、起居。胤礽就在案头诵读《礼记》中的章节，然后遵照康熙的旨意："书必背足一百二十遍"的规定，等他背完之后，汤斌做上记号便退回原地。

辰时（早上七点到九点），康熙上完早朝，向皇太后请安之后，就来到无逸斋询问胤礽的读书情况，还问汤斌，太子背书熟不熟，汤斌说很熟，康熙接过书后便让胤礽背诵，胤礽一字不漏地全背上。康熙又问起居注官："你等看皇太子读书如何？"官员们就回答："皇太子聪慧睿智，学问渊通，实在是宗庙万年之庆。"康熙略微点点头后，便很严肃地对胤礽的老师们说："你们不要对皇太子有太多的夸奖，要求还是得颇为严格才行。"检查完胤礽的功课，康熙才放心地离开。

巳时（上午九点到十一点），当时是秋伏，天气炎热，暑气未退，胤礽不用扇子，也不解衣冠，凝神端坐在案头写字。这时候，他的师傅汤斌和耿介因为年迈，早上一大早就服侍在两侧，站立的时间久了，便体力不支，几乎都快昏倒。即使是这样，胤礽仍然写好汉字数百，满文一篇，让两位师傅传观。汤斌看完之后，不禁赞叹道："端严秀劲，真佳书也！"达哈塔也夸赞道："笔法精妙，结构纯熟。"

午时（中午十一点到下午一点），侍卫给胤礽送来午膳，胤礽让师傅们

第九章
储君之争 立嗣风波

也一道吃,师傅们谢过太子后就座吃饭。等午饭一吃完,胤礽没有休息,继续正襟危坐着读《礼记》,读过一百二十遍,再由汤斌捧着书,让胤礽背诵。

未时(下午一点到三点),侍卫端来点心,胤礽吃完点心后,侍卫在庭院中安上箭靶。胤礽步出门外,站在台阶下,用力拉弓,扣弦射箭。可以说这既是锻炼身体又是练习箭法的一课,是康熙教育皇太子要崇文善武。胤礽射箭完毕后,再回屋入座,让师傅们给他讲课。之后,便是师傅们出题,让胤礽来讲。

申时(下午三点到五点),康熙又来到无逸斋,皇长子胤禔、三子胤祉、四子胤禛、五子胤祺、七子胤祐、八子胤禩等诸位少年或成年皇子也前来侍读。汤斌遵旨从书案上随意取下经典书籍,让诸皇子依次鱼贯进前背诵、疏讲。

酉时(下午五点到七点),侍卫在园中张罗,安置好箭靶后,康熙便令诸皇子依次射箭,各位皇子射箭命中的成绩不等,在他们射完之后,康熙又做示范,连发几箭,全部命中。等到天色已晚,胤礽一天的功课也就完毕。

康熙对于其他的皇子也都倾注了较多情感和关心,但是他日理万机,说来还是政务繁忙,再者,由于康熙皇子众多,所以用他的话来说就是:"朕之诸子,多令人照养,大阿哥养于内务府总管噶禄处,三阿哥养于内大臣绰尔济处,惟四阿哥(四阿哥胤禛,也就是后来的雍正帝),朕亲抚育,幼年时微觉其喜怒不定,至其能体

胤禛

朕意，爱朕之心，殷勤恳切，可谓诚孝。五阿哥养于皇太后宫中，心性甚善，为人纯厚，七阿哥心好举世，蔼然可观。"康熙也是教他们要积极学习各种技艺和知识，学习的内容无不包括满文、汉文、蒙文和经史等文化课，还有骑射、游泳等军事、体育项目。

法国传教士白晋在自己的见闻中，还专门提到康熙是怎样教育诸位皇子的：

这些皇子的教师都是翰林院中最博学的人，他们的师傅都是青年时期就在宫廷里培养第一流人物。然而，这并不妨碍皇帝还要亲自去检查皇子们的一切活动，了解他们的学习情况，直到审阅他们的文章，并要他们当面解释功课。

皇帝特别重视皇子们道德的培养以及适合他们身份的锻炼。从他们懂事时起，就训练他们骑马、射箭与使用各种火器，以此作为他们的娱乐和消遣。他不希望皇子们过分娇生惯养；恰恰相反，他希望他们能吃苦耐劳，尽早地坚强起来，并习惯于简朴的生活。这些是我从神父张诚那里听说的，是他在六年前随同皇帝在鞑靼山区旅行回来后讲的。起初，君王只把他的长子、第三子和第四个儿子带在身边；到打猎时，他还叫另外四个儿子随同前往，其中年龄最大的只有十二岁，最小的九岁。整整一个月，这些年幼的皇子同皇帝一起终日在马上，任凭风吹日晒。他们身背箭筒，手挽弓弩，时而奔驰，时而勒马，显得格外矫健。他们之中的每个人，几乎没有一天不捕获几头野味回来。首次出猎，最年幼的皇子就用短箭猎获了两头鹿。

皇子们都能流利地讲满语和汉语。在繁难的汉文字学习中，他们进步很快。那时连最小的皇子也已学习《四书》的前三部，并开始学习最后一部了。皇帝不愿让他们受到任何细微的不良影响。他

第九章
储君之争　立嗣风波

让皇子们处在欧洲人无法办到的最谨慎的环境中成长起来。皇子们身边的人，谁都不敢掩饰他们的哪怕是一个微小的错误。因为这些人明白，如果这样做，就要受到严厉的惩罚。

由白晋所记载的内容可以看出，康熙在那些皇子少年时就要求非常严格，还亲身示范，带领他们养成吃苦耐劳、勤奋质朴的品质，难能可贵的是康熙总要为他们的成长创造出合适的环境。

康熙特别注重以四书五经教育儿子们，他常对皇子们说："凡人养生之道，无过于圣人所留之经书，故朕惟训尔等熟习五经四书性理，诚以其中凡存心养性立命之道无所不具故也。"可见康熙非常注重四书五经中关于修身养性、存心立命之道，这也是他很希望自己的诸子也能像他那样服膺理学，并用于修身、齐家、治国、平天下。

在为诸皇子选择师傅方面，康熙也很用心，专门选一些年高德劭的大学者给他们讲课，比如他曾让江南名士何焯为胤禩当侍读，而且二人还亦师亦友，建立了不错的关系，在何焯回家守孝时，胤禩还致书于他，请他帮助在南方购买书，表现出特别浓厚的学习兴趣。胤祉在诸皇子中也是非常喜欢读书的一位，而且爱好广泛，康熙五十二年（1713年），其皇父发挥他的特长，让他负责编修律吕、算法诸书，在畅春园蒙养斋开馆主持。胤祉除了编书外，还奉命重修坛庙、宫殿，负责乐器制造。

虽然康熙在教子方面煞费苦心，而且高瞻远瞩地培养他们各方面的才能，但终究事与愿违，在最高权力的诱惑下，诸子夺嫡，相互间明争暗斗，完全忘记了先前的教养。

第二节　皇太子废立风波

在康熙二十二岁,也就是胤礽刚满周岁那一年,康熙就册立胤礽为皇太子,一方面可以说是康熙与其生母皇后赫舍里氏感情非常融洽,一方面深感对难产去世的赫舍里氏的愧疚,连皇太后和太皇太后都赞同将这刚满周岁的婴儿立为皇太子。康熙在悲痛之余,对这位皇后所生的儿子非常器重,在他四岁时就手把手地教他写字,之后又为他选拔博学多识又德高望重的学者当师傅,太皇太后和皇太后也非常喜欢这位皇太子,宫中诸位内侍对这位未来的储君也是敬爱呵护有加,这小太子可谓自幼就集万千宠爱于一身。

在胤礽二十四岁的时候,康熙第一次册封成年的皇子,其中胤禔为多罗直郡王,胤祉为多罗诚郡王,胤禛、胤祺、胤祐、胤禩都被册封为多罗贝勒。受封的诸皇子开始参与国家政务,并分拨佐领,各有属下之人。分封皇子,相对削弱了太子的力量,

胤禔

第九章

储君之争　立嗣风波

对皇太子胤礽是一次重大的考验。同时，诸位年长的皇子有权有势后，加剧了他们与皇太子的矛盾冲突，诸皇子及其党羽的共同打击目标就是皇太子及其太子党。于是，皇帝与皇太子、诸皇子与皇太子之间的矛盾错综复杂，而且还日益加剧。

早在胤礽被册立为皇太子后，朝廷就隐约出现太子党和反对太子党的两大政治势力，其中太子党的首脑就是康熙重臣索额图，也就是康熙幼年的辅政大臣索尼之子，仁孝皇后叔父、皇太子外叔公。索额图在帮助康熙力擒鳌拜、平定三藩之乱、驱逐沙俄侵略者等方面都建立过赫赫功勋，当时也深受器重，受封领侍卫内大臣兼大学士，位高权重，但在卷入诸皇子之争后，康熙便枪打出头鸟，以"议论国事，结党妄行"的罪名将其交由宗人府幽禁起来，最后莫名其妙地死去，而且攀附索额图的族人也都受到株连，这也算是为太子党敲响警钟。

就在索额图伏法后的第五年，也就是康熙四十七年（1708年），康熙带着皇太子胤礽以及皇长子、十三子、十四子、十五子、十六子、十七子、十八子西巡围猎，到九月，刚满七岁的十八子胤祄身患重病，康熙十分心疼这位幼子，在其早夭后，非常悲痛，但皇太子胤礽对幼弟之死以及皇父的悲痛却无动于衷。康熙责备他对兄弟毫无友爱之意，胤礽还愤愤然与康熙顶嘴，这就激起康熙的愤怒。在乌兰布通之战前夕，康熙令皇太子和皇三子到驿站前去迎接生病回营的他。见到一脸病容的康熙，胤礽却在言谈脸色方面并没有半点忧戚之意，康熙便觉得这位皇太子没有半点忠爱君父之念。在晚上，康熙又发现胤礽在营帐的缝隙中窥探其行为，便怀疑皇太子有篡逆之心，便深为震怒，还召集诸王大臣、御前侍卫和文武官员在行宫前集齐，当众让胤礽跪下，宣布拘禁皇太子，然后下谕旨指责胤礽之罪：

一、责怪皇太子穷奢极欲，生活放纵。康熙本着"所敬惟天，所重惟民"的宗旨，从君道在于爱民这一"帝王之常经，祖宗之家法"出发，自身养成了质朴节俭的习性，爱惜民物，还希望因此能够垂范后代。康熙几次南巡江浙，或是西巡晋陕，都要带着胤礽随行，目的就是想让他能够了解到民生疾

苦，但胤礽仍是不改奢侈的本性，经常让随从索取财物，甚至将外藩进贡的东西都任意攘取。

二、专权作威，肆行暴戾。康熙非常注重"得众心者未有不兴，失众心者未有不亡"的训示，与接近的朝臣、军民的关系都非常融洽，而胤礽却不顾国家法令，将诸王贝勒、大臣官员任意凌虐、恣意捶挞。如平郡王纳尔善、贝勒海善等都被殴打，大臣官员以至亲兵无不被其毒打。只要是受其凌辱的大臣官员都不得不忍气吞声，倘若有人敢于言说议论他的暴戾行为，还会被变本加厉地鞭笞。

三、纠集党羽，觊觎皇位。康熙说："国家唯有一主，大权所在，不得分毫分给别人。"在胤礽立为皇太子后，索额图就怀私倡议，凡是皇太子所用服饰都得用黄色，所定的一切仪礼都与皇帝相同。康熙后来指责索额图："骄纵之渐，实由于此，索额图诚本朝第一罪人也。"皇太子胤礽已快四十岁，在索额图退休之后，发现自己的党羽逐渐失去康熙的信任，便在背后议论国事，甚至结党妄行，有所图谋。康熙下谕责怪他，说："尔背后怨尤之言，不可宣说，尔心内自明。"

对于以上一些罪行，其实有些是太子党的政敌在背后诬陷，但康熙还在谕旨上说胤礽："必致败坏我国家，戕贼我万民而后已，若以此不孝不仁之人为君，其如祖业何？"宣谕完毕，康熙还痛哭倒地，诸侍卫大臣急忙扶起，可见康熙心中对胤礽先前的期望之高，到现在却大有恨铁不成钢的心境，悲痛不已。但康熙还是在最后宣谕："太祖、太宗、世祖所缔造之天下断不可以付此人，俟回京昭告天地宗庙时，将胤礽废斥。"

康熙回京后，就在四十七年（1708年）九月十八日，秉承皇太后懿旨，祭告天地、宗庙、社稷，并昭告天下，正式宣布废除皇太子，并加以拘禁。胤礽受到突如其来的打击，精神失常，常常精神恍惚，说是见到鬼魅，而且屡次迁居，吃饭吃七八碗都不觉得饱，饮酒二三十斛都不觉得醉，而且往往白天睡得多，夜半就醒来了，遇到风雨雷电就害怕得不知所措，有时候竟做一些疯狂的举动，这同样使得康熙伤心不已。

第九章
储君之争　立嗣风波

但令康熙伤心的不只是胤礽的精神失常，还有在废除皇太子之后，其余的诸皇子却为了皇权，明争暗斗得非常厉害。皇长子胤禔和皇八子胤禩以及舅舅佟国维串通一气，加紧谋夺皇太子之位。

在康熙刚刚决定废掉皇太子时，皇长子胤禔就向康熙进奏，说胤礽所行卑污人心，而相面先生张明德曾经给胤禩相过面，说他日后必定大贵，如果今天想诛胤礽，不必出自皇父之手。康熙听到这样的奏告后，心中大惊，便暗忖道：胤禔真是为人凶狠愚昧，不知义理，如果真的同胤禩聚集党羽，还要将胤礽置于死地，这样胡作非为的事情都敢做，完全没有把皇上放在眼里，以后真的得势，岂不无法无天。但康熙仍然不动声色，一面仍令胤禔护卫自己左右并看管胤礽，私下却派侍卫暗地里保护着胤礽，防止被胤禔加害，一面又向诸皇子、大臣宣布："朕命直郡王胤禔善护朕躬，并无立胤禔为皇太子之意。胤禔秉性急躁愚顽，岂可立为皇太子。"

不久，康熙便令胤禔擒拿张明德，而且还让刑部、都察院官员来审讯此事。后来经过查询，发现胤禔、胤禩沆瀣一气，利用相面人张明德图谋刺杀胤礽。又据胤祉揭发，胤禔还请蒙古喇嘛诅咒、魇镇胤礽，还当场搜出魇镇物十几件，还真是妄图用巫术害死胤礽；至于胤禔所播扬胤礽杀人害人之事多是诬陷。

胤禔本来就生性暴戾，就连康熙的很多侍卫都被他打过，而且还将伺候胤礽的侍卫逼死几个，逼得逃走几个，特别是胤禔唆使太监、护卫暗中监视康熙的举动，使得康熙十分担心。现在趁着胤禔有罪，就下令将其严加看守，如果有举动，即行上奏。康熙四十七年（1708年）十一月，康熙又将胤禔的王爵革去，幽禁在府内。次年四月，康熙又派八名护军参领、八名护军校尉、护军八十名在胤禔家中轮班看守。

对于皇八子胤禩，康熙早就知道他柔奸成性，妄蓄大志。其实在康熙诸多皇子中，胤禩为人非常随和，而且灵活圆滑，不太拘于礼节，因此也广结良缘，他不仅与几个弟弟的关系特别亲密，与众多王公朝臣也相交亲密，受到康熙的委派便大展才干，于是被诸王大臣交口称赞，说他德才兼备，就连

胤禩

康熙的皇兄裕亲王福全都赞他不务矜夸，聪明能干，有德有才。就在康熙因为胤禔和胤禩联合起来谋害胤礽便要加罪于胤禩时，皇十四子在皇九子的示意下急忙出来上奏说："八阿哥绝无此心，儿臣等愿保之。"康熙当时正在气头上，听到这样的话后异常震怒，拔出身上的佩刀就要诛杀十四子。皇五子胤祺便迅速跪下，抱着康熙，其他诸皇子便跟着叩首求饶，康熙才怒气稍解，喝令将胤祺等赶出去。

自从废黜皇太子胤礽以来，康熙父子之间，以及诸皇子之间的角逐斗争就更加激烈，以及胤礽的疯疯癫癫，使得康熙在心理上和身体上都受到很大的创伤，以至于病魔缠身，体质也一日不如一日。康熙自知天年不久，得赶快再选出皇储来，那可是关乎大清基业安危的大事。于是，康熙召集满汉大臣，面谕他们，除了皇长子之外，让他们从诸多阿哥之中推选一人为皇太子，而且他还特别要求大臣不要互相探听，只是从心中选出最适合的人选就行。领侍卫内大臣阿灵阿（遏必隆之子，康熙贵妃之兄）、鄂伦岱（内大臣、国舅佟国纲之子）、揆叙（大学士明珠之子）以及尚书王鸿旭早就有了共同的人选，片刻便异口同声说选八阿哥胤禩。但康熙又心有怀疑，因为他觉得胤禩一旦被立为皇太子，其势力之大估计能够凌驾其上，便对大臣们说："八阿哥未尝更事，最近又有罪行，而且其母家微贱，尔等再好好想想。"

在当年十月，康熙便向诸皇子和王公大臣宣布：立皇太子的事，心中有

第九章
储君之争 立嗣风波

数,但不告知诸大臣,也不想让众人知道,以后你们只要依照朕的旨意行事就好。诸大臣也只好回复道:"此事甚大,本非臣等能够定夺,诸皇子天资过人,臣等在外廷不能尽悉了解,皇上如何指授,臣等无一不遵行。"

对于废太子胤礽,康熙以为废黜他就能慑服他,继而再以父子之情感化他,但自从胤礽被废而致得了疯病后,尤其是胤礽被陷害之情大白于天下后,康熙十分愧疚和后悔,几乎每天都不能释然于怀,而且还吃不下饭,睡不着觉,有时候天天流泪。偶尔康熙也到南苑去漫步,一个人孤孤单单、冷冷清清的,不禁想起昔日皇太子和诸位阿哥随同他巡行时的热闹场面,便十分伤感。回宫之后,康熙马上召见胤礽和胤禔,还对胤礽说以后再也不提往事,而且让胤礽仍然安居在咸安宫,悉心调养。

胤礽知道自己有过错,而且还知道有人谋害诬陷他,真相已经大白,而且康熙又对他和善起来,所以长久郁积在心中的愤懑也渐渐消除,心境也开始舒畅起来,病情也逐渐好转。没过多长时间,胤礽就同三阿哥、四阿哥等侍候在康熙病榻前,极尽孝道,亲自捧汤药喂康熙,并一再表示对以前的错误表示悔悟,康熙的病情也逐渐好转起来。

经过详细的考察,康熙明白胤礽的有些过错是真的有,有些是被捕风捉影给陷害的。但是为了向大臣们有个交代,也为了给胤礽再次当皇太子有个台阶下,便对诸王大臣说胤礽的诸多错误都是鬼魅所蒙蔽,还有的是胤禔诬陷的,再者索额图父子也多有挑唆,所以重大罪责不在胤礽本人。之后,康熙要求胤礽不违背他的旨意,也不要去念及旧仇,也不要去想过去种种悖谬之事,改过自新,一心向善。

康熙四十七年(1708年)十一月,康熙召集废太子以及科尔沁达尔汉亲王、领侍卫内大臣、都统护军统领等入谕,宣布释放胤礽,还让他在众人面前表明心迹。胤礽说:"皇父谕旨,至圣至明,凡事都是我不好,所以才被陷害。若现在念及旧仇,不改诸恶,天亦不容。现今我也不抱有希望,尔等若仍希望我为皇太子,断断不可。"但康熙在最后还是警告胤礽,说让他洗心革面,多看性理之书来增进德业,如果不悛改,复蹈前辙,最终肯定是自暴自

弃而走向死路，最后还特意对胤礽说："善则为皇太子，否则再行禁锢。"

康熙释放胤礽后，又封八阿哥胤禩为多罗贝勒，以此来稳定各方人心。但对于诸臣保举胤禩为皇太子这件事上，康熙一直耿耿于怀，便追查首倡之人，几个领侍卫内大臣、大学士和国舅佟国维都被训斥、革职或是拘禁。

次年三月，康熙遣大臣祭告天地、宗庙、社稷，再立胤礽为皇太子，次日还授予皇太子册宝，并封皇三子胤祉、皇四子胤禛、皇五子胤祺为亲王，皇七子胤祐为郡王，其他几个成年的小儿子被册立为贝勒或贝子。

康熙以为这样就可以使得诸皇子之间能够达到一个制衡，也好让其他皇子对皇太子之位不再觊觎。但是胤礽长期养成的骄纵暴虐的性格以及迫不及待的登基野心，可谓积重难返。在复立太子的几年间，胤礽还是对内外人等进行种种不仁的虐待，他的侍卫受尽折磨，溽暑期间，汗流浃背地长时间值班，以致开始哭泣暗怨这位皇太子。胤礽日常的饮食、服侍、陈设等物价都要超过康熙，为此，康熙还处处迁就，还说过："伊所奏欲责（罚）之人，朕无不责；欲处（理）之人，朕无不处；欲逐之人，朕无不逐；惟所奏欲杀之人，朕不曾诛。"也就是说，康熙对胤礽一直隐忍迁就，希望他能改过自新。

然而，康熙还是非常担心皇太子抢班夺权之心是绝不会轻易就消失的，即使胤礽对自己没有异心，但不乏奸诈之辈在其间挑唆，父子之间总是围绕着皇权而有绕不过去的坎，这样也严重影响到朝廷内部的安定与团结，使得朝臣们惶惶不可终日，生怕因为稍稍倾向哪一边而在日后自取祸端。在康熙五十一年（1712年），康熙便谕诸王、贝勒、贝子、大臣等说："胤礽行事乖戾，曾经禁锢……自释放之日，乖戾之心，即行显露。数年以来，狂易之疾仍然未除，大失人心……胤礽秉性凶残，与恶劣小人结党，胤礽因朕为父，虽无异心，但小人辈惧日后被诛倘于朕躬有不测之事，则关系朕一世声名……如此狂易成疾，不得众心之人，岂可付托乎！故将胤礽仍行废黜禁锢。后若有奏请皇太子已经改过从善，当释放者，即诛之。"

胤礽因为不能改正过错，仍然我行我素，被再度废除皇太子之位。但在这最高权位面前，真可谓一波未平一波又起，胤禩力图再成气候为皇太子之

第九章
储君之争　立嗣风波

位放手一搏，他与鄂伦岱、阿灵阿等结成党羽，加紧谋夺太子之位。但康熙早就对胤禩很不满，甚至可以说有切骨之恨，而且还直接打消胤禩夺位的念头，他说："胤禩因不得立为皇太子，恨朕切骨，他的党羽亦皆如此，二阿哥（胤礽）悖逆，屡失人心，胤禩却屡结人心，此人之险，实百倍于二阿哥也。"

但在胤礽被废之后，胤禩却更加狂妄骄纵，自以为皇太子非他莫属，还屡屡与康熙顶嘴，多次违背康熙的意愿，或是将被发配的雅齐布藏匿起来，或是在康熙面前越分密奏，还派太监去监视康熙的一举一动。康熙对此非常反感，还说："日后必有行若狗彘之阿哥仰赖其恩，为之兴兵构难，逼朕逊位，而立胤禩者。若果如此，朕唯有含笑而殁矣！"后来，康熙命宗人府将贝勒胤禩的俸银、俸米以及他属下护卫官员的俸银、俸米全部停止供应。

皇太子一废再废，年迈的康熙有些经不起折腾。康熙五十二年（1713年），也就是康熙六十岁的时候，当大臣们向他陈奏立皇太子时，康熙深有感触地说："朕自幼读书，凡事留意，纤悉无遗，况建储（立皇太子为储君）大事，朕岂能忘怀，但关系慎重，有未可轻立者。"之后，康熙又追述了胤礽骄纵暴虐以及胤禩等人结党谋权的经历后，就向大臣们表示生前不再预立皇太子，他还说："宋仁宗三十年未立太子，我太祖皇帝并未预立皇太子，太宗皇帝也未预立皇太子。汉唐以来，太子幼冲，尚保无事，若太子年长，其左右群小结党营私，少有能无事者……众皇子学问见识不后于人，但年俱长成，已经分封，其所属人员，未有不各庇护其主者，即使立之，能保将来无事乎？"

康熙的一席话，打消了群臣为立太子而劝谏的念头，但是康熙虽不预立太子，但在心中却又暗自选择合乎自己理想的继位人。他深知太子为国本，关系着朝廷的前途和命运，不得不慎重，而且康熙一直认为心目中的继承人就应该"以朕心为心"，也就是行事的方式得合乎他的旨意，像他那样为大清朝的兴盛发达而竭尽心力的人。

其实自康熙四十七年（1708年）开始，康熙就将自己的经历和感想都一一记载下来，封固保存，其中当然也有关系到选立皇太子的，也就是说，日后谁将继位，都将会在这些记录中公之于众。

第三节 下遗诏立储

康熙虽然一度禁止大臣们进言商讨立储君之事,但由于康熙年迈,而储君之位空缺,诸皇子无不垂涎三尺,积极营求储位。不仅被废的太子胤礽以及被打压的胤禩孜孜以求,表现积极,就连先前其他从未公开夺位的皇子也加入到争夺储位的行列中。

康熙五十四年(1715年),策妄阿拉布坦兴兵作乱,康熙便以富宁督兵前往讨伐。胤礽得知此事后,便在禁所用矾水写信,通过医生转交给正红旗满洲都统公普奇,希望他出面向康熙保举自己为大将军,率兵出征,以图东山再起。但康熙得知此事后,就令人将传信的医生处斩,普奇也被监禁。后来,康熙又说对胤礽只有父子之情,没有什么殷切的期望。尽管胤礽积极活动,但三十多年来的所作所为已经让康熙伤透了心,所以这次谋求复位的活动最后还是以失败告终。

皇八子胤禩深受打压后,同他亲近的党羽也都受到康熙的严惩,而且原先支持胤禩的皇九子、皇十四子见胤禩再度被打压,便开始各自营求储位的活动。在诸皇子争夺储位的斗争中,值得注意的是皇十四子胤禵,他与皇四子胤禛同母,在先前他只是支持胤禩,但后来胤禩两次备受打压后,其他皇子也有被囚禁或指责的,他心中萌发了夺位的想法。为了争取在朝官员的支持,他礼贤下士,广泛联络,对于一些颇有影响力的官员还倍加礼遇,以博得十四爷礼贤下士的声誉。在康熙五十七年(1718年),策妄阿拉布坦入侵西藏,给了胤禵一个很好的机会,当年,康熙就将胤禵从贝子升为王爵,任

第九章

储君之争　立嗣风波

命他为抚远大将军，率兵西征。为了扩大影响，也为了给敌方造成心理压力，康熙还让胤禵受大将军印，命令其骑马出天安门，诸王及二品以上的朝官前去送行，康熙还特准军中称其为大将军王。

自康熙登基以来，从来还没有哪个皇子像胤禵那样膺此殊荣，所以胤禵的那些党羽纷纷兴高采烈，认为十四爷深受皇上器重，太子之位迟早会是十四爷的，几个稍微年轻的皇子都以为胤禵对于储位胜券在握，都欣喜若狂地去祝福胤禵。胤禵本人也是非常自傲，他说："皇父年高，皇太子这个差使想来就是我的。"但是等到康熙五十九年，胤禵督率大军凯旋京师时，康熙也未将他册立为皇太子，而是令他再回军营，继续经营西疆。胤禵本人也因立了大功而没有早正储位，深感不悦，其他支持他的皇子也说："皇父明明是不要十四阿哥成功，恐怕成功后难于安顿他。"

在当时诸皇子争夺储位中，还有一个不大引人注意的角色便是皇三子诚亲王胤祉。在初次废太子之时，胤祉就邀请康熙到他的府邸进宴，一是觉得皇父心情不好，得开导他，已尽作为儿子对父亲的孝道；二是自己与胤礽关系较好，也想做一些居中调和的工作，想让他们父子释怀。第二次废太子的时候，皇长子胤禔又被拘禁，所以在当时诸皇子之中，胤祉算是最长的了。按照"有嫡立嫡，无嫡立长"的传统，胤祉认为皇太子之位非他莫属，所以他也为储位动心。但是这位皇三子书生气太重，在蒙养斋编修大部头书籍的时候，耽误了不少时间，错过了不少机会，使得他在夺位的诸皇子之间成为势力最小的一支。但他居然突发奇想，让孟光祖打着他的旗号到陕西、山西、四川、湖广等省去活动，向各地督抚赠送礼物，为自己增加筹码，但是方法过于明显，所以被康熙察觉。康熙觉得这个皇子向来都是老实本分，只是将孟光祖处死了事。但作为政敌的皇四子胤禛抓住这把柄不放，在他登基之后，硬是将胤祉圈禁至死。

由于立储失败以及诸皇子你争我夺，搞得乌烟瘴气，这些都给晚年的康熙带来无限的烦恼和忧伤，他日夜不得安神，心中不得宽慰。康熙四十七年（1708年）冬，大病一场后，身体非常衰弱，五十六年（1717年）更是大病

七十多天，经常头晕，身体日渐消瘦。夏季去避暑围猎，身体逐渐恢复，但是十月返京后，就觉得腿膝疼痛，再加上太后身体不适，国务操劳过多，所以身体虚疲，甚至步履维艰，走几步都要有人搀扶。

鉴于病情日益严重，康熙于当年十一月在乾清宫暖阁召集诸皇子、满汉大学士、学士、九卿、詹事、科道等王公大臣，就其一生事业下了一份长篇大论的谕旨，说自己如何艰辛地抚平四海，如何知道天命所归，如何视富贵如泥沙等等。这道谕旨颁布之后，恰逢孝惠章皇后病重去世，康熙心中悲痛，身体更加消瘦，双脚浮肿，卧在病床上七十余日，不能行走，这样的病情一年不如一年。

到康熙六十年（1721 年）春，康熙更是觉得自己容易疲倦又很健忘，冬至祀天，康熙又命皇四子雍亲王胤禛代为行礼。尽管如此，康熙仍然鞠躬尽瘁死而后已，在康熙六十一年（1722 年），仍然春巡京郊，察吏安民。夏天又北巡塞北，九月底，回到北京后，又忙于处理各种政务。就在这病痛折磨和繁忙的政务之中，康熙皇帝一步一步地走向生命的终点。

在康熙最后一年的十月下旬，康熙巡行返京后，又赶往南苑行围，因多日劳累，身体更加虚弱，再加上时值隆冬，康熙感染风寒，在十一月初七，康熙皇帝回畅春园治疗疾病。按照惯例，当年十一月十五日是冬至时节，当由康熙亲往南郊举行祀天大典，但因重病在身，所以只得让雍亲王胤禛先去筹办相关事宜。胤禛在斋戒之日，也是派人天天去探询康熙的病情，康熙只是说："朕体稍安。"十三日深夜，康熙的病情急剧恶化，夜半刚过，便急召胤禛，命其迅速前往畅春园，同时又召皇三子、皇七子、皇八子、皇九子、皇十子、皇十二子、皇十三子等人赶往御榻前，便谕令他们，说："皇四子胤禛人品贵重，为人行事都符合我的心愿，一定能挑起治理天下的重担，所以他将继我皇帝之位。"

在这个寒冬腊月的夜里，康熙下达完谕令，扫视了一遍眼前的诸皇子，最后把目光停留在皇四子胤禛身上，似乎有很多话要交代，但一切都来不及了，在众多皇子的哭泣声中，这位开创盛世的贤明君主告别人世。

第九章

储君之争　立嗣风波

当夜，在诸皇子与理藩院尚书、步兵统领隆科多的严密护卫下，将康熙的遗体从畅春园运回紫禁城乾清宫。为了防止在国丧期间发生各种可能的变乱，京城九门全部关闭。在十一月十六日，朝廷向全国颁布康熙皇帝的遗诏，其内容和康熙五十六年冬预作的遗诏大致相同，只是增加了继承人和丧事遵照礼制这两条。

十九日，胤禛登基遣官告祭天坛、太庙、社稷坛，京城开禁。二十日，胤禛到太和殿登基，受百官朝贺，改次年为雍正元年。二十八日，为康熙上尊谥号为"合天弘运文武睿哲恭俭宽裕孝敬诚信功德大成仁皇帝"，庙号"圣祖"。

第四节　雍正得以继位

其实在康熙临死前，文武全才的皇十四子胤禵也是很有机会成为皇位继承人的，为什么最后胜出的却是一直默默无闻的皇四子胤禛呢？

胤禛在诸皇子争夺储位的斗争之中，其实早就在暗中酝酿自己的一派势力，其中有皇十三子胤祥、康熙重臣隆科多、大学士马齐、川陕总督年羹尧等人，这一派力量虽然看起来不如胤禵一派那样有气势，而且活动还比较隐晦谨慎，也没有露出锋芒，所以没有受到康熙的怀疑与指责。其实仔细想想，胤禛的亲信隆科多是国舅佟国维之子，也是他的舅父，而且还是步兵统领，手握兵权，负责京城九门、畅春园等宫禁警卫，地位之重要不可小觑，当年玄武门政变，不正是李世民收买守将才得以诛杀太子李建成而夺得皇位的吗？平时康熙也讲到，诸皇子中很多都是托人抚养，而唯独四阿哥胤禛是康熙亲自抚育，所以他也善于体会康熙的意图，殷勤恳切，嘘寒问暖的，深得康熙好感，康熙还多次称赞他诚孝。

对于众兄弟，胤禛也表现得很中立，多次为他们求情，以至于感动了康熙，康熙也多次夸他"性量过人，深知大义；似此居心行事，询是伟人"。其实很多时候这并不是胤禛的本心，他就恨不得所有兄弟都不受康熙喜欢，但为了讨好康熙，只有一点一滴地博取他的好感了。表面与世无争，其实内心早已蠢蠢欲动，光从这一点上，胤禛胜出了他的诸多兄弟不知多少。

可以说胤禛最大的优势就是与康熙的父子感情好，不曾发生过裂痕，而且康熙说过胤禛幼年时喜怒不定，只是希望勉励胤禛，并无责备之意。但胤禛很注意改正自己过错，还上奏说自己年纪三十多岁，居心行事都已定型，喜怒不定也因为皇父的劝导也都改正过来了，所以深感圣恩。

康熙晚年，诸事不太称心，诸皇子都为储位而忙着结党营私，都没空陪康熙，唯独胤禛、胤祉时常陪康熙游园散心。在第一次废太子时，康熙病情加重，胤禛便流着泪提议让御医调药治疗，而且还为康熙试药、喂药，而且一天三次派人去请安。在康熙的最后一段时日，胤禛对他无微不至的照顾都能一直坚持下来，这让康熙对这位皇四子的所作所为感到无比欣慰。

关于康熙去世，社会上还流传着各种传闻，其中有一种是康熙由南苑回到畅春园后，次日就病情加剧，十一月十三日的时候，胤禛就进了一碗参汤，不知何故，康熙就驾崩了。这种说法把康熙的死归结于胤禛的谋害，其实也没什么靠得住的证据，康熙晚年本来一直就有各种疾病缠身，持续时间都有十多年，到最后那一年随时都有病亡的征兆；再说当时倾向胤禛的隆科多手握京城兵权，胤禛也开始代理国务，二人完全可以把握朝廷政局，没有可能冒天下之大不韪去做大逆不道的事来。

还有人认为康熙的遗诏是胤禛伪造篡改的，在《大义觉迷录》有记载，当时有人传言："圣祖皇帝原传位十四阿哥胤禵天下，皇上（新任皇帝雍正）将'十'字改为'于'，便得以篡位。"后来也有人说康熙十四子胤禵原名胤祯，康熙的遗诏是传位十四子胤祯，四阿哥原来的名字也不叫胤禛，便把遗诏中的"十"字改为"于"字，将"祯"字改为"禛"字，使遗诏最后改为"皇位传于四子胤禛"。其实这完全是捕风捉影的传言，按照汉字遗诏的惯例，

第九章

储君之争　立嗣风波

书写太子前一定要加个"皇"字，传位更应加"皇"，再者，康熙的遗诏是用满、汉、蒙三种文字写成的，就算改了汉文，但满文和蒙文就不是那么好改，这也说不通。

其实皇十四子胤禵的确很有机会继位的，他文武兼备，深得朝臣的赞赏，很多大臣乃至皇子都觉得这位十四阿哥很有机会继承皇位，但是有一点最为重要的因素不得不提，那就是康熙嫉恨皇子结党，胤礽、胤禩都因为结党而被康熙打压，胤禵也曾支持过胤禩，也在党争之列，所以康熙也没看好他。

在康熙四十七年（1708年），康熙首次废掉太子之后，诸皇子争夺储位的斗争异常激烈，这让康熙非常愤慨，凡是党争的皇子无一不让他反感，即使是有再多的人支持也不例外，而皇四子胤禛从未陷入哪一党，而且还对多病的康熙照顾体贴周到，即使其他皇子有过，他还上奏求情，胤禛所做的这一切都被康熙看在眼里记在心上，所以康熙留意让胤禛继位也是在情理之中。

在康熙朝后期，皇帝多病疲倦，皇子明争暗斗，底下的官吏开始怠慢，政务也开始废弛，人口激增，而且差役赋税加重，社会矛盾日益激化。但是雍正继位，大刀阔斧地进行改革，继续革新政治，察吏安民，力除积弊，还实行了摊丁入亩、耗羡归公、改土归流等改革措施，施行了一系列有利于国计民生的政策。

在所有改革措施中，特别值得一提的就是雍正还创立了秘密立储制度，因为在康熙后期的夺位活动中，导致严重的政局混乱，雍正本人就是深有体会，为了防止类似的情况再次发生，经过一番深思熟虑，雍正便向满汉文武大臣宣谕这一立储制度，将储君的名单放在封锁的匣子里，当着诸王大臣的面，放在乾清宫"正大光明"的匾额之后，直到皇帝驾崩，再将储君名单从匾额后取出来公之于众，除此之外，还将一道相同的谕旨放在圆明园，用来相互印证。

雍正不只是一位会打亲情牌的皇帝，他在位虽然只有十几年，但是所施行的改革措施比康熙六十一年的还要多，使得大清能够上承康熙下起乾隆，延续一百多年的盛世王朝，这也足以说明康熙最后的眼光没错。

第十章

评说康熙

第一节　康熙的自我评价

康熙四十七年（1708年）冬，康熙大病一场。鉴于以往帝王大多以死为忌，清醒之际不留下遗嘱，而在弥留之际又不省人事，不能亲自颁布遗诏，往往使得子孙与权臣私自篡写，难以正肃朝纲，所以康熙决定趁自己在健朗之时，亲手撰写遗诏，认真总结生平。

康熙五十六年（1717年）十一月，康熙再次卧病，便将自己平日想说的话口述给满汉大臣，还说："此谕已备十年，若有遗诏，无非此言，披肝露胆，罄尽五内，朕言不再。"五年之后，康熙去世前所发遗诏大致就是在此谕基础上删节而成。

在遗诏中，康熙对自己的一生做了自我总结和评价，我们不妨来看看其遗诏的全文：

> 从来帝王之治天下，未尝不以敬天法祖为首务。敬天法祖之实在柔远能迩、休养苍生，共四海之利为利、一天下之心为心，保邦于未危、致治于未乱，夙夜孜孜，寤寐不遑，为久远之国计，庶乎近之。今朕年届七旬，在位六十一年，实赖天地宗社之默佑，非朕凉德之所至也。历观史册，自黄帝甲子迄今四千三百五十余年共三百一帝，如朕在位之久者甚少。朕临御至二十年时，不敢逆料至三十年，三十年时不敢逆料至四十年，今已六十一年矣。《尚书·洪范》所载：一曰寿、二曰富、三曰康宁、四曰攸好德、五曰考终命，

第十章
评说康熙

五福以考终命列于第五者，诚以其难得故也。今朕年已登耆，富有四海，子孙百五十余人，天下安乐，朕之福亦云厚矣，即或有不虞心亦泰然。念自御极以来，虽不敢自谓能移风易俗、家给人足，上拟三代明圣之主，而欲致海宇升平，人民乐业，孜孜汲汲、小心敬慎，夙夜不遑，未尝少懈。数十年来殚心竭力，有如一日，此岂"劳苦"二字所能概括耶？前代帝王或享年不永，史论概以为酒色所致也，皆书生好为讥评，虽纯全净美之君，亦必抉摘瑕疵。朕今为前代帝王剖白言之，盖由天下事繁，不胜劳惫之所致也。诸葛亮云："鞠躬尽瘁，死而后已"，为人臣者惟诸葛亮能如此耳。若帝王仔肩甚重，无可旁诿，岂臣下所可以比拟？臣下可仕则仕，可止则止，年老致政而归，抱子弄孙，犹得优游自适。为君者勤劬一生了无休息之日，如舜虽称无为而治，然身殁于苍梧，禹乘四载，胼手胝足，终于会稽，此皆勤劳政事、巡行周历，不遑宁处，岂可谓之崇尚无为、清静自持乎？《易》遁卦六爻，未尝言及人主之事，可见人主原无宴息之地可以退藏，鞠躬尽瘁，诚谓此也。

自古得天下之正莫如我朝。太祖、太宗初无取天下之心，尝兵及京城，诸大臣咸云当取，太宗皇帝曰：明与我朝素非和好，今欲取之甚易，但念系中国之主，不忍取也。后流贼李自成攻破京城，崇祯自缢，臣民相率来迎，乃剪灭闯寇入承大统，稽查典礼，安葬崇祯。昔汉高祖系泗上亭长，明太祖一皇觉寺僧，项羽起兵攻秦而天下卒归于汉；元末陈友谅等蜂起，而天下卒归于明。我朝承袭先烈，应天顺人，抚有区宇，以此见乱臣贼子无非为真主驱除也。凡帝王自有天命，应享寿考者不能使之不享寿考，应享太平者不能使之不享太平，朕自幼读书于古今，道理粗能通晓，又年力盛时，能弯十五力弓，发十三握箭，用兵临戎之事，皆所优为。然平生未尝妄杀一人，平定三藩，扫清漠北，皆出一心运筹。户部帑金，非用师、赈饥未敢妄费，谓皆小民膏脂故也，所有巡狩行宫不施采绩，

每处所费不过一二万金,较之河工岁费三百余万尚及百分之一。昔梁武帝亦创业英雄,后至耄年,为侯景所逼,遂有台城之祸;隋文帝亦开创之主,不能预知其子炀帝之恶,卒致不克令终,皆由辨之不早也。朕之子孙百有余人,朕年已七十,诸王大臣官员军民与蒙古人等无不爱惜。朕年迈之人,今虽以寿终,朕亦愉悦至。

太祖皇帝之子礼亲王王之子孙,现今俱各安全,朕身后尔等若能惕心保全,朕亦欣然安逝。雍亲王皇四子胤禛,人品贵重,深肖朕躬,必能克承大统。著继朕登基,即皇帝位,即遵舆制,持服二十七日,释服布告中外,咸使闻知。

康熙六十一年十一月十三日　卯

从以上遗诏人们不难发现,康熙对自己的评价,概括起来,大致有以下几点:

一、敬天法祖,以天下苍生为念,使得海宇生平,人民乐业;

二、勤劳节俭,殚精竭虑,孜孜不倦以求治国安民之道;

三、天地宗社保佑,使得享年高,在位久;

四、运筹帷幄,劳师远征,以武功平定天下。

五、好读书,通晓道理,以史为鉴,务实戒虚,不尚奢华。

康熙在遗诏中对自我的评价并没有用过多的溢美之词,而是就事论事,还几次引用史实来说自己能够以史为鉴。在表明自己努力的心迹时,也是用词谨慎,没有丝毫夸张矫饰的嫌疑,可以说是他对自己比较中肯的评价了。

第十章
评说康熙

第二节　后世的评说

　　康熙去世后，他的子孙后代以及后来者都把他当作圣人、"千古一帝"，对其进行无止境的赞美，他的接班人雍正在给他上谥号为：合天弘运文武睿哲恭俭宽裕孝敬诚信功德大成仁皇帝，庙号：圣祖。这样的谥号和庙号，在整个中国历史上都没有几个皇帝能够与之相比。在《圣祖仁皇帝实录序》上，雍正不惜大肆夸赞地写道："备道德之崇广，集皇王之大成，经纶宇宙，彪炳帝纪，巍巍乎，荡荡乎，自羲轩至今，未有如我皇考圣祖仁皇帝之盛者也。"简直就是把康熙说成是宇宙之间道德无上、所创业绩无与伦比的完美皇帝，自从有史以来都没有人能与之相提并论。

　　《清史稿》中则是这样评价康熙的："论曰：圣祖仁孝性成，智勇天赐。早承大业，勤政爱民。经文纬武，寰宇一统，虽曰守成，实同开创焉。圣学高深，崇儒重道。几暇格物，豁贯天人，尤为古今所未觏。而久道化成，风移俗易，天下和乐，克致太平。其雍熙景象，使后世想望流连，至于今不能已"，"传曰：为人君，止于仁"，"曰：道盛德至善，民之不能忘"。

　　晚清重臣曾国藩对于康熙十分尊崇，他曾这样讲过："若汉之武帝，唐之文皇（唐太宗），宋之仁宗，元之世祖，其时皆异材勃起，俊彦云屯，焜耀简编。然考其风流所被，率不过数十年而止。惟周之文王，及我圣祖仁皇帝，乃阅数百载风流未沫。周自后稷十五世集大成于文王，而成康以洎东周，多士济济，皆若秉文王之德。我朝六祖一宗，集大成于康熙，而雍乾以后，英贤辈出，皆沐圣祖之教。"在曾国藩看来，汉武帝、唐太宗、宋仁宗、元世祖

虽然功绩赫赫，但只不过恩及当世数十年而已，他们都比不上康熙。康熙能够和周文王相比，不但泽及当世几十年，而且还能开创上百年的盛世，雍乾之后的英才辈出也是受沐于康熙的恩德。

当代著名作家柏杨对康熙的评价是："玄烨大帝，这个中国历史上最英明的君主之一，年轻气壮，有刘邦豁达大度的胸襟和李世民知人善任的智慧。"

不少外国学者也评价过康熙，比如法国人白晋，因为与康熙有过接触，对康熙的认识耳闻目睹，非常直观，他在《康熙皇帝》里说："连做梦也未曾见过的伟大人物"，"统治天下的帝王当中最圣明的君主"，"具备天下所有人的优点，在全世界的君主中，康熙帝应列为第一等的英主"。白晋写《康熙皇帝》是给法王路易十四的奏折，所以出于某种目的，也有可能有意美化康熙。

日本人西本白川在《康熙大帝》中将康熙视作三代以后王道的继承者、儒家道统的代表者，高度评价了他的文治、武功和高尚的品德、非凡的才能。日本人对康熙帝极为尊重和推崇，曾翻译了康熙的《圣谕》，并且称呼康熙帝为"上国圣人"。

以上对于康熙的评价大多是正面的，充满溢美之词，不过正所谓"人无完人"，其实康熙一生也有过许多缺点和过失。

首先，在三藩之乱还没有爆发时，康熙撤藩太急。在军备物资还没准备好、战略部署上也不很到位的情势下急着去撤藩，而当时吴三桂都已六十二岁，其他二藩也有自请撤藩的倾向，如果康熙能够像汉武帝那样实行"推恩令"一类的措施，慢慢将三藩的权力削除，也就不会导致清朝刚刚恢复过来的经济再度萎缩，不会让三藩纵横荼害十省，祸起萧墙八年。

其次，顺治以关外为祖宗龙兴之地，禁止民众开发，并在东北南部修筑一条长达一千公里与山海关相连的柳条边，划东北为内外两禁区，进入柳条边内须持官方证明，而出柳条边外则是绝对禁止的（包括满人）。俄人便趁边防空虚沿黑龙江东下，如入无人之境，雅克萨便是他们随处修建的城堡之一。顺治年间，中俄边界军队就曾多次交过手。康熙亲政后，并未意识到这种边疆空洞的危害，反而用二十多年的时间继续修建从威远堡向东北方向延伸到

第十章
评说康熙

法特哈的"新边",并严申禁令。这些柳条边不仅成了俄国抢占中国版图的借口,而且还导致当地人力、物力、财力匮乏,军用物资取用调拨不便,以至雅克萨得而复失,最后只好签订《尼布楚条约》才平息边患。在这之后,康熙及其子孙也没能重视东北中俄边界的防患,以至于国土在鸦片战争后逐年被沙俄蚕食鲸吞,这是非常值得反思的惨痛教训。

康熙的确非常推崇汉族传统文化,也注重提高汉族官员的地位,对汉族大臣加以笼络,但是他对汉人的提防从来没有松懈过。为了镇压反清言论或排满思想,他一生兴起过两桩大型的文字冤狱,案件中上百人被杀,数百人流放关外偏远地方。清朝入关后,曾下令禁止妇女裹脚、废除八股文,但康熙在位时,为了迎合笼络汉族官员而废除了这些禁令,禁锢了思想学术的发展,对于后来中国的发展落后于世界有着不可推卸的责任。

在发展经济方面,康熙对清初正在发展的工场手工业不是扶持而是严加限制。在对外贸易上,清代以闭关锁国著称,收复台湾后,海禁稍有放宽,

康熙陵墓

但仍只许在澳门、漳州、宁波、云台山（今江苏连云港）四处进行对外贸易，而且必须经由官商开设的公行参与，并限制进出口商品数量及种类（进口的更少）。再者，康熙为了防止矿工造反，还实行禁矿政策。在西方各国工商贸易繁荣发展之际，康熙开创的"繁荣盛世"一定意义上讲是表面的、空洞的、病态的，说到底只不过是小农经济的回光返照。

康熙大事年表

顺治十一年（1654年） 三月十八日，生于北京紫禁城景仁宫。得名爱新觉罗·玄烨，顺治帝福临第三子。

顺治十五年（1658年） 玄烨于早朝时随从站班，并入书房读书，极为勤奋。

顺治十六年（1659年） 顺治问玄烨的志向，玄烨回答："待长效仿皇父。"

顺治十八年（1661年） 顺治帝驾崩，遗诏令玄烨继位，命索尼、苏克萨哈、遏必隆、鳌拜等四人为辅臣。玄烨即帝位，以次年为康熙元年。郑成功驱逐荷兰殖民者，收复台湾。郑芝龙因与其子郑成功通信，被诛族。清兵入缅甸，俘永历帝等，南明政权灭亡。

康熙元年（1662年） 八龄幼主继承大统。吴三桂处死永历帝朱由榔及其太子。郑成功死，其子郑经承袭南明所封延平郡王。

康熙二年（1663年） 生母慈和皇太后去世。荷兰船至福建，要求助攻台湾，并求贸易。清兵攻占厦门、金门，郑经占领台湾。

康熙三年（1664年） 辅政大臣鳌拜与内大臣有隙，挟私报复，将费扬古及其儿子绞死。决定以施琅为靖海将军，攻台湾，因准备不充分，未能成功。

康熙四年（1665年） 康熙大婚，册立内大臣噶布喇之女赫舍里氏为皇后。

康熙五年（1666年） 定南王孔有德死，以其婿孙延龄为广西将军，驻军

桂林。大学士苏纳海、总督朱昌祚、巡抚王登联因反对圈地换亩,被鳌拜矫旨处死。

康熙六年(1667年) 封皇兄福全为裕亲王。辅政大臣索尼去世,谥号"文忠"。康熙亲政,从此每日御门听政。鳌拜诛杀辅政大臣苏克萨哈。从本年起,康熙亲理治河事宜。

康熙七年(1668年) 建孝陵神功圣德碑,总结表彰世祖功绩。结束清初的历法之争,授南怀仁为钦天监。

康熙八年(1669年) 囚禁鳌拜,并为苏克萨哈、苏纳海等平冤昭雪。禁止人殉和虐待奴仆。遣沙拉岱等人去尼布楚与沙俄殖民当局交涉停止边界挑衅、遣返根特木耳等事。

康熙九年(1670年) "更名田"内有废藩自置之地,原令耕种之人输粮之外又纳租银,令其免租。蠲免田赋,禁止地方及在京部院官搜刮兵民及属员。颁布《圣谕十六条》,宣布以儒学治国。谕令礼部举行经筵。中俄双方在北京会谈边界问题。

康熙十年(1671年) 封皇五弟常宁为恭亲王。命耿精忠承袭其父耿继茂靖南王爵。

康熙十一年(1672年) 皇长子胤禔出生。皇兄和硕裕亲王福全上疏请辞议政,获允许;其他议政王请辞则不允许。太皇太后谕告康熙:安不忘危,训练武备;虚公裁断,一准于理。

康熙十二年(1673年) 命令翰林院掌院学士傅达礼照汉文字汇,编满文字书。再次禁止八旗包衣佐领下奴随主殉葬。平西王吴三桂、靖南王耿精忠先后请撤藩,皆获批准。吴三桂杀云南巡抚朱国治,起兵造反,称天下都招讨兵马大元帅,以次年为周王元年。命令停止撤尚可喜、耿精忠藩。杨起隆诈称朱三太子,约于京师内放火举事,被破获,捕捉党羽数百人,杨起隆逃走。将吴三桂削爵,并将其子吴应熊拘禁。

康熙十三年(1674年) 遣宁南靖寇大将军多罗顺承郡王勒尔锦率师赴荆州,安西将军都统赫业去四川。调尼雅翰赴武昌,加强防守。以刑部尚书莫洛管兵部事,加武英殿大学士,经略陕西。广西将军孙延龄归附吴三桂。尚可喜疏志忠清,请以其子尚之孝承袭平南王爵位,被批准。杀吴三桂子额驸吴应熊于京师。皇二子胤礽出生。陕西提督王辅臣策应吴三桂,并杀经略莫洛。

康熙十四年(1675年) 以上谕确立经筵的形式为侍臣进讲,然后皇帝复讲,互相讨论以便对经义有所阐发。册立皇二子胤礽为皇太子,诏告天下。

康熙十五年(1676年) 尚之信接受吴三桂招讨大将军之号,率兵作乱。俄国使团抵达北京,中俄双方谈判。尚之信上密疏乞降,康熙降旨赦免其罪。裁并耿精忠左右两镇兵。

康熙十六年(1677年) 皇三子胤祉出生。升安徽巡抚靳辅为河道总督。尚之信降清。册立钮祜禄氏为皇后。

康熙十七年(1678年) 皇后钮祜禄氏去世。擢升福建布政使姚启圣为总督。支持靳辅治河议案。吴三桂在衡阳称帝。吴三桂死,其部将拥立其孙吴世璠在云南称帝。皇四子胤禛出生。

康熙十八年(1679年) 试博学鸿儒一百四十三人于体仁阁,嗣取一等二十人、二等三十人修纂《明史》。十二月,皇五子胤祺出生。

康熙十九年(1680年) 福建裁减水陆兵二万五千人,谕令台湾、澎湖暂停进兵。以尚之信叛后复降,首尾两端,赐死。

康熙二十年(1681年) 郑经死,次子郑克塽继立。召见直隶巡抚于成龙,称之为"当今清官第一"。皇八子胤禩出生。三藩之乱被平定。

康熙二十一年(1682年) 五世达赖逝世,第巴桑结嘉措密而不发。

康熙二十二年(1683年) 郑克塽遣使到施琅军前和谈,康熙命招抚。晓谕罗刹撤回本地,交还逃人。驻兵黑龙江。靳辅治河初见成效。施琅至台湾,郑克塽等剃发受诏。封施琅靖海侯世袭。陕西地震,受灾州县除赈济外,免次年地丁钱粮。

康熙二十三年(1684年)九月,为巡视河工,体察民情,首次南巡。开海禁。途径黄河,临阅高家堰堤工及清口黄河南岸。回銮时到曲阜谒孔庙,

书"万世师表"。

康熙二十四年（1685年） 决定武力收复雅克萨。巡行塞外。

康熙二十五年（1686年） 沙俄重新占领雅克萨。通过荷兰使臣致书俄国，令其撤回侵略雅克萨、尼布楚等地军队，并提议分立疆界。

康熙二十六年（1687年） 巡视塞外，接见蒙古王公、台吉。噶尔丹起兵攻打喀尔喀部，康熙谕令双方息兵。

康熙二十七年（1688年） 噶尔丹大举入侵喀尔喀部。

康熙二十八年（1689年） 第二次南巡，视察河工，体察民情。遣索额图等赴尼布楚，与俄方商议分界事宜。签订《中俄尼布楚条约》。

康熙二十九年（1690年） 福全率军在乌兰布通大败噶尔丹，但未能将其彻底歼灭。

康熙三十年（1691年） 噶尔丹再犯喀尔喀，康熙命八旗劲旅驻扎张家口和大同。举行"多伦会盟"。

康熙三十一年（1692年） 重新任命靳辅为河道总督，十一月靳辅病故。

康熙三十二年（1693年） 任命领侍卫内大臣费扬古为安北将军，驻归化城。

康熙三十三年（1694年） 河道总督于成龙妄行陈奏，被革职留任。将噶尔丹来使等两千余人留住归化城。

康熙三十四年（1695年） 分兵三路征剿噶尔丹。

康熙三十五年（1696年） 康熙御驾亲征噶尔丹。

康熙三十六年（1697年） 康熙亲征噶尔丹，巡览边境形势，视察军民生业。噶尔丹饮药自尽。噶尔丹余部归降，康熙班师回朝。第巴令仓央嘉措为六世达赖，康熙授六世达赖印信、敕文。

康熙三十七年（1698年） 修治浑河初期竣工，赐名永定河。

康熙三十八年（1699年） 第三次南巡，视察河工。命维修明太祖陵，悬挂御书"治隆唐宋"。巡视永定河。

康熙三十九年（1700年） 巡视永定河。指示永定河治理方案。

康熙四十年（1701年） 巡视永定河。

康熙四十一年（1702年） 启程去五台山。归途视察永定河工程及子牙河。诸王大臣以康熙五十岁寿辰请上尊号，康熙不允许。

康熙四十二年（1703年） 诸王大臣进贡五十大寿寿礼，康熙仅收"万寿无疆"的屏风。修治黄河取得初步成效，为此奖励河道官员。

康熙四十三年（1704年） 命侍卫等探视黄河之源。汇报并绘图呈览。

康熙四十四年（1705年） 第五次南巡，视察河工。巡视塞外。拉藏汗杀第巴桑结嘉措，向清廷报告仓央嘉措系假达赖。

康熙四十五年（1706年）《古今图书集成》初稿完成。

康熙四十六年（1707年） 第六次南巡。巡视塞外。

康熙四十七年（1708年） 巡视塞外。废黜皇太子胤礽。

康熙四十八年（1709年） 复立胤礽为皇太子。率皇太子等诸皇子巡视塞外。

康熙四十九年（1710年） 巡行五台山。册封意希嘉措为六世达赖。

康熙五十年（1711年） 爱新觉罗·弘历出生，即后来的乾隆皇帝。

康熙五十一年（1712年） 宣布"盛世滋生人丁，永不加赋"。废皇太子胤礽。

康熙五十二年（1713年） 康熙六十大寿，举行千叟宴。

康熙五十三年（1714年） 策妄阿拉布坦之女与拉藏汗之子结亲，康熙为此担心。

康熙五十四年（1715年） 策妄阿拉布坦派兵两千侵犯哈密。

康熙五十五年（1716年）《康熙字典》修成，康熙为之作序。

康熙五十六年（1717年） 策妄阿拉布坦派策零敦多布率兵侵入西藏，囚达赖，杀拉藏汗。康熙病重，特诏诸皇子吩咐立储事宜。

康熙五十七年（1718年） 决定派兵援藏。抚远大将军皇十四子胤禵奉命率兵开赴西宁前线。

康熙五十八年（1719年）《皇舆全览图》修成。

康熙五十九年（1720年） 谕令进兵安藏。策零敦多布败逃回伊犁。护送达赖喇嘛到拉萨，举行坐床典礼。

康熙六十年（1721年） 巡视塞外。御制平定西藏碑文。

康熙六十一年（1722年） 十一月十三日，病重，召皇四子速至，召见诸皇子并理藩院尚书兼步兵统领隆科多，谕令皇四子胤禛即帝位。同日，驾崩。